Ilona Braun

Schwarzwald
Romantik

Schwarzwald Romantik

Vom Zauber einer deutschen Landschaft

Herausgegeben
von
Anita Rolf

FALKEN VERLAG

Klausjürgen Wussow

Waren Sie auf Sizilien, auf Mallorca, an der Côte d'Azur, an der Costa Brava? Ja? Waren Sie in Kenya, in Tunesien, auf den Seychellen? Auch in China, Japan, Amerika? Ja? Warum in die Ferne schweifen, wenn die Nähe ist so schön? Waren Sie schon einmal im Schwarzwald? Nein? Dann fahren Sie hin!

Vor unserer Haustür liegt eine der ältesten deutschen Kulturlandschaften. Ich sah Burgen, Schlösser, Klöster, wunderschöne Bauwerke. Und jene so bezaubernden Schwarzwaldhäuser.

Lernen Sie ihn kennen, diesen eigenartigen Zauber des schwarzen Waldes. Kaum eine andere deutsche Landschaft umgibt so viel Geheimnisvolles und Märchenhaftes. Und nicht zufällig hat Wilhelm Hauff sein »Kaltes Herz« in dieser Landschaft angesiedelt. Malerische Täler, dichtbewachsene Hänge, legendenumwobene Bergseen und hohe Gipfel wechseln mit beschaulichen Dörfern und kleinen Städten.

Jedoch geprägt ist der Schwarzwald von den Menschen, die seit Hunderten von Jahren darin leben. Geprägt in seiner geschichtlichen und zivilisatorischen Entwicklung. Bislang kannte ich wenig, viel zu wenig von diesem schwarzen Wald. Jetzt, während der Dreharbeiten zu meiner Fernsehserie »Schwarzwaldklinik«, entdeckte ich ihn, war fasziniert von seiner vielfältigen Schönheit.

Und das alles kennen Sie nicht? Wissen nichts von den Sitten und Gebräuchen der Menschen dort? Nichts von den künstlerischen und handwerklichen Leistungen der Menschen im Schwarzwald? Fahren Sie hin!

Kennenlernen können Sie vieles durch dieses Buch, das völlig zu Recht den Namen »Schwarzwaldromantik« trägt. Die Romantik gibt es noch. Entdecken Sie sie, lassen Sie sich von diesem Buch einladen, wenn Sie den Schwarzwald kennenlernen oder noch besser kennenlernen wollen! Sie waren noch nicht dort? Also fahren Sie hin – in den Schwarzwald!

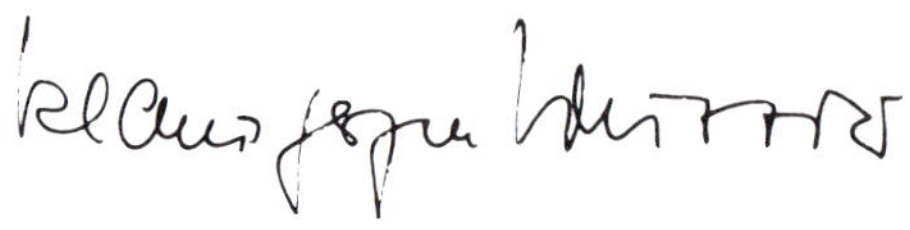

INHALT

Sind wir einmal geschlagen, so haben wir nichts anderes zu tun, als wieder von vorn anzufangen«, schrieb Friedrich Engels, nachdem es den Truppen des aus Karlsruhe geflohenen Großherzogs Leopold mit Hilfe preußischer Truppen 1849 gelungen war, den Mai-Aufstand der republikanisch gesonnenen Linken niederzuwerfen.

Erlebte Vergangenheit und berühmte Leute

»Wir waren im Schoße des Schwarzwalds. Berge, nur Berge ... und Wald, wundervoller alter und kräftiger Wald. Der Nachthimmel war klar, und so vermochte ich alle Baumarten zu unterscheiden, und zumal die prächtigen Weißtannen mit ihren geraden und hellen Stämmen ...« So schilderte der russische Dichter Iwan Turgenjew einmal seine Eindrücke vom Schwarzwald. Wie er haben viele Dichter und Maler, Komponisten und nicht zuletzt die Texter von Reiseprospekten seinen vielgestaltigen Reiz gerühmt. Sicherlich ist der Schwarzwald das bekannteste und landeskundlich am besten erforschte Mittelgebirge überhaupt. Historiker tun sich freilich mit dem Schwarzwald schwerer. Denn niemals im Laufe der Geschichte war der Schwarzwald eine historisch geschlossene Landschaft oder eine politische Einheit. Zudem reichen die Spuren menschlicher Besiedelung nicht sehr weit zurück. Von der Steinzeit bis in die Zeit der Kelten gibt es fast keine Zeugnisse menschlicher Existenz in diesem Gebiet. Lediglich bei Säckingen wurden Reste kleiner besiedelter Flächen aus der Jungsteinzeit (3000–1800 v. Chr.) gefunden. Erste schriftliche Kunde über den Schwarzwald gab der griechische Geograph Strabon (um 63 v. Chr.–um 20 n. Chr.), der große Teile des römischen Weltreichs bereiste und eine länderkundliche Beschreibung in 17 Bänden verfaßte, die zum überwiegenden Teil erhalten ist. Darin berichtet er auch vom »hercynischen Wald«, der ziemlich dicht und an sehr steilen Stellen mit hohen Bäumen bewachsen sei.

Kelten, Römer und Alemannen

Der römische Historiker Tacitus nennt den Schwarzwald in seinem 98 n. Chr. verfaßten Werk »De origine et situ Germanorum« »Mons abnoba«. Abnoba ist der Name einer keltischen Göttin, war doch der Rand des Schwarzwalds seit etwa 500 v. Chr. keltisches Siedlungsgebiet. Aus dieser Epoche sind nur wenige Zeugnisse aus diesem Gebiet auf uns gekommen, sieht man von dem Fürstengrabhügel Magdalenenberg bei Villingen einmal ab, der übrigens zu den größten und reichsten seiner Art zählt.

Nachdem Caesar im »Gallischen Krieg« (58–51 v. Chr.) die Keltenstämme westlich des Rheins unterworfen hatte, stießen die Römer 18 bis 16 v. Chr. unter Augustus bis zur Donau vor. Daß sie sich in den westlichen Vorbergen des Schwarzwalds wohlfühlten, daß sie an den Quellen von Baden-Baden und Badenweiler prächtige

Bäder anlegten, haben die Archäologen längst bestätigt. Doch das unheimliche Waldgebirge, das nach dem Glauben der Kelten von Göttern, Elfen und allerlei geheimnisvollen Geistern bewohnt war – ein Glaube, der sich in uralten, heute noch lebendigen Sagen wiederfindet –, mieden sie. Die für sie strategisch wichtigen Straßen führten sie um den Schwarzwald herum,

Le Théâtre de Bade.

Oben: Das Theater, das der Spielbankpächter und Veränderer Baden-Badens, Edouard Bénazet, im Stil des Pariser Barock erbauen ließ, trug mit dazu bei, den Ruf der Stadt an der Oos als weltläufiges Kur- und Heilbad zu festigen. 1862 wurde es von Hector Berlioz eröffnet, der dazu eigens die Oper »Beatrice und Benedict« komponiert hatte. Die Abbildung zeigt einen kolorierten Stahlstich aus dieser Zeit. Links: Arrestturm in Wildberg. Hier wurden im Mittelalter die Missetäter eingesperrt.

Mitte: Jakobusfenster aus der Villinger Kapelle des Freiburger Münsters (jetzt im Augustinermuseum); Anfang des 16. Jh.

so im Westen die Straße von Ladenburg am Neckar über Offenburg nach Basel; eine andere führte vom Kastell Vindonissa an der Aare über Hüfingen und Rottweil nach Cannstatt. Mit einer Ausnahme freilich: Die Verbindung zwischen Straßburg und den Kastellen an der oberen Donau folgte dem Lauf der Kinzig. Als die Germanen den Limes durchbrachen, diese mit Kastellen, Legionslagern, Mauern und Gräben stark befestigte Grenze des Imperium Romanum, kamen um die Mitte des 3. Jahrhunderts die Alemannen, die, von einem Herzog geführt, das gesamte Oberrheingebiet beherrschten und sich im Elsaß, in der Schweiz und bis nach Baiern ausbreiteten. Sie gründeten zahlreiche Siedlungen – sie enden meistens auf -ingen oder -heim. Aus zufälligen Funden in einer dieser Siedlungen, dem Ort Hüfingen südlich von Donaueschingen, läßt sich auf die Lebensgewohnheiten der Alemannen schließen. Bei Ausschachtungsarbeiten in einem Neubaugebiet stieß man dort nämlich 1975 auf ein alemannisches Gräberfeld, das zu den ergiebigsten zählt, die bis heute entdeckt wurden.

Innerhalb von zwei Jahren brachten die Archäologen fast 250 Grabstellen ans Licht, Reihengräber, in denen die Toten »geostet« bestattet wurden, also das Gesicht der aufgehenden Sonne zugewendet. Unter der großen Zahl der Grabbeigaben fanden sich das Langschwert bei den Männern und Schmuck bei den Frauen: Fibeln, Gewandspangen und Gurtschnallen, alles aus Gold, meist mit farbigen Steinen besetzt. Allerdings stieß man nicht nur auf heidnische Gräber. Einer Reihe von Toten waren kleine Goldkreuze beigegeben, ein Indiz dafür, daß die Christianisierung durch irische und fränkische Mönche bereits begonnen hatte. Nach der Christianisierung bestattete man die Toten dann auf Friedhöfen bei den Kirchen.

Kultivierung durch die Klöster

Als der Merowingerkönig Chlodwig I. in Gallien die Reste römischer Herrschaft beseitigt hatte, zog er gegen die Alemannen, die rheinabwärts Gebietsansprüche geltend machten. Er besiegte sie 496 und drängte sie in das Gebiet südlich der Linie Baden-Baden – Calw. Mit der Festigung der fränkischen Herrschaft zerfiel das alemannische Herzogtum. Mit Chlodwig, der sich zum Christentum bekehrt hatte, zog auch die neue Religion in das Gebiet ein. Zugleich wurde im Schwarzwald, der nun in zahlreiche kleine Territorien aufgeteilt war, durch Klostergründungen die Besiedelung auch des inneren Waldgebirges vorangetrieben. Die ersten Klostergründungen reichen in die karolingische Zeit zurück. Es sind die Benediktinerklöster St. Trudpert, Ettenheimmünster und Gengenbach. Sie waren allerdings noch in den Randgebieten angesiedelt. Ein weiterer Schritt zur Erschließung des Schwarzwalds wurde mit den Klostergründungen in St. Blasien, Sulzburg und Waldkirch getan. In das Innere des Schwarzwaldes allerdings dringen erst die Klöster Alpirsbach, Hirsau, Klosterreichenbach, St. Georgen, St. Märgen, St. Peter, St. Ulrich und andere vor. Und nun sind es auch keineswegs nur Könige und Bischöfe, die Klöster stiften und fördern, auch der Adel, der inzwischen an Einfluß und Selbstbewußtsein gewonnen hat, tut sich mit Klostergründungen hervor. Alpirsbach wurde von den Grafen von Zollern gegründet, Hirsau von den Grafen von Calw, und St. Peter war Hauskloster und Grablege der Zähringer. Die erste namentliche Erwähnung des Schwarzwalds findet sich übrigens in einer Urkunde des Klosters St. Gallen aus dem Jahre 868, die zweite 983 in einer Schenkungsurkunde des Kaisers Otto an das Kloster St. Blasien.

Hatten die Klöster durch Rodung Land im Inneren des Waldgebirges erschlossen, waren sie Stätten abendländischer Kultur und, man denke an die von Kloster Hirsau ausgehende Reformbewegung, Urheber religiöser Erneuerung, so begann die urbane Besiedelung doch erst durch die Zähringer. Das nach seiner Stammburg über dem nahe bei Freiburg gelegenen Dorf Zähringen benannte Geschlecht war ursprünglich aus Schwaben gekommen und besaß bereits Ende des 10. Jahrhunderts die Grafschaft Breisgau. Dem Zährin-

ger Berthold II. war 1061 das Herzogtum Kärnten übertragen worden. Er konnte es allerdings nie in Besitz nehmen, wohl aber übernahm er den Herzogstitel. Im Süden des Mittelschwarzwalds, auf der Baar, im Breisgau und am Rheinknie, bauten die Zähringer hinfort ihre Macht aus, so daß sie im 12. Jahrhundert neben den Staufern und den Welfen zu den mächtigsten Geschlechtern zählten. Unter ihrer Herrschaft erlebte der Schwarzwald eine in seiner Geschichte beispiellose Blüte. Städte und Burgen entstanden, Straßen wurden gelegt, auch mit dem Bergbau wurde damals begonnen. Dabei gründete sich die Herrschaft der Zäh-

Reich verzierter Helm aus dem Grab eines Alemannenfürsten bei Gültlingen, 500 n. Chr. Ein Gerüst aus vergoldeten Kupferbändern hält die Eisenplatten.

Oben: Um die Mitte des 19. Jh., als dieser kolorierte Stich entstand, hatte sich die 1715 von Markgraf Karl Wilhelm von Baden-Durlach planmäßig angelegte Stadt Karlsruhe bereits zweimal beträchtlich erweitert und sich dabei immer ein wenig weiter zum Rhein hin vorgeschoben.

Links: Der Kupferstich von Matthaeus Merian zeigt die freie Reichsstadt Offenburg. Eine mit zahlreichen Türmen besetzte Mauer umgibt sie. 1689, im Pfälzischen Erbfolgekrieg, sank die Stadt, von den Franzosen in Brand gesteckt, in Schutt und Asche; verschont wurde nur das Kapuzinerkloster.

ringer weniger auf militärische als auf wirtschaftliche Macht.
Berthold III. hatte die blühenden alten Römerstädte am Rhein im Auge, als er 1120 Händler und Handwerker von dort kommen ließ, um zu Füßen des Schwarzwalds in der oberrheinischen Tiefebene einen neuen Markt zu gründen – Freiburg. Es mutet fast modern an, wie gezielt die Zähringer Wirtschafts- und Siedlungspolitik miteinander verbanden: Den Händlern und Handwerkern, die man angeworben hatte, wurden beachtliche wirtschaftliche Vorteile und ein hohes Maß an politischer Selbstverwaltung zugesagt, was schon zwei Jahre nach dem Aufruf zur Besiedelung ein Statut besiegelte. Freiburg war nicht die letzte Gründung dieser Art, bald darauf wurden Offenburg und auf der Hochfläche des östlichen Schwarzwalds Villingen gegründet. Die Standorte der neuen Märkte waren klug gewählt, sie bildeten ein Dreieck, das die alte Römerstraße durch das Kinzigtal, immer noch der einzige Handelsweg durch den Schwarzwald, unter Kontrolle hielt. Auch Rottweil, nahe einer römischen Siedlung gelegen, soll auf die Zähringer zurückgehen. Und schließlich, das sei nur am Rande vermerkt, wurden mit der Ausdehnung des Machtbereichs der Zähringer auf die Schweiz auch dort Städte gegründet: Freiburg, Murten und vor allem Bern.
Auch städtebaulich waren die Zähringer-Gründungen ihrer Zeit weit voraus, ihr Grundriß wurde einheitlich geplant. Jeder Siedler hatte die gleichen Chancen, das heißt, die Hofstellen waren gleich groß: Zur Straße hin standen die Wohnhäuser mit den Werkstätten, und dahinter, durch einen Innenhof getrennt, Scheunen und Ställe. Ein solcher Straßenmarkt kann sich lang hinziehen und beherrscht den Stadtgrundriß.

Oben links: Markgraf Ludwig Wilhelm von Baden (1655–1707) bewahrte Europa vor den Einfällen der Türken – daher sein Name »Türkenlouis«. – Oben rechts: Franziska Sibylla Augusta (1675–1733), die Gemahlin des Türkenlouis'. Nach seinem Tod leitete sie die Geschicke der von den Franzosen verwüsteten Markgrafschaft. – Rechts: Schandpfahl in Gültlingen.

Während mit Berthold V. im Jahre 1218 die herzogliche Linie der Zähringer erlosch, bestand die auf einen anderen Sohn des Grafen Berthold I. zurückgehende markgräfliche Linie weiter:
Markgraf Hermann II. hatte zu Beginn des 12. Jahrhunderts die Burg (Hohen-)Baden erbaut und sich nach ihr benannt.

Wechselvolle Geschichte

Nicht die Markgrafen allein erhoben nun Anspruch auf das Erbe der Zähringer, es sind überdies die Staufer, die vor allem auf die rechtsrheinischen Gebiete und die Klostervogteien der Zähringer ein Auge warfen. Die Lande der Zähringer, und damit der Schwarzwald, einst ein Gebiet von beispielhafter Geschlossenheit, wurden in den folgenden Jahrzehnten und Jahrhunderten vielfach zerstückelt und aufgeteilt. Da sind die badischen Markgrafen, die Grafen von Urach, das Fürstenbergische Haus, die sich das Erbe teilen. Offenburg, Zell und Gengenbach werden freie Reichsstädte, die

Grafen von Württemberg erwerben Calw, Nagold und Wildbad, und schließlich werden die Habsburger, zunächst nur ein Grafengeschlecht mit Besitz auch am Oberrhein, zur beherrschenden Macht in weiten Teilen des Schwarzwalds – mit Freiburg als Hauptstadt Vorderösterreichs. Und daneben die Besitzungen des Landadels, der Klöster, der Bischöfe. Es ist ein bunter Flickenteppich aus kleinen und kleinsten Staaten, ein ewiger Wechsel von Besitz und Besitzern, eine ganz und gar zersplitterte Region, die politisch in Bedeutungslosigkeit absinkt.

Die Reformation teilte auch den Schwarzwald in getrennte Bekenntnisse, je nach der Religion des jeweiligen Herrn. Der Dreißigjährige Krieg hinterließ seine Spuren. Allein Freiburg wurde zweimal von den Schweden erobert. Auch vom Pfälzer Erbfolgekrieg (1688–1697) wurden die westlichen Randzonen in Mitleidenschaft gezogen. Wieder war auch Freiburg betroffen: Seit 1677 französische Festung, mußte es nach dem Frieden von Rijswijk 1697 zurückgegeben werden.

Einen fundamentalen Wandel der politischen Verhältnisse hat Napoleon bewirkt. Nicht nur Europa bekam ein neues Gesicht, sondern insbesondere der Südwesten Deutschlands und damit auch der Schwarzwald, dieses buntscheckige Gebilde, Musterbeispiel der Klein- und Kleinststaaterei. Im badischen Teil des Schwarzwalds hatte die markgräfliche Linie der Zähringer – sie hatte sich 1535 in die Zweige Baden-Baden und Baden-Durlach geteilt und vereinte nun nach dem Aussterben des Baden-Badener Zweigs den Besitz wieder – das Sagen, im östlichen Schwarzwald verstärkten die Württemberger ihren Einfluß. Dann gab es die vorderösterreichischen Besitzungen und eine Fülle anderer Herrschaften: Klöster und Bischöfe, freie Reichsstädte, Fürsten, Grafen und Landadel.

Links: Sibylla Augusta wurde in der Schloßkirche des Rastatter Schlosses beigesetzt. Die Grabschrift hat sie selbst verfaßt – Eingeständnis einer schweren Schuld oder Bitte eines demütigen Herzens?
Im Chor der Baden-Badener Stiftskirche sind zahlreiche Angehörige des markgräflichen Hauses beigesetzt. – Oben: Tischgrab mit Porträtfigur oben und Gerippe unten für Friedrich IV., Bischof von Utrecht († 1517).
Oben rechts: Porträtfigur in Ritterrüstung für Philipp II. († 1574).
Oben links: Sühnekreuz aus behauenem Stein in Rotfelden an der Nagold

Der Forstmeister und Kammerherr Carl Friedrich Drais von Sauerbronn, 1785 in Karlsruhe geboren, erfand ein lenkbares Laufrad, die Draisine, die Vorform des Fahrrads (oben). Mit ihr schaffte man 14,3 km pro Stunde. Der Erfinder starb völlig verarmt 1851, und erst 1875 erhielt er in Karlsruhe ein Denkmal.

Der Markgraf von Baden-Durlach (er residierte seit 1715 in Karlsruhe), durch sein Erbe reicher geworden, aber mit weithin verstreutem Besitz, verbündete sich 1796 mit Frankreich, was nicht zu seinem Schaden sein sollte. Nachdem Österreich im Frieden von Campo Formio der Abtretung des linken Rheinufers an Frankreich hatte zustimmen und sich verpflichten müssen, die dadurch beeinträchtigten Fürsten in Deutschland zu entschädigen, kam es nach langen Verhandlungen 1803 zum sogenannten Reichsdeputations-Hauptschluß, aus dem Baden und Württemberg als Kurfürstentümer hervorgingen. Und nicht nur das. Unter den Schlagworten Säkularisierung und Mediatisierung wurden Fürstbischoftümer, Bistümer, Reichsabteien und Reichsklöster aufgelöst, den freien Reichsstädten ihre Rechte genommen, um sie in den Besitz der zu entschädigenden Fürsten zu überführen. Nach einem weiteren Krieg Napoleons gegen Österreich und einem erneuten Sieg schlug nun auch die Stunde für viele Reichsfürstentümer und Grafschaften, Adel, der unmittelbar dem Reich unterstanden hatte. Ihr Besitz wurde unter die größeren Staaten verteilt, denn seit 1806 hatte das Heilige Römische Reich Deutscher Nation aufgehört zu existieren.

Wie sehr sich beispielsweise für den Kurfürsten von Baden, seit seinem Eintritt in den Rheinbund Großherzog von Napoleons Gnaden, das Bündnis mit Frankreich gelohnt hat, mögen Zahlen verdeutlichen: Von 1803 bis 1809 konnte der Badener sein Land von 3 656 auf 15 070 Quadratkilometer vergrößern. Der

enorme Gebietszuwachs umfaßte auch die ehemals vorderösterreichischen Lande.
Die Württemberger kamen ebenfalls nicht zu kurz. Herzog Friedrich II., dem Napoleon 1806 die Königswürde verliehen hatte und der sich nun König Friedrich I. nannte, konnte sein Territorium verdoppeln. So hatten

Links: Friedrich Hecker (1811–1881), war der Anführer der badischen Radikalen in der Revolution 1848/49.
Rechts: Auf einer Gedenktafel in Ettlingen für die im Krieg Gefallenen lebt das mittelalterliche Motiv des Sensemanns wieder auf.
Unten: Denkmal des Markgrafen Karl Friedrich von Baden-Durlach (1738–1811) vor dem Karlsruher Schloß.

denn nun die Badener und die Württemberger den Schwarzwald unter sich aufgeteilt, nicht ganz brüderlich zwar, denn die Württemberger verlangte es nach mehr Besitz in dem Waldgebirge. Doch Napoleon sorgte dafür, daß es beim alten, daß nämlich der Schwarzwald zum größten Teil badisch blieb. An diesen Grenzen änderte sich nichts bis zum Ende des Zweiten Weltkriegs, als, wie schon Napoleon, wiederum die Sieger ohne Rücksicht auf Landschaften, Dialekte, Stammeszugehörigkeit und historische Gegebenheiten Besatzungszonen schufen, die die Grenzen der späteren Bundesländer vorzeichneten. Mit einer Ausnahme freilich: Nach langem Ringen, dessen Heftigkeit heute kaum mehr verständlich erscheint, wurde nach einer Volksabstimmung im Jahre 1951 aus den Ländern Württemberg-Baden, Württemberg-Hohenzollern und Südbaden der »Südweststaat«, das Bundesland Baden-Württemberg. In diesem Land ist der Schwarzwald nun endlich eine geschlossene, nicht mehr von Grenzen zerteilte Einheit – zum ersten Mal in seiner wechselvollen Geschichte.

Schwerer Alltag

Den rodenden Mönchen, die ihre Klöster zu Stätten christlich-abendländischer Kultur machten und deren Einfluß weit über die engeren Grenzen hinausreichte, folgten sicherlich bald die ersten Bauern. Und die Bauernhöfe, stattliche wie in keinem anderen deutschen Mittelgebirge, prägten und prägen auch das Gesicht der Landschaft. Dabei sind die malerischen Bauernhäuser, die mit der Landschaft verwachsen zu sein scheinen, keineswegs alle gleich. Das Gutacher Haus ist anders als das des Kinzigtals oder das auf den Hochflächen von St. Peter und in der Gegend um St. Blasien. Hunderte von Bauernhöfen, oft viele Generationen in der Hand einer Familie, mußten im 19. Jahrhundert aufgegeben werden. Und unsere moderne Zeit macht vor dem einsamen Leben der »Wälderbauern« auch nicht halt.

Ein buntes anschauliches Bilderbuch gewissermaßen, das über den Alltag der Schwarzwaldbauern in alter Zeit berichtet, ist das Schwarzwälder Freilichtmuseum »Vogtsbauernhof« in Gutach.

Doch nicht nur Bauern wohnten, vor allem im Süden und Westen, weit verstreut in dem Waldgebirge. Schon früh zog es auch Köhler dorthin – Kohlenmeiler gehörten früher zum Schwarzwald wie die hohen schlanken Tannen. Später folgten die Glashütten, deren »Waldglas« weithin bekannt war. Längst gibt es diese Hütten nicht mehr (außer einer, der Dorotheenhütte in Wolfach), doch die Erinnerung an sie lebt in Ortsnamen wie Alt- und Neuglashütten oder Glaswaldsee fort.

Der Holzreichtum ließ auch andere Gewerbe entstehen, die Uhrenindustrie beispielsweise, die sich aus

Der Hippenseppenhof aus Furtwangen-Katzensteig, erbaut 1599: Typ Heidenhaus, einer der ältesten Haustypen des Schwarzwalds

Die Baugestaltung des Schwarzwälder Bauernhauses richtete sich nach den jeweiligen Erfordernissen. Sieben Haustypen lassen sich unterscheiden. Rechts: Rückseite mit Einfahrtshaus des Hotzenwaldhauses. – Links: Schlafkammer im Hippenseppenhof. – Unten: Der Lorenzenhof gehört dem Kinzigtäler Haustyp an: steinernes Sockelgeschoß, Zwischengeschoß zur Aufbewahrung leichter Geräte, Dachgeschoß für Fuhrwerke und große Geräte (eine Erdrampe an der Hausrückseite führt hinein). Die Scheune befindet sich hinter dem Wohnteil. Unten rechts: Knechtkammer im Speichergebäude neben dem Lorenzenhof

der Holzschnitzerei entwickelte und bald zu einem der wichtigsten Wirtschaftszweige des Schwarzwalds wurde. Uhrmacher-Schulen wurden gegründet, und die Erzeugnisse der Schwarzwälder Uhrmacher waren in der ganzen Welt begehrt und sind heute noch eine touristische Attraktion.
Beschäftigte man sich im »Badischen« also vor allem mit dem Glasmachen und dem Herstellen von Uhren,

nutzten die Leute auf der anderen Seite des Waldes den Holzreichtum auf ihre Art. »Sie handeln mit ihrem Wald; sie fällen und behauen ihre Tannen, flößen sie durch die Nagold in den Neckar und von dem oberen Neckar den Rhein hinab bis weit hinein nach Holland, und am Meer kennt man die Schwarzwälder und ihre langen Flöße; sie halten an jeder Stadt, die am Strom liegt, an und erwarten stolz, daß man ihnen Balken und Bretter abkaufen werde; ihre stärksten und längsten Balken aber verhandeln sie um schweres Geld an die Mynheers, die ihre Schiffe daraus bauen...« So berichtet der Dichter Wilhelm Hauff (1802–1827) in seinem Märchen »Das kalte Herz« (1828) über die Schwarzwälder Hochflößer. Das Märchen greift überdies alte Sagen auf, von denen der Schwarzwald voll ist, bei denen es um geheimnisvolle reiche unterirdische Schätze geht. Daß der Bergbau früher in weiten Teilen des Schwarzwalds Bedeutung hatte, gehört aber nicht ins Reich der Sage. Dem Silberreichtum des Schauinsland, des »Hausbergs« von Freiburg, verdankt die Stadt ihr stolzes Münster. Doch noch kann der Wanderer da und dort Halden und eingestürzten Stollen begegnen. Und auf den Wanderkarten finden sich Namen wie Silberberg und Kupferberg, Bleibach, Eisenbach oder Eisental, die an den Erzabbau in vergangenen Tagen erinnern. Noch heute sind Bodenschätze des Schwarzwalds im Gespräch, man denke nur an die Uranfunde bei Menzenschwand.

Reiseland Schwarzwald und die deutsche Romantik

Heutzutage ist der Fremdenverkehr einer der wichtigsten Erwerbszweige des Schwarzwalds, und wenn der Wanderer im Tal einer Mühle ansichtig wird, wie man sie aus dem beliebten Volkslied kennt, mag er sich ob des romantischen Anblicks erfreuen. Für die Schwarzwälder waren sie einst – nicht Getreide-, sondern meist Sägemühle – eine wichtige Existenzgrundlage.

Wenn zu Anfang gesagt wurde, daß der Schwarzwald das wohl am besten erschlossene Mittelgebirge überhaupt sei, so gilt das auch im Hinblick auf die Wanderwege. Hier hat sich der Schwarzwaldverein große Verdienste erworben. Seit bald 125 Jahren födert er in Wort und Tat unermüdlich das Wandern, und seine Monatsblätter sind bis in die Anfänge der Vereinsgeschichte zurück eine wahre Fundgrube für landeskundlich Interessierte.

Daß es heute über eine Landschaft wie den Schwarzwald, für Menschen aus aller Herren Länder immer wieder ein begehrtes Reiseziel, eine Fülle von Literatur gibt, läßt leicht vergessen, daß dem nicht immer so war. Die erste »Landschaftsbeschreibung« verdanken wir dem römischen Kaiser Julian, der 357 die Alemannen bei Straßburg besiegte und ganz offensichtlich von den Thermen Baden-Badens aus einen Abstecher in das Waldgebirge machte: »In diesem Wald habe ich unglaubliche Naturszenen gesehen. Wer das thessalische Tal Tempe oder die Engpässe bei Thermopyle oder den großen gefürchteten Berg Taurus in Asien für schwer gangbar hält, hat nur einen kleinen Maßstab für die Unzugänglichkeit des hercynischen Waldes.« Dann lange, lange nichts. Die Menschen noch des 18. Jahrhunderts nahmen schreibend und beschreibend von der Landschaft und ihren Naturschönheiten kaum Notiz. Martin Gerbert (1720–1793), der hochgebildete und vielseitig tätige Fürstabt von St. Blasien, erwähnt in seinem Werk »Reisen durch Alemannien« die Landschaft mit keinem Wort. Nicht einmal der junge Goethe, der nicht nur im nahen Straßburg lebte, sondern auf seinen Reisen in die Schweiz 1775 und 1779 durch das romantische Höllental kam, erwähnt die Schwarzwaldlandschaft, doch machte er immerhin eine Zeichnung.

Es blieb den Romantikern vorbehalten, wieder Zugang zur unverfälschten Natur zu finden, Landschaft mit

Manche der Werke des Dichters Wilhelm Hauff (1802–1827) spielen im Schwarzwald. – Oben rechts: Haus in Gutach, 1907 nach der Art des Gutacher Bauernhauses erbaut. – Rechts: Herrgottswinkel im Hippenseppenhof mit einer bäuerlich bemalten Holzplastik, die Maria mit offenem Haar und ohne Heiligenschein zeigt

neuen Augen zu sehen, ländlicher Idylle Reize abzugewinnen. Sie waren es, die den Schwarzwald als Reiseland entdeckten. Dafür nahmen sie sehr beschwerliche Wege auf sich. Die Naturschönheiten, die sich ringsum boten, waren ihnen Lohn genug. In ausführlichen, ganz der Natur und der Landschaft gewidmeten Reisebeschreibungen haben sie ihre Eindrücke festgehalten.
Aber auch die ersten wissenschaftlichen Schriften, Veröffentlichungen von Historikern und Sprachforschern, entstammen der Zeit und dem Geiste der Romantik, in der die Beschäftigung mit Brauchtum und Volkssprache hochaktuell war. Gustav Schwab ist da nur als einer unter vielen zu nennen, spürte er doch nicht nur den »Schönsten Sagen des klassischen Altertums« nach, sondern überlieferte er auch so manche alte Volkssage aus dem Schwarzwald.
Dieser »romantischen« Reisewelle folgte bald eine recht andere, die französische. Nach dem Sturz ihres Adoptivvaters Napoleon hatte sich Großherzogin Stephanie Baden-Baden zum Sommersitz auserkoren. Der Ort an der Oos, an dem schon die römischen Kaiser Heilung gesucht hatten, wurde zum Weltbad, zu

einem kleinen Paris. Hier gaben sich die Aristokratie – darunter nicht wenige gekrönte Häupter –, die Reichen und die Schönen, die Talentierten und die Geistvollen ein Stelldichein, wie eine Pariser Zeitung damals schrieb. Von Baden-Baden aus entdeckte man den Schwarzwald – und schrieb darüber. Allen voran Victor Hugo, der in seinem Buch »Le Rhin« nicht nur die Stadt Freiburg und ihr Münster eindrucksvoll schildert, sondern auch die Berge des Dreisamtals.
Die Spielbank, wo schon bald die Kugel rollte, lockte neben der großen Welt auch die Halbwelt, zog Glücksritter aus allen Teilen Europas an. Daß unter den Spielern bedeutende Leute waren, wer weiß das nicht. Turgenjew versuchte dort sein Glück ebenso wie Dostojewski, dessen Roman »Der Spieler« auf eigenen (bitteren) Erfahrungen beruht.
Von den Angelsachsen, die in der zweiten Hälfte des 19. Jahrhunderts als »Schwarzwald-Trotter« ihre mannigfaltigen Eindrücke niederschrieben, sollen nur zwei genannt werden, der Engländer L. G. Séguin und der Amerikaner Mark Twain. Séguin hat auf seiner Reise von Pforzheim bis Basel, bei der er auch in entlegene Täler eindrang, noch heute Lesenswertes über die Geschichte und das Leben der Schwarzwälder festgehalten und dabei auch eine Fülle alter Volkssagen und Legenden gesammelt. Und auch die Landschaft versteht er schwärmerisch zu schildern: »In ihrer romantischen Abgeschiedenheit, in ihrer wilden und einsamen Größe, in ihrem Reichtum für das Hirtenleben bieten die von Forellenbächen bewässerten Täler des Schwarzwaldes ebenso schöne und verschiedenartige Kleinodien der Natur, wie die Welt oder wenigstens Europa sie nur bieten kann. Sie gehören zu den Bildern, die als Freude in der Erinnerung haften, Freuden friedlicher und glücklicher Art... Sie bringen mit sich eine Vision stiller Zufriedenheit, einen Blick in das schöne Land der Poesie, ein Echo von murmelnden Gewässern, einen schwebenden Tannenduft.«
Besonders faszinierten Séguin die Uhrmacher. Uhren wurden damals – Séguin unternahm seine Reise um 1880 – ganz überwiegend in Heimarbeit gefertigt. »Wer der erste Uhrmacher im Walde war, wissen wir nicht. Aber wir können ihn uns wohl vorstellen: den vierschrötigen, dunkelhäutigen Bauern mit langem schwarzem Haar, das ihm über die Schultern hängt, und tiefen, feierlichen, sinnenden Augen. Er sitzt in seiner kleinen Klause neben dem großen Kachelofen an den langen Wintertagen, wenn der Schnee viele Fuß hoch um seine Hüttenwelt getürmt ist, indem er das große Rätsel der Gewichte und Uhrenräder austüftelte. ... Wir können uns den Triumph wohl vorstellen, den ehrlichen Stolz, womit unser erfindender Bauer – möglicherweise nach Jahren scheinbar fruchtlosen Denkens und Bemühens, nach zahllosen Enttäuschungen

Links: das ältere der beiden Grimmelshausen gewidmeten Denkmäler in Renchen, wo der Dichter als Schultheiß des Gerichts tätig war. – Unten: Vogtsbauernhof in Gutach, 1570 erbaut. Dem zweigeschossigen Hauskörper sitzt ein geräumiges Dach auf. Mit den Veranden und dem Wechsel von hellem Mauerwerk und dunklem Holz wirkt der Bau sehr malerisch. – Ganz links: Hofkapelle des Hippenseppenhofes mit einfachem Altar und einer Holzplastik

und vielleicht einigem Schelten seiner Frau – das Ding vor sich hängen sah an der stark geräucherten Wand seiner Studierstube, das Ding, mit Leben und Bewegung begabt, welches seine eigene Hand, sein Gehirn geschaffen hatte – die erste Wanduhr...«

Ein Amerikaner im Schwarzwald

Eher amüsant und zuweilen mit recht satirischen Bemerkungen gewürzt ist die Lektüre von Mark Twains »A tramp abroad« (1880 dt.: Bummel durch Europa). Doch auch er gerät ins Schwärmen: »Die Wälder erstrecken sich ununterbrochen über eine weite Gegend, und überall sind sie so dicht, so still, so tannenreich und duftend! Die Stämme der Bäume sind schmuck und gerade, und der Grund ist an vielen Stellen meilenweit unter einem dicken Mooskissen von lebhaft grüner Farbe verborgen... Ein herrliches Kirchendüster durchzieht die pfeilerreichen Hallen, und so leuchten die zerstreuten Flecken von Sonnenlicht, die hier einen Stamm und dort einen Ast bescheinen, stark hervor, und wenn sie das Moos bestrahlen, so scheinen sie einfach zu brennen. Aber die unheimlichste Wirkung und auch die bezauberndste ist die, welche durch das zerstreute Licht der späten Nachmittagssonne hervorgebracht wird. Kein einzelner Strahl kann einen Weg hineinfinden, aber das zerstreute Licht nimmt Farbe vom Moos und den Blättern an und durchschwebt den Ort wie ein schwacher, grüngetönter Nebel, wie das poetische Feuer im Feenland...«
Wenn sich Mark Twain andererseits über Land und Leute auch fast ein wenig boshaft mokierte, so dürften auch die bodenständigen Schwarzwälder Bauern an dem Amerikaner und seinen Reisegenossen ihr stilles Vergnügen gehabt haben, wirkten sie doch in der bei reisenden Angelsachsen üblichen Kluft wie Wesen von einem anderen Stern. Sie trugen breitkrempige Hüte, blaue Armeehemden und blaue Mäntel, dazu lederne Gamaschen, vom Knie bis zum Knöchel geknöpft, und hohe enggeschnürte Bergstiefel. Neben den Taschen für den Proviant hatten sie ein Fernglas und ein Etui für den Reiseführer über die Schulter geschwungen. In der einen Hand hielten sie den Spazierstock, in der anderen den Sonnenschirm. »Um unseren Hut wanden wir«, so Mark Twain, »in vielen Falten weißes Muslin, dessen Enden auf unsere Rücken herunterhingen. Harris (Mark Twains Reisegenosse) trug eine kleine Maschine wie eine Uhr, genannt Pedometer (Schrittmesser)...«
Beide, Mark Twain und Séguin, erkundeten den Schwarzwald im übrigen fast ausschließlich zu Fuß, obwohl man nun seit 1873 auch mit dem »Dampfungetüm«, der Eisenbahn, durch den Schwarzwald reisen konnte. Die Schwarzwaldbahn, die von Offenburg durch das Kinzigtal und das Gutachtal nach Triberg hin-

Links: Erstausgaben einiger Werke Hansjakobs, ausgestattet mit Illustrationen. Unten: Porträt des Pfarrers und Dichters Heinrich Hansjakob aus dem Jahre 1911. Volkstümlichkeit erlangte dieser vielseitige Mann auch als Gründer der ersten badischen Winzergenossenschaft in Hagnau am Bodensee und wegen seines lebensnahen Denkens: Um seiner Pfarrei in Freiburg Einkünfte zu verschaffen, ließ er in seinem Pfarrhaus Ladenlokale einrichten.

auf und dann längs der Brigach nach Donaueschingen hinunter führte, galt mit ihren 38 Tunnels als die großartigste Bahnlinie Deutschlands.

»In den Rucksack des Schwarzwaldwanderers gehören zwei Bücher«, schrieb einmal einer, der sich auskannte, »das eine von Johann Peter Hebel, das andere von Heinrich Hansjakob«. Der Schwarzwald lebt ja nicht nur in den Schilderungen Fremder, aus ihm selbst stammen Dichter, Schriftsteller und Maler.

Johann Peter Hebels »Schatzkästlein des rheinischen Hausfreundes« ist wie viele Volkslieder Allgemeingut geworden. 1760 als Kind deutscher Eltern in Basel geboren, wuchs er nach dem frühen Tod des Vaters in dem kleinen Dorf Hausen im Wiesental auf. Mit dreizehn Jahren verlor er auch die Mutter, doch sein Vormund sorgte dafür, daß er seine an der Lateinschule in Schöpfheim begonnene Ausbildung auf dem Karlsruher Gymnasium fortsetzen konnte. Nach dem Theologiestudium und verschiedenen Stellen als Hauslehrer kehrte er als Lehrer an das Karlsruher Gymnasium zurück. Eine steile berufliche Karriere – er stand als Prälat an der Spitze der evangelischen Landeskirche Badens und war damit Mitglied der Ersten Kammer des Landtages – ließ den stets bescheidenen Mann die einfache Herkunft nie vergessen. Immer blieb er seiner engeren Heimat verbunden, sprach er auch ihre Sprache – die alemannische Mundart. Dieser Treue verdankt er seinen Durchbruch als Dichter. Seine 1803 erschienenen »Alemannischen Gedichte«, Gedichte von großer Ursprünglichkeit, die besonders von Goethe und Jean Paul geschätzt wurden, machten ihn berühmt. Noch heute gilt Johann Peter Hebel, der 1826 in Schwetzingen starb, als der bedeutendste alemannische Mundartdichter. Das schöne alte Fachwerkhaus in Hausen, in dem Hebel seine Kindheit verbracht hat, ist heute Heimatmuseum.

Spiegel der Landschaft

Daß die Gemeinde Hausen »ihrem« Dichter verbunden blieb und auf welche Weise das geschah, darüber berichten die »Monatsblätter des Schwarzwaldvereins« 1934 so: »Droben in der Alemannenheimat Hebels vereinigen sich alle Jahre am Geburtstage des 'Maiensohnes' (es ist der 10. Mai) viele Wiesentäler, Basler und Freiburger Hebelfreunde und halten ihr Hebelfest und nehmen da ihr 'Hebelmähli' ein. Dabei werden die zwölf ältesten Männer des Dörfchens satt und fröhlich gemacht, und den wenig mit Glücksgütern gesegneten werden klingende Gaben zuteil.«

Was Hausen für die Hebel-Freunde, ist Haslach im Kinzigtal für die Lesegemeinde des Volksschriftstellers Heinrich Hansjakob (1837–1916). Hier wurde Hebels katholischer Amtsbruder geboren und hier starb er auch, nachdem er fast 30 Jahre lang als Pfarrer in Freiburg gewirkt hatte. Wie kein anderer hat der Dichterpfarrer, der sich als badischer Landtagsabgeordneter auch politisch betätigte, vom Leben und Schicksal der Menschen seiner Heimat erzählt. Unmittelbar und volksnah stellte er breiten Schichten eine Welt vor Augen, die keineswegs nur beschaulich und idyllisch war. Neben Erzählungen wie »Bauernblut«, »Erzbauern«, »Schwarzwälderblut«, »Waldleute« schrieb er auch heute noch lesenswerte Tagebücher und interessante kulturgeschichtliche Betrachtungen. Seine Heimatstadt, die ehemalige fürstenbergische Residenz, hat im »Freihof«, einem jüngst renovierten Kapuzinerkloster, ein Hansjakob-Museum eingerichtet. Hier findet der Besucher neben anderen Erinnerungsstücken an den Schwarzwald-Dichter auch sämtliche Werke in allen Ausgaben und Auflagen sowie Hansjakobs Privatbibliothek. Wer sich die Zeit nimmt, ein wenig in Hansjakobs Erinnerungen an seine Jugendzeit zu blättern, wird in dem hübschen alten Städtchen noch manches entdecken, was sich seit den Kindertagen des Hansjakob nicht verändert hat.

Kein Schwarzwälder zwar, aber einer der großen europäischen Dichter, die im Schwarzwald lebten, ist Johann Jacob Christoffel von Grimmelshausen, der sprachgewaltige Chronist des Dreißigjährigen Krieges. Um 1621 in Gelnhausen (Hessen) geboren, einer protestantischen Handwerkerfamilie entstammend, wurde er, noch fast ein Kind, 1639 Soldat und diente bis zum Ende des Krieges als Regimentssekretär bei dem Obristen Freiherr von Schauenburg. Im »Abentheuerlichen Simplicissimus Teutsch« (erschienen 1668 unter dem Pseudonym German Schleifheim von Sulsfort) schildert er realistisch, aber distanziert die Wirren und Schrecken des Dreißigjährigen Krieges, die aus den Fugen geratene Welt, wie Grimmelshausen sie selbst erfahren hatte. Während sich jedoch die Titelgestalt am Ende entschließt, ihr Leben fern von der Welt als Einsiedler zu beschließen, ging Grimmels-

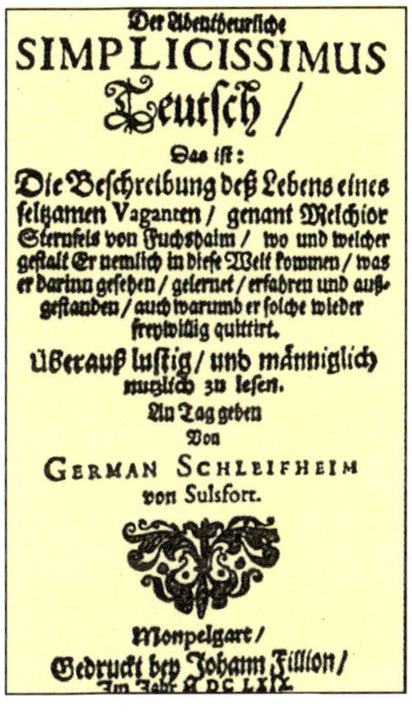

Der Abentheurliche
SIMPLICISSIMUS
Teutsch /
Das ist:
Die Beschreibung deß Lebens eines seltzamen Vaganten / genant Melchior Sternfels von Fuchshaim / wo und welcher gestalt Er nemlich in diese Welt kommen / was er darinn gesehen / gelernet / erfahren und außgestanden / auch warumb er solche wieder freywillig quittirt.
Überauß lustig / und männiglich nutzlich zu lesen.
An Tag geben
Von
GERMAN SCHLEIFHEIM
von Sulsfort.
Mompelgart /
Gedruckt bey Johann Fillion /
Im Jahr M DC LXIX.

Oben rechts: Porträt des Dichters Johann Jacob Christoffel von Grimmelshausen (um 1625–1676), nach dem Titelkupfer zur »Simplicissimus«-Ausgabe von 1670. – Links und oben: Titelkupfer und Titelseite der Erstausgabe des »Abenteuerlichen Simplicissimus Teutsch« – das Leben eines »gemeinen« Mannes in schwieriger Zeit, erschienen 1668 in Nürnberg. Der Dichter verbarg seine Identität hinter dem Pseudonym German Schleifheim von Sulsfort.

hausen nach Offenburg, heiratete dort und zog nach Gaisbach, wo er zunächst als Verwalter für seinen ehemaligen Obristen arbeitete, zugleich aber zeitweise die Schankwirtschaft »Zum silbernen Stern« betrieb. Später war er Burgvogt auf der Ullenburg, bis er 1667 Bischöflich-Straßburgischer Schultheiß in Renchen wurde. In Renchen ist der bedeutendste deutsche Barockdichter 1776, nur (etwa) 54 Jahre alt, gestorben, und dort wurde er neben der Kirche auch beigesetzt. »Ehrenwert und von großem Verstand und Wissen« trug der Pfarrer in lateinischer Sprache in das Kirchenbuch ein, seinen Rang als großer europäischer Dichter dürfte er nicht erkannt haben.

Links: Joseph Victor von Scheffel (1826–1886) erreichte mit seinem epischen Gedicht »Der Trompeter von Säckingen« in rund 50 Jahren 175 Auflagen. – Rechts: Selbstbildnis des Malers Hans Thoma (1839–1924)

Daß man dem Schwarzwald, der friedvollen Wahlheimat des vom Krieg Gebeutelten, auch im »Simplicissimus« begegnet, nimmt nicht wunder. Simplicissimus wirft Steine in den geheimnisvollen, von Sagen umwobenen Mummelsee und beschwört damit ein schlimmes Unwetter herauf. Und so ist es auch der Schwarzwald, »auf einem hohen Gebirge ... überall mit finsteren Tannenwäldern bewachsen«, wo er ihn als Einsiedler Ruhe finden läßt.

Eine sehr beliebte Lektüre der Bildungsbürger im ausgehenden 19. Jahrhundert waren die Werke des Dichters Victor von Scheffel: romantische Gedichte, Versepen und Prosa. 1826 in Karlsruhe geboren, studierte er zunächst Rechtswissenschaften, schied aber schon nach dem Rechtspraktikum aus dem Staatsdienst aus. Von 1857 bis 1859 war er Fürstenbergischer Bibliothekar in Donaueschingen, 1865 wurde er sächsischer Hofrat. Er starb 1886 in seiner Geburtsstadt. In seinen Dichtungen wird immer wieder das alemannische Erbe spürbar, nicht zuletzt im »Trompeter von Säckingen«, einem Versepos um die Romanze zwischen Franz Werner Kirchhofer, dem Trompeter, und der jungen Adeligen Maria Ursula von Schönau. Das Schloß derer von Schönau, immer nur »Trompeterschloß« genannt, birgt heute das Hochrhein-Heimatmuseum, in dem neben Erinnerungsstücken an Scheffel auch Bilder und Zeichnungen Hans Thomas zu sehen sind.

Hans Thoma – kein anderer Maler ist so innig mit dem Schwarzwald und seiner Landschaft verbunden wie er. Als bedeutender Vertreter des Realismus in Deutschland hat er die Naturschönheiten seiner Heimat und die Menschen dort wieder und wieder gemalt. Auch andere, die sich um ihn gruppierten, schufen herrliche Schwarzwaldlandschaften und sind deshalb zu Unrecht fast in Vergessenheit geraten. Für die Hüfinger Malerfamilie Reich, den Genremaler Johann Baptist Kirner und dessen Bruder Lukas gilt Ähnliches. Keiner aber hat Hans Thoma an Ansehen erreicht.

Links: Selbstbildnis Christian Wenzingers (1710–1797), eine Büste in Bleiguß. Wenzinger war einer der bedeutendsten Barockmeister – Architekt, Bildhauer, Maler – aus dem Breisgau. Meisterhaft sind vor allem viele seiner Altarfiguren. Besonderen Ruhm brachte ihm die Ausstattung der Stiftskirche in St. Gallen ein.

Unweit von St. Blasien, in einem Hochtal, liegt Bernau, wo Hans Thoma (1839–1924) geboren wurde als Sproß einer Bauernfamilie, die schon dem 15. Jahrhundert im Bernauer Hochtal ansässig war. Als Sargmaler lernte er die simpelste Technik des Malens, versuchte sich aber bald an Landschaften und Häusern seiner Heimat – es sind naturgetreue Porträts. Dann aber zog es den Bernauer Bauernbub hinaus in die Welt: erst nach Karlsruhe, wo er Schüler von J. W. Schirmer wurde, dann nach Paris, wo Gustave Courbet sein Lehrer war. Eine enge Freundschaft verband ihn mit Wilhelm Leibl. 1899 wurde er Akademieprofessor und Direktor der Kunsthalle in Karlsruhe und stand in hohem Ansehen. Sein heimatliches Hochtal hat er nie vergessen, ein, wie er es in seinen Erinnerungen schildert, »von Blumen- und Honigduft erfülltes hochgelegenes Wiesental, von braunen Forellenbächlein durchzogen ... ein Kranz von Bergen, so gelagert, daß sie das Tal nicht einengen, umgibt es mit dunklen Tannen.«

Vor allem aber in seinen Bildern wird die Schönheit des Schwarzwalds immer wieder lebendig. Das Museum im Geburtsort des Malers zeigt rund 80 Originalgemälde, aber auch Graphiken, Glasmalereien und Keramik. In der schlichten Kirche des Ortes sind zwei Altarbilder zu sehen, die Hans Thoma 1911 gemalt hat.

Weltläufigkeit

Mit Hans Thoma weitläufig verwandt war Franz Xaver Winterhalter, der 1805 in Menzenschwand geboren wurde. In der Herderschen Kunstanstalt als Kupferstecher ausgebildet, ging er an die Münchner Akademie und wurde Schüler von J. K. Stieler, dem Porträtisten am Hofe Ludwigs I. von Bayern. Seine fast emailartige Malweise, sein eleganter Stil kennzeichnen die ungezählten Porträts, die er geschaffen hat. Als »Maler der Fürsten und Fürst der Maler« war er an allen Höfen Europas geschätzt, von Madrid bis Petersburg, von Bukarest bis London, am Hofe des Bürgerkönigs in Paris ebenso wie am Hofe Kaiser Napoleons III., wo er beispielsweise das berühmte Bild der Kaiserin Eugenie im Kreise ihrer Hofdamen malte. Königin Victoria von England holte ihn zu sich, um von ihm Zeichnen und Radieren zu lernen. Winterhalter starb 1873 in Frankfurt am Main.

Aus Calw schließlich stammt der große Dichter Hermann Hesse (1877–1962), der nach einem kurzen Versuch als Uhrmacherlehrling Buchhändler wurde. Nach dem Erfolg des »Peter Camenzind« (1904) lebte er als freier Schriftsteller. 1946 wurde ihm der Nobelpreis verliehen.

Im Vergleich zur relativ jungen Geschichte der Menschen im Schwarzwald ist seine geologische Entstehungsgeschichte natürlich ungleich älter. Darüber im folgenden mehr.

Oben: Geburtshaus des Malers Hans Thoma in Bernau. – Links: Hans Thoma: »Kinderreigen« von 1872. – Unten: Geburtshaus von Hermann Hesse (1877–1962) am Marktplatz in Calw (1753 als Handelshaus erbaut)

ENTSTEHEN EINER LANDSCHAFT

Wie schön ist doch mein Heimattal! Still und friedlich ist es in der Natur, wenn ich am Sonntagvormittag so auf einem Berghang liege und ins grüne Tal hinuntersehe, die Kirchenglocken rufen und die Sonne glänzt im Buchwald, die Drossel singt, über mir schweben weiße Wolken, und ein Habicht kreist.« Hans Thomas Heimattal bei Bernau ist ein Nebental des Albtals (unser Bild), dem seine Worte ebenso hätten gelten können.

Wie der Schwarzwald entstand

Nur wenige Gebiete Mitteleuropas sind in aller Welt so bekannt wie der Schwarzwald. Einer der wesentlichen Gründe für die Berühmtheit dieses höchsten deutschen Mittelgebirges ist wohl seine landschaftliche Schönheit. Zwar läßt sich über Schönheit in der Regel streiten, aber beim Schwarzwald ist das anders. Er bietet ein landschaftliches Kontrastprogramm, wie es ähnlich abwechslungsreich an keiner anderen Stelle in Deutschland vorkommt: vom Wind kahlgefegte Berggipfel und alpin anmutende Felsschluchten, liebliche Wiesentäler und sanft gewellte, weinumkränzte Hügel, dichtbewaldete Hochflächen und kristallklare Bergseen, schneereiche Höhen und Täler mit fast mediterranen Klimaverhältnissen...

Links: Die Schwarzwaldhochstraße passiert den 1055 m hohen Schliffkopf; unterhalb des Gipfels breitet sich eine moorige Hochfläche aus. – Rechts oben: Weiden bei St. Märgen. – Rechts: Der Nagoldstausee bei Erzgrube ist an Wochenenden ein Dorado für Wassersportler.

Die landschaftliche Vielfalt des Schwarzwalds hängt eng mit seiner Entstehungsgeschichte zusammen, die ihrerseits unübersehbar mit der Entwicklung des Oberrheinischen Tieflands verbunden ist. Bergland auf der einen, Tiefland auf der anderen Seite – zwei geologisch und landschaftsgeschichtlich eng miteinander verzahnte Gegensätze, die sich nicht voneinander trennen lassen. Dennoch erscheint der Schwarzwald als eine eigenständige Landschaft, die sich auf Grund ihrer ganz speziellen Naturausstattung deutlich von ihren Nachbarregionen abhebt.

Am auffälligsten ist die fast lückenlose Waldbedeckung, die dem Gebirge schon im frühen Mittelalter, als seine Besiedlung voll einsetzte, ein ernstes dunkles Aussehen verliehen haben muß, obwohl damals in den tieferen Lagen noch der Anteil der heller wirkenden Laubhölzer überwog.

Im Osten und im Norden ist die geschlossene Waldbedeckung denn auch das augenfälligste Merkmal, das

Sonnengespinst im Tannenwald. Die Weißtanne gedeiht in oberen Bergregionen, in 600 bis 1200 m Höhe, und kann 40 bis 60 m hoch werden.

eine Grenzziehung zu den offenen Feldfluren der benachbarten Gäulandschaften erlaubt. Die Oberflächenformen lassen hier nämlich keine deutlich hervortretenden Landschaftsgrenzen erkennen, denn die östliche Abdachung des Schwarzwalds ist so sanft, daß sich der typische Gebirgscharakter verliert.

Völlig andere Verhältnisse herrschen am westlichen und am südlichen Schwarzwaldrand. Jäh bricht der Gebirgskörper zum Oberrheinischen Tiefland und zum Hochrheintal ab, und schluchtartig eingetiefte Täler umschließen die von Norden nach Süden aufgereihten höchsten Gipfel, von der Hornisgrinde (1164 m) über den Kandel (1242 m), den Schauinsland (1284 m) und den Belchen (1414 m) bis zum Blauen (1165 m). Höhenunterschiede von 1000 bis 1200 Meter treten auf waagerechten Entfernungen von nur wenigen Kilometern zwischen der Rheinebene und den Schwarzwaldbergen auf und sorgen für hochgebirgsähnliche Verhältnisse. Gleich hinter den Rebhängen der Vorbergzone, die sich als Übergangsstreifen vermittelnd zwischen Oberrheinebene und Schwarzwald schiebt, steigt das Gebirge mauerartig empor. Zusätzlich betont werden diese beachtlichen Höhenunterschiede durch mindestens ebenso eindrucksvolle Klimaunterschiede. Während am Gebirgsfuß

zum Beispiel längst das Frühjahr eingekehrt ist, ziehen in den Gipfellagen noch die Skifahrer ihre Spuren; oder wenn im Herbst das Laub der Reben goldgelb in der warmen Sonne leuchtet, tragen die Bäume auf den Schwarzwaldhöhen längst eine Rauhreifschicht.
Damit lassen sich die Grenzen des Schwarzwalds in grobem Rahmen festlegen. Als Faustregel für eine erste Orientierung kann man sich merken, daß sich das Waldgebirge ungefähr zwischen dem Städteviereck Karlsruhe – Lörrach – Waldshut – Pforzheim erstreckt. Dem entspricht eine Längserstreckung in nordsüdlicher Richtung von rund 160 Kilometern, und die Breite schwankt zwischen 30 Kilometern im Norden und 50 Kilometern im Süden. Eine exakte Abgrenzung des Schwarzwalds wird anhand geologischer Merkmale vorgenommen, die weiter unten erläutert werden.

Oben: Blick von der Hornisgrinde nach Norden. Mit 1164 m ist die Hornisgrinde der höchste Berg des Nordschwarzwalds.

Rechts: Die Triberger Wasserfälle sind die höchsten Deutschlands. In sieben Stufen stürzen die Wasser der Gutach 162 m tief zu Tal.

Was war vor dem Schwarzwald?

Der Schwarzwald gehört zum Oberrheinischen Landschaftsverband, der größten naturräumlichen Einheit Südwestdeutschlands. Herzstück dieses Großraums ist, wie schon angedeutet, der Oberrheingraben im äußersten Westen. Ein weiteres Teilgebiet ist, neben dem Schwarzwald, das östlich anschließende schwäbisch-alemannische Schichtstufenland, das sich bis zur Donau erstreckt.
Der Oberrheingraben ist die größte geologische Bruchzone Mitteleuropas. Er besteht aus dem tischebenen Oberrheintiefland und den treppenartig nach Osten und Westen ansteigenden Vorbergen von Schwarzwald und Vogesen. Die heutigen Oberflächenformen des Schwarzwalds, die das Landschaftsbild des Gebirges weitgehend bestimmen, verdanken ihr Aussehen fast ausschließlich diesem Grabenbruch, so daß man dessen Entstehungsgeschichte zunächst zurückverfolgen muß, wenn man dem Werdegang und dem Bauplan der Schwarzwaldlandschaft nachspüren möchte. Dabei muß man gar nicht sehr weit in die Erdgeschichte zurückblicken, denn die wesentlichen Entstehungsphasen von Schwarzwald und Oberrheingraben vollzogen sich erst in der Erdneuzeit, deren älterer Abschnitt, das Tertiär, vor nur 60 Millionen Jahren begann. Das Wort »nur« ist hier gewiß nicht fehl am Platz, wenn man bedenkt, daß die gesamte Erdgeschichte über fünf Milliarden Jahre weit zurückreicht! Der jüngere Abschnitt der Erdneuzeit, das Quartär, begann vor nur 600 000 Jahren mit dem Eiszeitalter (Pleistozän) und umfaßt seit rund 10 000 Jahren mit dem Holozän auch die Zeit, in der wir heute leben.
Wesentlich älter als das heutige Gebirge sind jedoch die Gesteine, aus denen es besteht. Dort, wo sich heute Schwarzwald, Vogesen und Oberrheingraben ausdehnen, erhob sich vor 250 Millionen Jahren, am Ende der Karbonzeit, schon einmal ein Gebirge, das sogenannte Variskische Gebirge. Es bestand aus kristallinen Gesteinen, vorwiegend Gneisen, die bereits sehr viel früher entstanden waren. Diese kompakte Gneisscholle zerbrach während der Hebung des Variskischen Gebirges in mehrere Teile, und in die Bruchfugen drangen aus der Tiefe vier große glutflüssige Granitkörper ein: der Nordschwarzwälder und der Triberger Granit sowie der Blauen- und der Schluchseegranit. In den Kontaktzonen zwischen Gneiskörper und eingedrungener Granitschmelze bildete sich ein weitverzweigtes Netz sogenannter hydrothermaler Erzgänge aus: schmale Klüfte im Gneis, in die die »Restbestände« der aufgedrungenen Schmelze gepreßt wurden. Beim langsamen Erkalten des flüssigen Gesteins entstanden Silber-, Eisen-, Kobalt-, Blei-, Zink- und Uranerze sowie reichhaltige Flußspat- und Schwerspat-Lagerstätten. Sie wurden zur Grundlage des mittelalterlichen und auch neuzeitlichen Bergbaus, und ihnen verdankt ein Berg wie der Freiburger Schauinsland seinen vielsagenden »Zweitnamen« Erzkasten.
In der Permzeit wurde das alte Variskische Gebirge vollständig abgetragen. Es blieb nur ein eingeebneter

Rumpf übrig, der anschließend des öfteren vom Meer überflutet wurde. Über dem Gneis- und Granitrumpf, den man als »Grundgebirge« bezeichnet, lagerten Flüsse und Winde mächtige Sand- und Geröllschichten ab, die sich im Laufe von Jahrmillionen unter dem Gewicht jüngerer, das heißt weiter oben liegender Schichten zu Sedimentgesteinen verfestigten: Es bildete sich das sogenannte »Deckgebirge«. Erst danach begann die eigentliche Entstehungsgeschichte des Schwarzwalds.

Im »Schlepptau« der nahen Alpen

Erste Anzeichen für das Werden eines neuen Gebirges wurden bereits vor etwa 140 Millionen Jahren sichtbar. Damals zog sich das Jurameer zurück, und das gesamte spätere Schwarzwaldgebiet wurde landfest. Ursache dieser sanften Anhebung des einstigen Meeresbodens war die soeben beginnende Alpenfaltung. Das hört sich zwar zunächst etwas merkwürdig an, aber bei näherer Überlegung klingt alles sehr einleuchtend: Die mehrere Kilometer mächtigen Meeresablagerungen im Bereich der heutigen Alpen wurden nämlich seit der Kreidezeit durch gewaltige Horizontalbewegungen der Erdkruste zusammengequetscht. Die Sedimentschichten legten sich dabei in Falten, während sie gleichzeitig angehoben wurden. Der äußerst solide Grundgebirgsrumpf des alten, längst abgetragenen Variskischen Gebirges diente bei diesen geotektonischen Vorgängen als nördliches Widerlager, ähnlich wie ein Prellbock. Die gewaltigen Kräfte, die hier wirksam waren, gingen selbst an einem so soliden »Prellbock« nicht spurlos vorüber. Der zusammenhängende Grundgebirgskörper von Schwarzwald und Vogesen wölbte sich unter dem von Süden einwirkenden Druck wie eine riesige Kuppel empor. Dabei nahm das Dach der Kuppel eine wellenförmige Gestalt an. Im Süden, dort, wo der Alpenrand besonders nahe ist, verläuft der erste und höchste Wellenberg (Feldberg 1 493 m), und zwar ungefähr parallel zum Alpenrand, das heißt von Südwesten nach Nordosten streichend. Ein zweiter Wellenberg prägt den nördlichen Teil des Schwarzwalds. Er besitzt dieselbe Streichrichtung, ist aber um

Links: Blick von dem 1284 m hohen Schauinsland, dem »Hausberg« Freiburgs, auf die höchste Erhebung des Schwarzwalds: den 1493 m hohen Feldberg

Ganz links: Blick von der Hornisgrinde nach Osten; im Vordergrund Weidenröschen

einiges niedriger als der südliche Wellenberg (Hornisgrinde 1164 m), da der Alpenrand weiter entfernt ist und die aus Süden wirksame Druckbewegung deshalb wesentlich geringer war. Zwischen beiden Wellenbergen bildete sich folgerichtig ein Wellental, das sich im Flußgebiet der heutigen Kinzig erstreckt. Dieser Bereich des Schwarzwalds erreicht die geringsten Höhen. Die Wellenberge werden von den Geologen als tektonische Sättel bezeichnet, und Wellentäler heißen dementsprechend tektonische Mulden.

Das sichtbare Ergebnis dieser tektonischen Erscheinungen sind die drei verschiedenartigen Landschaftszonen, in die man den Schwarzwald einteilt: Südschwarzwald, Mittlerer Schwarzwald und Nordschwarzwald. Sichtbar bedeutet natürlich nicht, daß man die Sättel und die dazwischenliegende Kinzigmulde als geographischer Laie sofort im Gelände erkennen kann. Dazu ist das Gebiet des Schwarzwalds viel zu großräumig, und nur ein geschultes Auge sieht hier scharf. Aber auf einer einfachen physischen Karte, wie sie in Schulatlanten verwendet wird, kommen die erwähnten Höhendifferenzen klar heraus.
Noch deutlicher zeigt die geologische Karte die Dreiteilung des Schwarzwalds, denn die Mulde des Mittleren Schwarzwalds wird durch zwei schmale Grabenzonen von den südlich bzw. nördlich angrenzenden Sätteln getrennt. Im Süden bildet der Bonndorfer Graben die Trennfuge, im Norden ist es der Freudenstädter Graben. Besonders deutlich fällt der Bonndorfer Graben im Gelände auf, da er teilweise wie ein von Nordwesten nach Südosten ausgerichteter Riß in der Erdkruste das Gebirge durchschneidet. Ihm folgt der Verlauf des berühmten Höllentals, und auch das weite Zartener Becken östlich von Freiburg gehört dazu.
Die Entstehung der Grabenbrüche läßt sich einfach erklären: Als das Schwarzwälder Grundgebirge durch den horizontal von Süden her einwirkenden tekto-

Oben: der Seebuck (1448 m), einer der drei Feldberggipfel, mit Steinpyramide und dem 40 m hohen Sendeturm

Links: der tannenumkränzte Wildsee in der Nähe des Passes Ruhestein (910 m)

Ganz oben: St.-Wilhelmer-Hütte am Feldberg

Der Feldberg, der Renommierberg des Schwarzwalds, hat ausgedehnte Weideflächen zu bieten.

nischen Druck aufgewölbt wurde, zerbrach die kompakte, aus sehr harten und kaum verformbaren Kristallingesteinen bestehende Großscholle in mehrere, als Bruchschollen bezeichnete Einzelschollen, und zwar dort, wo die Dehnbarkeitsschwelle der Gneis- und Granitmassen überschritten wurde. Die Folge war, daß die Bruchschollen in der Senkrechten gegeneinander verschoben wurden. Eine solche geologische Erscheinung nennt man Verwerfung. Von einem Graben spricht man, wenn eine Scholle an zwei Seiten von Verwerfungen begrenzt wird und entlang dieser Verwerfungen gegen die beiden Nachbarschollen eingesunken oder in der Hebung zurückgeblieben ist, also tiefer liegt.

Der Einbruch des Oberrheingrabens

Als Schulbeispiel eines Grabens gilt der Oberrheingraben, der in seinem südlichen Teil Schwarzwald und Vogesen voneinander trennt. Ursprünglich bildeten beide Gebirge eine einzige zusammenhängende Scholle, die bei der Aufwölbung im Zentrum der Hebung auseinanderbrach. Genau entlang dieser Linie sank der heutige Oberrheingraben ein. Er besteht in seinem Untergrund nicht nur aus einer einzigen Scholle, wie man vielleicht annehmen könnte, sondern aus einem richtigen »Schollengewirr«. An den Grabenrändern steigen die kleinen Einzelschollen wie Staffeln treppenförmig zu den Gebirgsrändern von Schwarzwald und Vogesen hin an und bilden die hügeligen Vorbergzonen von Ortenau und Markgräflerland. Auch in der Grabenmitte ragen einige weniger stark abgesunkene Schollen wie »Inselberge« aus der Rheinebene empor, so der Tuniberg bei Freiburg oder der östliche Kaiserstuhl.

Woher wissen die Fachleute eigentlich, daß der Oberrheingraben ein zwischen Schwarzwald und Vogesen eingebrochenes Schollenmosaik darstellt? Wie können sie außerdem behaupten, daß die einst hier abgesunkenen Schollen heute in der Tiefe lagern und nur an den Grabenrändern und an wenigen Stellen im Grabenzentrum an die Erdoberfläche treten? Den Schlüssel zur Lösung dieses Rätsels birgt das sogenannte Deckgebirge, das über dem Grundgebirge lagert oder lagerte. Ursprünglich war ganz Süddeutschland von den Schichtgesteinen oder Sedimenten des Deckgebirges »bedeckt«. Schicht um Schicht wurde während des Erdmittelalters abgelagert, und zwar abwechselnd in Meeren und auf dem Festland. Die ältesten über dem Grundgebirge abgelagerten Schichten stammen aus der Permzeit. Es folgten Sedimente des Buntsandsteins, des Muschelkalks, des Keupers und des Juras. Danach begann die Auffaltung der Alpen, in deren Gefolge das Schwarzwald-Vogesen-Gewölbe allmählich gehoben wurde. Damit war in dieser Zone die Zeit der Ablagerung von Schichtgesteinen beendet. Es trat logischerweise der umgekehrte Effekt auf: Im Gleichtakt mit der Aufwölbung setzte die Ablagerung des aufsteigenden Gebirges ein, wobei – ausgehend vom Gebiet der größten Hebung – eine Deckgebirgsschicht nach der anderen von den Flüssen angenagt und abtransportiert wurde.

Da der Schwarzwald die höchste Erhebung Süddeutschlands außerhalb der Alpen ist, war hier die Abtragung auch am stärksten. Im Südschwarzwald ist das Deckgebirge bereits völlig verschwunden. Das Grundgebirge wurde entblößt und ausgeschnitten, und nur am östlichen Gebirgsrand ist noch ein schmaler Saum von Buntsandsteinresten erhalten geblieben. Auch im westlichsten Teil des Nordschwarzwalds liegt das Grundgebirge bloß. Allerdings nur als schmaler, nordsüdlich ausgerichteter Streifen. Ostwärts schließt sich eine bis zu 400 Meter mächtige Buntsandsteinauflage an.

Außerhalb des Schwarzwalds, der im Osten an der Gesteingrenze zwischen Buntsandstein und Muschelkalk endet, folgt in südöstlicher Richtung, der Abdachung des Grundgebirges entsprechend, eine Deckgebirgsschicht auf die andere. Jede Schicht ist durch eine Stufe von der unter ihr liegenden jüngeren Schicht abgesetzt. Die jüngste Deckgebirgsschicht ist der Weißjura, der die Hochfläche der Schwäbischen Alb bildet. Seine Steilstufe bildet den Albtrauf, jenen zerlappten, mauerartig ansteigenden Rand der Alb, der das Vorland weithin sichtbar überragt.

Nach dieser Beobachtung ist es nicht mehr schwierig, den oben angesprochenen Beweis für die Entstehung des Oberrheingrabens nachzuvollziehen. Wenn das Deckgebirge vor der Aufwölbung von Schwarzwald

und Vogesen tatsächlich auch dort flächendeckend als Auflage über dem Grundgebirge gelegen hat, muß das komplette Schichtengebäude auch jenseits der Vogesen noch vorhanden sein, da sich das Gelände dort zum tiefer liegenden Pariser Becken abdacht.
Die restlichen Beweise liefert der Oberrheingraben selbst. Seine randlichen Schollen, die als Vorberge treppenförmig zwischen Rheinebene und Schwarzwald vermitteln, bestehen nämlich auch aus Deckgebirgsschichten! Und auch in der Grabenmitte läßt sich in der Tiefe unter jüngeren Sedimenten begrabenes Deckgebirge nachweisen. Bohrungen haben jegliche Zweifel darüber ausgeräumt.

Als am Schwarzwald ein Meer brandete

Die Oberflächenformen des heutigen Schwarzwalds waren durch die bisher beschriebenen tektonischen Vorgänge zwar grob vorgezeichnet, aber ihr heutiges Gesicht wurde im Detail erst später modelliert, und zwar durch die Kräfte der Abtragung. Diese wiederum wurden durch den gewaltigen Höhenunterschied zwischen Schwarzwaldraum und Oberrheingraben rasant beschleunigt. Je größer das Gefälle eines Wasserlaufes ist, um so mehr Geröllfracht kann er flußabwärts transportieren.
Und das haben die Schwarzwaldbäche in der Tertiärzeit zur Genüge bewiesen. Innerhalb von nur 40 Millionen Jahren schichteten sie in dem abwechselnd von einem Meeresarm und von Süßwasser überfluteten Graben eine Sedimentsfracht ab, die insgesamt eine Mächtigkeit von etwa 3 500 Meter erreicht! Kein Wunder, wenn man bedenkt, daß hier auf schmalem Raum fast das gesamte abgetragene Deckgebirge von Schwarzwald und Vogesen abgelagert wurde.
Geradezu bescheiden nimmt sich dagegen der Anteil aus, den der Rhein zur Sedimentfüllung des Grabens beitrug: maximal etwa 250 Meter. Man muß dem Rhein jedoch zugute halten, daß er erst seit dem Beginn des Quartärs, also seit etwa 600 000 Jahren, durch den Oberrheingraben fließt. Vorher strömte er durch die Burgundische Pforte und entwässerte über den Rhonegraben zum Mittelmeer. Seine Schottermassen bilden heute jedenfalls die Oberfläche der Grabenfüllung – das vorerst letzte Glied einer langen Entwicklungskette.
Eines muß noch klargestellt werden, bevor wir uns weiter mit dem Werdegang des Schwarzwalds beschäftigen. Der Oberrheingraben war zu Beginn seiner Auffüllung mit Sedimentmaterial nicht etwa 350 Meter tiefer als heute! Er sank erst unter dem Gewicht des abgelagerten Abtragungsschutts allmählich tiefer ein, während gleichzeitig die randlichen Gebirge immer höher anstiegen. Diese Bewegungen im Bereich der Verwerfungslinien, die Schwarzwald und Rheingraben trennen, sind bis heute nicht zur Ruhe gekommen. Noch immer werden jährliche Vertikalverschiebungen der Erdkruste von einigen Millimetern gemessen.
Deutlich spürbare Beweise für diese Krustenbewegungen sind die häufig zu beobachtenden Erdbeben, die in regelmäßigen Abständen auch immer wieder Schäden an Gebäuden verursachen. In engem Zusammenhang mit der Bruchschollennatur des Oberrheingrabens stehen auch die zahlreichen Thermalquellen, die den westlichen Schwarzwaldfuß säumen: Badenweiler, Bad Bellingen, Bad Krozingen, Baden-Baden und mehrere andere. An den Verwerfungsspalten dringt glühende Gesteinsschmelze aus der Tiefe empor und erhitzt im Untergrund eindringendes Grundwasser.

Vulkanland vor den Toren Freiburgs

Das eindrucksvollste »Belegstück« für die Bruchschollenstruktur des Oberrheingrabens sind die markanten Berge des Kaiserstuhls, der seine Entstehung dem besonderen Umstand verdankt, daß sich nordwestlich von Freiburg, mitten in der Rheinebene, zwei Verwerfungszonen kreuzen: die nordsüdlich ausgerichteten rheinischen und die von Nordwesten nach Südosten streichenden Verwerfungen des bereits erwähnten Bonndorfer Grabens. Die in dieser Gegend ohnehin durch tiefreichende Verwerfungsspalten geschwächte Erdkruste wurde durch diesen Umstand zusätzlich labilisiert, so daß aus der Tiefe glutflüssiges Magma aufsteigen konnte. Es wurde durch die Verwerfungsspalten nach oben gepreßt. Basalte, Phonolithe und andere vulkanische Gesteine bauen neben vulkanischen Aschen und Tuffen den westlichen, höheren Teil des Kaiserstuhls auf. Der östliche Kaiserstuhl besteht dagegen aus Sedimenten und gehört deshalb geologisch gesehen zur Vorbergzone. »Nachwehen« des

Regengüsse können an den Rebbergen große Schäden anrichten wie hier im Kaiserstuhl.

Oben: Nicht nur Wälder, auch Trockenrasen besetzen weite Flächen des Schwarzwalds, so vor allem am Feldbergmassiv.

Rechts: das liebliche offene Tal der Wutach südlich von Achdorf

jungtertiären Vulkanismus kann man im Kaiserstuhl noch heute beobachten, beispielsweise am Badberg, an dessen Fuß eine Thermalquelle aus dem Boden sprudelt, oder in einem verlassenen Steinbruch bei Schelingen, in dem früher der sogenannte Badbergmarmor gewonnen wurde. Er bildete sich durch den Kontakt des hier anstehenden Kalksteins mit dem glühenden Magma.

Rhein kontra Donau

Das heutige Landschaftsbild des Schwarzwalds wurde in seinen Grobumrissen von den tektonischen Kräften bestimmt. Im Detail entstanden die Oberflächenformen jedoch erst durch die Kräfte der Abtragung oder Erosion. Im wesentlichen waren dies die fließenden Gewässer, die das verwitterte Gesteinsmaterial fortgeführt und an anderer Stelle außerhalb des Gebirges wieder abgelagert haben.
Zwei Dinge bestimmen hauptsächlich die Geschwindigkeit und die Intensität der Abtragungsleistung, die die Flüsse erzielen können: die Gefällsverhältnisse und die Menge der jährlich fallenden Niederschläge. Je stärker das Gefälle und je höher die Niederschläge, um so rascher schneiden sich die Wasserläufe in den Gesteinsuntergrund ein.
Offensichtlich besitzt der Schwarzwald von beidem genug: starkes Gefälle auf kürzester horizontaler Entfernung zum Oberrheingraben hin und hohe Niederschläge, weil sich die Wolken am Gebirge stauen.
Zunächst war es mit dem Gefälle der Schwarzwaldflüsse jedoch nicht weit her, denn die Wasserläufe folgten ursprünglich der Neigung der Schwarzwaldscholle nach Südosten und mündeten in die Donau. Ihr Oberlauf liegt rund 680 Meter hoch, während der nahe Oberrhein ganze 500 Meter tiefer dahinströmt. Als Folge dieser Gefällsverhältnisse entwickelte sich zunächst eine Landschaft, wie wir sie heute nur noch im östlichen Schwarzwald finden: weitgespannte, um 800 Meter hohe Hochflächen, die von weiträumigen, flachen Talmulden bis in die jüngste geologische Vergangenheit in Richtung Donau entwässert wurden und die von breiten Höhenrücken überragt werden.
Seit dem Ende des Tertiärs entwickelte sich dann aber immer rascher das rheinische Talnetz. Alle zum Oberrhein und zum Hochrhein entwässernden Flüsse entsprangen noch im Tertiär direkt am Steilabfall des Schwarzwalds zum Oberrheingraben. Da der Höhenunterschied zum Rhein bis 1000 Meter beträgt, konnten sich diese Flüsse ungewöhnlich rasch und tief nach rückwärts in den Gebirgskörper einschneiden. Bekanntestes Beispiel ist das schluchtartige Höllental, das erst bei Hinterzarten, tief im Gebirge also, vom breiten und flachen danubischen Taltyp abgelöst wird. Ähnliches gilt für das Gutachtal bei Triberg.
Die Wasserscheide zwischen Rhein und Donau wurde also von den Rheinnebenflüssen immer weiter nach Osten verlegt. Ganze zur Donau entwässernde Flüsse wurden in ihren Oberläufen von den schnell nach

rückwärts einschneidenden Rheinzuflüssen »angezapft« oder »geköpft«.
Eines der interessantesten Beispiele einer Flußanzapfung ist das Wutachtal. Die Wutach kommt vom Feldberg, fließt durch den Titisee und wendet sich dann bei Neustadt ostwärts in Richtung Donau. Bis hierher heißt der Fluß noch Gutach, ein treffender Name, denn die Gutach ist wirklich eine gemächlich dahinfließende »gute Ach«. Aber gleich hinter Neustadt wird sie zur »wütenden Ach«, die sich eine tiefe und bei Hobbygeologen und -botanikern sehr beliebte Schlucht gegraben hat. Bei Blumberg biegt die Wutach abrupt nach Süden um und mündet schließlich in den Hochrhein.
Genau dort, wo die Wutach nach Süden abbiegt, wurde der einstige Gletscherbach vom Feldberg durch einen Nebenfluß des Hochrheins angezapft. Das frühere verlassene Tal verläuft heute immer noch deutlich sichtbar, zwischen dem Eichberg und dem Buchberg (bei Blumberg) hindurch als Trockental. Weiter unterhalb wird es dann von der Aitrach als Abflußrinne zur Donau benutzt. Damit ist die Beweiskette geschlossen: Die Donau entsprang noch zu Beginn der Eiszeit am Feldberg, und auch sie selbst wurde vom »aggressiven« Flußsystem des Rheins angezapft.

Eine Landschaft mit mehreren Landschaften

Diese Überschrift mag sich auf den ersten Blick widersprüchlich anhören. Aber nach allem, was über die Entstehungsgeschichte des Schwarzwalds gesagt wurde, ist sie eigentlich weniger überraschend. Die tektonischen Kräfte haben allein schon vier Teilräume des Schwarzwalds geschaffen, die sich durch unterschiedlich starke Heraushebung voneinander unterscheiden: Nördlicher, Mittlerer und Südlicher Schwarzwald sowie die Vorbergzone, deren Hügel sich vermittelnd zwischen die topfebene Rheinebene und den schroff aufragenden Schwarzwald schieben.
Hinzu kommt die stärkere Hebung des westlichen Gebirgsteils gegenüber dem östlichen. Diese pultähnliche, nach Südosten ausgerichtete Schräglage der gesamten Schwarzwaldscholle steuerte die Abtragungsleistung der Flüsse: starke und tiefe Zertalung im Westen, geringere und spürbar flachere Zertalung im Osten; außerdem totale Freilegung des Grundgebirges im Westen und Erhaltung einer Buntsandsteinauflage (unterstes Stockwerk des Deckgebirges) im Osten, deren Mächtigkeit und Breite von Norden nach Süden abnehmen. Zum einen war die Buntsandstein-Schichtdecke bei der Sedimentation im Norden ohnehin erheblich größer als im Süden, zum anderen wurde der Süden stärker gehoben und damit auch schneller abgetragen als der Norden.
Die zusätzliche Gliederung der drei landschaftlichen Großräume in einen westlichen und einen östlichen

Oben: das Murgtal bei Schönegrund. – Unten: Umlaufberg nördlich von Rottweil. – Links: In der Wutachschlucht bei Bonndorf ragen bis zu 50 m hohe Kalksteinwände empor. Ganz links: das Wiesental

Teil läßt sich – auch vom geographischen Laien – besonders eindrucksvoll im Nordschwarzwald beobachten, wo die Buntsandsteindecke am mächtigsten und am weitesten verbreitet ist. Man muß das Gebirge nicht einmal mit dem Auto durchqueren, um die beiden landschaftlichen Gegensätze zu sehen. Es genügt eine Fahrt auf der Rheintalautobahn in der Gegend von Achern oder Bühl – vorausgesetzt, die Fernsicht ist einigermaßen gut. Dann nämlich erkennt man einen deutlichen Stockwerksaufbau des mauerartig über die Rheinebene aufragenden Schwarzwalds. Im Vordergrund erheben sich gerundete, kuppige Berge, die durch eine unübersehbare Anzahl tief eingekerbter Täler voneinander getrennt sind. Dieses untere, westlichste Schwarzwaldstockwerk besteht aus den kristallinen Gesteinen des vom Deckgebirge vollständig entblößten Grundgebirges. Seine Gneise und Granite sind völlig wasserundurchlässig, und deshalb ist das Talnetz hier besonders dicht entwickelt. Man bezeichnet diesen Teil des Schwarzwalds deshalb auch als »Talschwarzwald«.

Etwas weiter im Hintergrund erkennt man das zweite, höhere Gebirgsstockwerk, das die Erhebungen des Talschwarzwalds um etwa 250 Meter überragt. Dieses ist die markante Steilstufe des Buntsandsteins, der untersten Deckgebirgsschicht, die hier noch dem Grundgebirge aufliegt. Deutlich zu erkennen sind die unterschiedlichsten Oberflächenformen beider Stockwerke. Zum einen ist die Taldichte im wasserdurchlässigeren Buntsandstein sichtbar geringer als im Kristal-

Oben: Der bereits trockengefallene Ellbachsee unterhalb des Kniebis' wurde kürzlich reaktiviert.
Links: Wildseemoor nahe Kaltenbronn. – Unten: Igelsberg, heute ein Stadtteil von Freudenstadt

lin; weniger Durchlässe unterbrechen die wandartige Schichtstufe. Außerdem besitzen die einzelnen Höhenrücken des Sandsteins die Form großer Kästen, die von Riesenhand auf die Gebirgsscholle gestellt worden sein könnten. Die Geographen sprechen hier sehr treffend von »Sargdeckelformen«.

Die »Sargdeckel« sind die höchsten Erhebungen des Nordschwarzwalds (Hornisgrinde 1164 m). Ihre Oberfläche ist fast topfeben, so daß man bei einer Fahrt über diese Grindenhöhen so gut wie gar nicht den Eindruck hat, sich im Gebirge zu befinden. Lediglich vom Stufenrand, dem die an Aussichten reiche Schwarzwald-Hochstraße zwischen Kniebis und Hornisgrinde folgt, blickt man auf richtige Berge hinunter. Die weitgespannten Hochflächen sind die Reste der einstigen tertiären und zum Teil sogar jüngeren Landoberfläche, deren Entwässerung ja dem Schichtfallen entsprechend donauorientiert war. Die junge Erosion der Oberrheinzuflüsse bemächtigte sich jedoch schnell der alten Talsysteme, so daß die Grindenhöhen in ihrem Bestand gefährdet sind. Die Murg mit ihren Nebenbächen hat sich schon im Rücken der Grinden »breitgemacht«. Bis ins Grundgebirge sind hier die Täler durch den 400 Meter mächtigen und sehr harten Buntsandstein hindurchgeschnitten. Östlich der Murg, im Einzugsgebiet der Enz, schließen sich die in Auflösung befindlichen Grindenhöhen dann zu den geschlossenen Enzhöhen zusammen, weil die Enz mit ihren Nebenbächen geringeres Gefälle besitzt und weniger erodieren konnte. Zum Außenrand des Schwarzwalds hin werden die Enzhöhen noch von den tonigen Schichten des Oberen Buntsandsteins überdeckt. Man nennt diese von Rodungsinseln durchsetzte Landschaft auch Schwarzwald-Randplatten.

Der Buntsandstein-Schwarzwald wird nach Süden immer schmaler und verschwindet schließlich bis auf inselhafte Vorkommen sogar gänzlich. Entsprechend mehr Raum nimmt der tälerreiche Grundgebirgs-Schwarzwald ein. Trotzdem bleibt der deutliche landschaftliche Unterschied zwischen West- und Ostteil des Gebirges erhalten: tiefe Täler und kuppige Höhen im Bereich junger »Rheinerosion« und weite Hochflächen mit weiten und gefällsarmen Muldentälern dort, wo die einstige, zur Donau entwässernde Landschaft von der jungen Erosion noch nicht angegriffen worden ist.

Der letzte Schliff

Den letzten Schliff erhielten die Täler in den Höhenlagen des Südschwarzwalds während des Eiszeitalters, und zwar im wahrsten Sinne des Wortes. Der Feldberg und die ihn umgebenden Höhen über 1000 Meter waren nämlich während der beiden letzten Eiszeiten jeweils von einer mächtigen Eiskappe bedeckt, von der einzelne Gletscherzungen in die sternförmig nach allen Richtungen ausstrahlenden Täler hinabstießen. Die Schneegrenze lag bei 950 Metern, und die Talgletscher waren bis über 20 Kilometer lang.

Die Auswirkungen auf das Landschaftsbild sind auch heute, mehr als 10 000 Jahre nach dem Ende der letzten Eiszeit, noch deutlich zu erkennen. Am auffälligsten sind neben den rundlichen, vom Eis zugeschliffenen Formen von Feldberg, Belchen und vielen anderen Erhebungen vor allem die vier Seen des Südschwarzwalds, deren Becken von den eiszeitlichen Gletschern ausgehobelt wurden. Am weitesten vom Vereisungszentrum entfernt ist der Schluchsee, der zu Beginn unseres Jahrhunderts durch den Bau einer Staumauer künstlich vergrößert wurde. Als sich das Eis von hier zurückzog, entstand der Windgfällweiher, ein im Wald verstecktes Kleinod. Der eindruckvollste See ist aber der Titisee, der ebenfalls eine von Gletschern geschaffene Vertiefung ausfüllt. Er entstand beim Rückzug des sogenannten Feldberggletschers, der während seines Maximalstandes bis Neustadt reichte. Während des Titisee-Stadiums wurde ein mächtiger Endmoränenwall aufgeschüttet, der den heutigen See aufstaute. Als letzter See entstand schließlich der Feldbergsee, der in einem typischen Kar liegt. Kare sind ehemalige Quellmulden, die durch Gletschereis zu lehnstuhlförmigen Vertiefungen mit senkrecht abstürzenden Felswänden ausgehobelt wurden.

Deutliche Beweise einer eiszeitlichen Vergletscherung des Südschwarzwalds sind auch die zahlreichen Trogtäler. Sie besitzen einen U-förmigen Querschnitt, wie er nur durch die Schleifwirkung von Gletschereis zustande kommen kann. Besonders schön geformte Trogtäler sind das St. Wilhelmer Tal und das Menzenschwander Tal. Beide Täler werden von quer zur Gefällsrichtung verlaufenden Endmoränenrücken »versperrt«, die deutlich zu erkennen sind.

Vereist war auch der nördliche Grindenschwarzwald. Aber er ist nicht hoch genug, als daß sich richtige Gletscher hätten bilden können. Es sammelten sich jedoch größere Firnmassen in den ehemaligen Quellmulden der Flüsse an, die die sommerliche Schneeschmelze in den nach Norden und Nordosten ausgerichteten Steilhängen überdauerten. Die Firnmassen genügten, um die Quellmulden um ein Vielfaches tiefer auszuhobeln, so daß Kare oder kleinere Karnischen entstanden. Es gibt mehr als 200 solcher Hohlformen, und die größten sind von Seen ausgefüllt, beispielsweise von Mummelsee, Wiedsee und mehreren anderen. Eines haben diese Karseen gemeinsam: ihre fast schwarze Wasserfärbung, die ihnen den Beinamen »schwarze Augen des Schwarzwalds« eintrug.

Kältewüste am Oberrhein

Auch in tieferen Lagen hinterließen die Eiszeiten ihre deutlichen Spuren in der Landschaft. Allerdings spricht man hier besser von Kaltzeiten, denn direkte Eiseinwirkungen gab es nur in den Hochlagen des Gebirges. Während der Kaltzeiten war das meiste Niederschlagswasser in Form von Eis und Schnee gebunden, so daß die Flüsse weniger Wasser führten. Die Folge: Sie lagerten gewaltige Schottermassen in Gegenden ab, in denen sie bei normaler Wasserführung eigentlich Abtragungsarbeit leisten konnten. So füllte vor allem der Rhein den Oberrheingraben mit einer bis zu 250 Meter dicken Schotterpackung und glich auf diese

Der Schluchsee (unten) im Süden des Schwarzwalds ist seit 1930 ein Stausee mit 5 km^2 Wasserfläche und gehört zu den beliebtesten Zielen des Fremdenverkehrs.
Rechts: der Titisee, der größte natürliche Schwarzwaldsee (1,1 km^2); seine Schönheit ist weltberühmt.

Weise fast alle Unebenheiten aus, die durch das unterschiedlichste Absinken einzelner Schollen entstanden waren. Der Strom verlegte oft seinen Lauf, weil seine Schotterablagerungen ihm den Weg versperrten. Zeitweise floß er sogar östlich am Kaiserstuhl vorbei.
Die Schotterflächen am Oberrhein waren so gut wie völlig ohne Vegetationsdecke. Das lag hauptsächlich an den niedrigen, ständig winterlichen Temperaturen während der Kaltzeiten. Außerdem deckte der Strom mit seinen vielen Nebenarmen bei jedem Hochwasser alles mit frischem Schottermaterial zu. Man kann dieses Phänomen heute bei manchen Alpenflüssen beobachten. Bei plötzlicher Gefällsabnahme in größeren Tälern lassen sie ihre Schottertracht an Ort und Stelle fallen, und ihre verwilderten Becken sind weitgehend vegetationslos.
Die Schotterfläche des Oberrheins besaß riesige Abmessungen, denn die Breite des aufgefüllten Grabens beträgt immerhin mehr als 30 Kilometer. Da es keine Vegetationsdecke gab, die das zwischen den Schottern liegende Feinmaterial festhielt, wurde der mehlartige Gesteinsstaub von den ständig wehenden Winden aus dem Schotterkörper herausgeblasen. An natürlichen Hindernissen fiel das Feinmaterial wieder zu Boden, und im Lauf der Zeit entstand am Rand der Vorbergzone, im Kaiserstuhl und am Tuniberg, eine dicke Lößschicht, auf der sich in der Nacheiszeit fruchtbarste Kulturböden bildeten. Besonders mächtig, bis zu 30 Metern, ist die Lößdecke im Kaiserstuhl, wo sie die vulkanischen Gesteine völlig umhüllt.

Das Klima: zwischen ozeanisch und kontinental

Die landschaftlichen Gegensätze zwischen Oberrheinebene, Vorbergzone und Hochschwarzwald spiegeln sich auch in den klimatischen Verhältnissen wider. Dies ist natürlich nicht verwunderlich, denn die beträchtlichen Höhenunterschiede genügen allein schon, um Temperaturen und Niederschlagsmengen auf engstem Raum größten Schwankungen zu unterwerfen. Als Folge seiner Höhe hebt sich der Schwarzwald durch geringere Temperaturen und höhere Niederschläge deutlich vom Oberrheinischen Tiefland ab.
Der entscheidende Faktor für die starke Zunahme der Niederschläge in den höhergelegenen Bergregionen ist die Querlage des Schwarzwalds zu den aus westlichen Richtungen wehenden regenbringenden Winden. Im Gebirgsstau regnen sich die Wolken besonders ausgiebig aus, da sich die über die Höhen geführten Luftmassen beim Anstieg abkühlen. Es kommt zu besonders starker Kondensation der feuchten Luft. Im Winter sind Westwind-Wetterlagen am häufigsten, so daß zu dieser Jahreszeit im Schwarzwald auch die höchsten Niederschlagsmengen fallen. Über das

Rechts: der Sankenbachsee, ebenfalls ein trockengefallener Karsee, der reaktiviert wurde

Mitte: der Mummelsee – bereits am Uferrand beginnt der Wald. Von seinen Wassermännlein und seiner Zauberkraft weiß auch Grimmelshausen im »Simplicissimus« zu berichten.

ganze Jahr gemessen, fallen im hohen Nordschwarzwald die größten Niederschlagsmengen (2 200 Millimeter im Jahr), da hier die jenseits des Rheins aufragenden Vogesen erheblich niedriger sind als im Süden und deshalb kaum noch als »Regenfänger« dienen. Beachtliche Niederschläge empfängt jedoch auch der Südschwarzwald. Am Feldberg sind es immerhin 1 900 Millimeter pro Jahr. Zu den Rändern des Gebirges sinken die Niederschlagsmengen rapide und sprunghaft auf nur 800 bis 900 Millimeter jährlich ab. Das Regenmaximum fällt am Oberrhein – anders als im Schwarzwald – in den Sommermonaten, und zwar durch aufsteigende Luftbewegungen infolge starker Bodenerwärmung durch die Sonneneinstrahlung (Konvektion). Man spricht deshalb von kontinental beeinflußtem Klima, während es im Schwarzwald mehr ozeanisch ist.

Kontinentalität und Ozeanität kommen auch bei den Temperaturen zum Ausdruck, denn im ozeanisch beeinflußten Schwarzwald sind die jährlichen Schwankungen zwischen dem wärmsten und dem kältesten Monat geringer als am Oberrhein. Während in Höhen um 1 000 Meter etwa + 14 ° beziehungsweise – 2 ° Celsius gemessen werden, lauten die entsprechenden Werte für das Oberrheinische Tiefland + 19° beziehungsweise + 1 ° Celsius. Verantwortlich für die geringeren Temperaturschwankungen im Schwarzwald sind die im Winter häufig anzutreffenden Wetterlagen mit Temperaturumkehr. Den Berggipfeln ist dann relativ mildes, herrliches Sonnenwetter bei bester Fernsicht beschieden, während sich in den Tälern die schwerere Kaltluft ansammelt. Es kommt dann zu hartnäckiger Nebelbildung, so daß trotz Hochdruckwetterlage und Sonnenschein auf den Schwarzwaldhöhen kein einziger wärmender Sonnenstrahl in die Täler dringt. Den verhältnismäßig milden Wintern stehen im Schwarzwald kühle Sommer entgegen, denn die in der Höhe stets stärkere Bewölkung vermindert die Sonnenscheindauer. In der Oberrheinebene herrschen dagegen im Sommer annähernd mittelmeerische Temperaturen.

Die Vegetation – Spiegelbild des Klimas

Der Jahresgang der Temperatur und des Niederschlags bewirkt im Schwarzwald mit wachsender Höhe eine zunehmend höhere und dauerhafte winterliche Schneedecke. Am Oberrhein bildet sich nur an 30 Tagen im Jahr eine geschlossene Schneedecke, während sich der Hochschwarzwald an rund 120 Tagen mit der weißen Pracht präsentiert. Am Feldberg sind es sogar 150 Tage!

Was den Wintersportlern jedoch recht ist, das ist der Vegetation längst nicht billig. Den Pflanzen steht eine mit zunehmender Höhe kürzer werdende Wachstumszeit zur Verfügung, die zusätzlich durch die bereits im frühen Herbst auftretenden Bodenfröste eingeengt wird. Im Gegensatz zu den weiten Taltrichtern, die sich zum Oberrhein hin öffnen und an der besonderen Klimagunst dieser Region teilhaben, herrschen auf den Schwarzwaldhöhen sehr viel härtere ökologische Bedingungen.

Während am Oberrhein Sonderkulturen – Wein an den Hängen von Vorbergen, Kaiserstuhl und Tuniberg, Obst und Beeren in der Niederung – das Landschaftsbild prägen, sind die Schwarzwaldberge bis in große Höhen hinauf dicht bewaldet. Von Natur aus war der Gebirgsraum eigentlich ausschließlich von Wald bedeckt. Die Eichen-Hainbuchen-Wälder sowie die klimatisch etwas anspruchsloseren Eichen-Birken-Wälder, die ursprünglich unterhalb von 600 Metern vorkamen, sind heute längst durch Kulturpflanzen verdrängt worden. Sie kommen nur noch in Rückzugsgebieten kleinräumig vor, meist als Ergebnis der früher lange ausgeübten Niederwaldwirtschaft. Edelkastanien und andere wärmeliebende Baumarten sind ebenfalls recht selten geworden, vor allem die Flaumeiche, die nur noch am Kaiserstuhl und an ganz wenigen Stellen im Oberrheingraben vorkommt. Oberhalb von 600 Meter stocken teilweise noch Buchen-Tannen-Mischwälder, wobei sich die Buchen bis in Höhen um 1 400 Meter, beispielsweise am Herzogenhorn, ausdehnen und den Fichten Gesellschaft leisten. Aber meistens sind die höchsten Gipfel des Südschwarzwalds völlig kahl, so der Feldberg oder der Belchen. Dies ist jedoch keine natürliche Erscheinung, denn die Waldgrenze ist zwar nahe, aber noch nicht überschritten. Verantwortlich für die Kahlheit der Gipfellagen ist vielmehr die früher besonders intensive Beweidung dieser Gebiete. Überall verbreitet ist heute die Fichte als künstlich eingebrachtes Nutzholz.

Den höchsten Bewaldungsgrad besitzt heute der Nordschwarzwald mit 73 Prozent und einem Nadelholzanteil von 87 Prozent. Verantwortlich für den geringen Kulturlandanteil sind die weitverbreiteten und sehr unfruchtbaren Buntsandsteinböden. Lediglich auf den Röttonen der Schwarzwald-Randplatten kommen vereinzelte Rodungsinseln vor. Im Südschwarzwald liegt der Waldanteil bei 61 Prozent, aber immerhin 27 Prozent aller Bäume sind Laubhölzer.

Sorgen bereitet in jüngster Zeit das immer schneller um sich greifende Tannen- und Fichtensterben, das inzwischen beängstigende Ausmaße angenommen hat. Ursache ist die zunehmende Luftverschmutzung. Nicht nur, daß hierdurch die Erwerbsfunktion der Wälder berührt wird. Es ist vor allem mit einer völligen Abtragung der Bodenkrume zu rechnen – eine Katastrophe größten Ausmaßes, die nicht mehr gutzumachen wäre. Es bleibt zu hoffen, daß bald durchgreifende Gegenmaßnahmen getroffen werden können, um das Schlimmste zu verhindern.

Unten: Farne trifft man an vielen feuchten Stellen.
Ganz unten: Der leuchtend rote Hut des Fliegenpilzes ist mit weißen Warzen besetzt. Der Pilz ist giftig.

Links: Purpurrot sind die traubenförmig angeordneten Blüten des Roten Fingerhuts, der auf Lichtungen und Kahlschlägen wächst.

Rechts: Ein weißer Haarschopf ziert das Wollgras, das vor allem in Hochmooren zu finden ist.

Oben und rechts: Buschartig breitet sich die Latschenkiefer noch in sonst kahlen Höhen aus.

Oben: Das Weidenröschen wächst in Hochstauden, an Waldrändern und Lichtungen.

Links: Der Steinbrech liebt Steine und Geröll als Lebensraum.

Rechts: Im 1337 ha großen Naturschutzgebiet »Rheinwald Taubergießen« am vielverzweigten Altrheinarm zwischen Rhinau und Rust wird ein Weich- und Hartholz-Auenwald mit interessanten Wasserpflanzen bewahrt; er ist ein Paradies für viele, auch für seltene Vögel.

STÄDTE UND DÖRFER

Eines der schönsten Kleinstadtbilder Deutschlands: Giebelhäuser auf Terrassen am Hang über der Nagold, überhöht von Kirche und Bergschloß: Altensteig.

Zwischen Karlsruhe und Bad Säckingen

Die junge, ehemalig großherzogliche badische Residenz KARLSRUHE verdankt nicht nur ihre Existenz, sondern auch ihren eigenwilligen Stadtplan dem Markgrafen Karl Wilhelm von Baden-Durlach. Eigenhändig legte er am 17. Juni 1715 den Grundstein zum Turm seines Schlosses, von dem bis zum heutigen Tage die Straßen fächerförmig ausstrahlen. Die 300 000-Einwohner-Stadt mit der ältesten Technischen Hochschule Deutschlands, mit anderen Hoch- und Fachhochschulen, einem Kernforschungszentrum, reichen Kunstschätzen im Badischen Landesmuseum und in der Staatlichen Kunsthalle ist ein aufgeschlossenes kulturelles und wirtschaftliches Zentrum, schon durch ihre geographische Lage eine europäische Stadt. Der Bundesgerichtshof und das Bundesverfassungsgericht, beide inmitten der Stadt gelegen, haben Karlsruhe darüber hinaus zur »Residenz des Rechts« gemacht.

Baulich ist Karlsruhe im Kern eine klassizistische Stadt, ihr berühmtester Architekt Friedrich Weinbrenner (1766–1826). In Rom geschult, schuf er zahlreiche Bauten von klassischer Schönheit, von eleganter Ausgewogenheit, vor allem das Ensemble des Marktplatzes, an dem das Rathaus mit seinem Säulenportikus und ihm gegenüber die Evangelische Stadtkirche mit den korinthischen Säulen dominieren. Wahrzeichen der Stadt ist die Pyramide aus rotem Sandstein, die sich inmitten des Marktplatzes über der Gruft des Stadtgründers erhebt. Weitere Bauten Weinbrenners sind das Markgräfliche Palais am Rondellplatz und die Staatliche Münze. Ganz wesentlich aber tragen die weitläufigen Grünanlagen zum Reiz der Stadt bei: der Stadtgarten, der Zoo und der herrliche Schloßgarten.

Eine sehr alte Stadt hingegen ist ETTLINGEN. Schon die Römer siedelten hier, und 1192 wurde Ettlingen von König Heinrich VI. zur Stadt erhoben. Schwere Verwüstungen infolge des Pfälzischen Erbfolgekrieges 1689 ließen von der mittelalterlichen Anlage nicht viel auf unsere Tage überkommen. Dagegen ist das Stadtbild heute durch barocke Bauten geprägt, zu denen insbesondere das schöne Rathaus zählt. An die Römer erinnert ein in die Rathauswand eingemauertes Reliefbild, das in Ettlingen gefunden wurde und den römischen Wassergott Neptun zeigt. Reste der alten Stadtbefestigung, zum Beispiel der Lauerturm, und malerische Altstadtwinkel mit hübschem Fachwerk – all dies in jüngster Zeit sorgsam restauriert – verleihen der Stadt ein sehr ansprechendes Gesicht.

Wie Karlsruhe verdankt auch das neue RASTATT einem badischen Herrscher seine Existenz, und wie Ettlingen war der alte Marktflecken 1689 durch französische Soldaten zerstört worden. Markgraf Ludwig Wilhelm von Baden, der berühmte »Türkenlouis«, ließ sich hier von dem italienischen Baumeister Domenico Egidio Rossi eine neue Residenz bauen und zugleich die Stadt neu anlegen. So präsentiert sich die Stadt nun ganz im barocken Stil.

Links: Baden-Baden im Tal der Oos. – Rechts: Karlstor – so heißt heute eine belebte Kreuzung in Karlsruhe; das frühere Stadttor ist längst verschwunden. S. 46: Stattliche Bauten, schmucke Wohnhäuser und romantische Winkel finden sich in der alten Stadt Ettlingen an der Alb.

Unten: Bundesverfassungsgericht (1968) in Karlsruhe Unten Mitte: Orangerie in Karlsruhe. – Ganz unten: Badisches Staatstheater in Karlsruhe (1974). Im Vordergrund der »Musengaul«

Noch heute ist in BADEN-BADEN etwas von der Atmosphäre jener Tage zu spüren, da das Bad an der Oos die Sommerresidenz des europäischen Hochadels war. Und aus dieser Zeit stammen auch die meisten architektonischen Zeugnisse der Stadt. Seit 1705, als Markgraf Ludwig Wilhelm seine Residenz von Baden-Baden nach Rastatt verlegte, ist die Entwicklung der Stadt noch enger als zuvor mit der des Kur- und Badewesens verbunden. Einen reizvollen Gegensatz bilden die engen, winkligen Gassen mit ihren verschachtelten Häusern und die großzügigen weiträumigen Bauten des neuerlichen Kurviertels. Wohl keine andere Stadt hat so viel französischen Einschlag – Pracht, Anmut und Verspieltheit – aufzuweisen wie Baden-Baden. Dazu kommen noch die weiten Parkanlagen und das Grün der Hänge, die allenthalben bis in die Stadt herunterreichen.

Fachwerk in Fülle bestimmt den Stadtkern von GERNSBACH, bereits 1248 zur Stadt erhoben. Ihren Wohlstand verdankte sie vor allem der Murgflößerei. Anschauliches Beispiel dafür liefert das Haus des Hauptschiffers, das spätere Rathaus, das zu den schönsten Spätrenaissancebauten Süddeutschlands zählt. Zum idyllischen Charakter der kleinen Stadt tragen aber auch Reste des Mittelalters bei: eine weitgehend erhaltene Stadtbefestigung mit dem Storchenturm und der Wehrturm der Liebfrauenkirche.

FORBACH wäre eine Luftkurort wie mancher andere in der schönen Erholungslandschaft um die Schwarzenbach-Talsperre, hätte er nicht eine berühmte Holzbrücke aus dem Jahre 1778 (1955 originalgetreu erneuert) vorzuweisen. Sie überspannt die Murg in einem 40 Meter langen Bogen und ist somit in dieser Größe die einzige freitragende Holzbrücke in Europa, eine Brücke übrigens, die eine Tragkraft von 65 Tonnen hat.

Schon in römischer Zeit war OFFENBURG ein Verkehrsknotenpunkt, kreuzten sich hier doch zwei Römerstraßen. Die eigentliche Stadt aber ist eine Gründung der Zähringer Herzöge des frühen 12. Jahrhunderts. Wie so viele andere Städte dieser Region fiel auch Offenburg, seit Mitte des 13. Jahrhunderts freie Reichsstadt, 1689 den brandschatzenden Soldaten König Ludwigs XIV. zum Opfer. So präsentiert sich die Stadt im wesentlichen mit schönen Barockbauten, von denen das Rathaus, vor allem aber das Landratsamt, der ehemalige Sitz der Landvogtei, zu erwähnen sind. Sehenswert ist auch der Fischmarkt mit gleichfalls sehr schönen Barockgebäuden.

Nicht zu Unrecht nennt sich GENGENBACH, rund zehn Kilometer östlich von Offenburg, das »Rothenburg der Ortenau«. Sein geschlossenes historisches Stadtbild sucht seinesgleichen. Die Verwüstungen des Dreißigjährigen Krieges haben zwar das Städtchen nicht verschont, doch überdauerten mittelalterliche Tore und Türme und weite Teile der Stadtmauern. Barocke Bürgerhäuser und ungezählte Fachwerkbauten mit vorspringenden Obergeschossen prägen den Stadtkern. Wahrzeichen ist der Marktbrunnen mit einer Säule mit Standbild von 1582. Daß Gengenbach sich heute so unverfälscht historisch geschlossen präsentiert, dazu trägt sicherlich bei, daß an den Fassaden der alten Häuser keinerlei Werbung angebracht werden darf.

Ebenfalls einen intakten alten Stadtkern, der unter Denkmalschutz steht, hat ETTENHEIM, im Süden der Ortenau. Einst im Besitz der Fürstbischöfe von Straßburg, wurde es nach einem Brand im Jahre 1637 im barocken Stil wieder aufgebaut. Das Rathaus mit Schneckengiebel und einem Glockentürmchen, schöne Fachwerkhäuser und zwei Tore der ehemaligen Stadtbefestigung sind besondere Sehenswürdigkeiten.

Mitten in der Altstadt von LAHR stößt man auf den Rest einer der bemerkenswertesten spätstaufischen Burgen überhaupt, den Storchenturm mit seinen sorgfältig behauenen Buckelquadern. Die Burg war im Besitz der Herren von Geroldseck, auf die die Stadt zurückgeht. Ansonsten bietet Lahr bauliche Zeugnisse verschiedenster Epochen, vom alten Rathaus, bei dem sich Stilelemente der Gotik und der Renaissance mischen, über Barock- und Rokokobauten bis hin zum neuen Rathaus, einem ehemaligen Privatpalais, das im Stil Weinbrenners errichtet wurde.

Folgt man dem Lauf der Kinzig, die den Schwarzwald in seinen nördlichen und seinen südlichen Teil trennt,

Mitte: am Marktplatz von Gengenbach: Fachwerk, mittelalterliche Türme und ein wappenhaltender Geharnischter auf der Brunnensäule. – Rechts: Eine technische Meisterleistung von 1778 ist die gedeckte Holzbrücke in Forbach.

Oben: blumengeschmücktes Fachwerk in Sasbachwalden, einem der schönsten Dörfer der Ortenau

Unten links: die alte breite Marktstraße in Wolfach, die Hauptachse des Ortes

Unten: Verwinkelte alte Gassen mit Kopfsteinpflaster sind das Charakteristikum der alten Stadt Gengenbach.

stößt man auf eine ganze Reihe reizvoller Orte. In HASLACH, der Heimat des Volksschriftstellers Heinrich Hansjakob, lohnt sich ein Besuch im Schwarzwälder Trachtenmuseum; in SCHILTACH, wo Flößerei und Holzhandel in vergangenen Zeiten eine große Rolle spielten, säumen sehenswerte Fachwerkhäuser aus dem 18. Jahrhundert den steil ansteigenden Marktplatz.
Wo sich sechs Täler schneiden, liegt, zwischen Hügeln gebettet, die Uhrenstadt SCHRAMBERG. Mit kulturhistorischen Schätzen ist sie nicht verwöhnt, doch ihr Vorort Waldmössingen erbringt den Beweis für die früheste Besiedlung dieses Landstrichs: ein Römerkastell aus der Zeit um 70 n. Chr. Und neben der guten Luft des anerkannten Erholungsorts lockt Jahr für Jahr die herrliche Rhododendronblüte viele Besucher nach Schramberg.

Oben: Rathaus in Haslach. Ganz oben: Blick vom Herzog-Friedrich-Turm auf Freudenstadt: deutlich erkennbar die wie ein Mühlebrett angelegten Straßenzüge. – Unten: reizvoll am Hang über dem Neckar gestaffelt die Reihen der Giebelhäuser von Horb, überragt vom Schurkenturm und dem Turm der Heiligkreuzkirche.
Rechts: Terrassierte Züge schöner Fachwerkhäuser prägen das Gesicht der alten Flößerstadt Schiltach; besonders anheimelnd der ansteigende Marktplatz mit dem von Malereien verzierten Rathaus.
Links: Arkadenzüge und Kirche des symmetrisch angelegten Marktplatzes in Freudenstadt

Die Silbergrube im nahen Christophstal war der Grund dafür, daß Herzog Friedrich I. von Württemberg 1599 FREUDENSTADT gründete und erbauen ließ, und zwar um einen quadratischen Marktplatz mit rund 220 Meter Seitenlänge, der von Häusern mit Arkadengängen umbaut wurde. Noch in den letzten Tagen des Zweiten Weltkriegs weitgehend zerstört, wurde die einzigartige Anlage nach 1950 mehr oder weniger originalgetreu wieder aufgebaut. Der Stadtkern, wie ein Mühlespiel angelegt, erfreut also auch heute wieder das Auge der zahlreichen Besucher, die in dem beliebten Höhen-Luftkurort mit seinen vorzüglichen Einrichtungen und seiner herrlichen Umgebung Erholung suchen.
Im Osten, am Neckar, liegt HORB, eines der vielen Tore zum Schwarzwald, ein romantisches Städtchen, das sich mit Fachwerk- und Giebelhäusern sein historisches Stadtbild zum guten Teil erhalten hat. Sehenswert ist hier auch noch ein »steinerner Geschichtsgarten« mit interessanten historischen Marksteinen.

P
P

Wo die Schwarzwaldflüßchen Nagold, Waldach und Steinach zusammenfließen, liegt NAGOLD, ein Städtchen, das schon 1363 württembergische Stadt war. Unter den guterhaltenen Fachwerkhäusern ist das 1607 erbaute »Gasthaus zur Post« – heute ein »Romantik-Hotel« – wohl das prächtigste.

Oben: Giebelfronten der Fachwerkbauten am Marktplatz in Calw, darunter das Haus der Salzhandelsgesellschaft (um 1700) und späteren Neuen Apotheke. Eines der prächtigsten Fachwerkhäuser: Hotel Post in Nagold von 1697 (unten) und sein Wirtshausschild (links)

Sehr reizvoll ist ALTENSTEIG, mit seinem malerischen mittelalterlichen Gepräge im 14. Jahrhundert auf dem Hang über der Nagold gebaut, ein Städtchen, in dem man die Atmosphäre vergangener Jahrhunderte schnuppern kann.

In die Vergangenheit führt auch der kleine Ort NEUBULACH, zu dessen besonderen Sehenswürdigkeiten ein ehemaliges Silberbergwerk zählt, das heute übrigens auch therapeutisch bei Erkrankungen der Atemwege genutzt wird. Zu den interessanten Bauwerken des 700 Jahre alten Bergwerkstädtchens gehört ein Stadttor mit schönem Fachwerk.

Die schönste Liebeserklärung an CALW hat der berühmteste Sohn der Stadt, der Dichter Hermann Hesse, abgegeben: »Zwischen Bremen und Neapel, zwischen Wien und Singapore habe ich manche hübsche Stadt gesehen, die schönste Stadt von allen

aber, die ich kenne, ist Calw an der Nagold...« Die Stadt, in landschaftlich reizvollster Umgebung, hat eine stolze Geschichte. Von dem angesehenen Geschlecht der Grafen von Calw im 13. Jahrhundert gegründet, brachten Salz-, Holz- und Textilhandel der Stadt Wohlhabenheit und Kontakte zur Welt. Die staatlichen Fachwerkhäuser, die schönen Brunnen, der malerische Marktplatz und das Rathaus mit seinen großzügigen Arkaden, die romantischen Partien an der Nagold – all das verleiht Calw seinen unverwechselbaren Reiz.
Im südlichen Schwarzwald stößt man, von Norden kommend, zuerst auf den Schwarzwald-Baar-Kreis und seine »Hauptstadt«, die Doppelstadt VILLINGEN-

Oben: Blick auf das idyllische Horgen im Eschachtal

Links: die anmutige gotische Nikolauskapelle auf der Nagoldbrücke in Calw; in den Nischen stehen seit 1926 die Figur eines Flößers und eines Webers, und auf den Farbfenstern haben sich die bedeutendsten Bürger der Stadt verewigt.

SCHWENNINGEN. Seit 1972 sind die alte Zähringer-Gründung Villingen und die Uhrenstadt am Ursprung des Neckars zu einer Kommune vereint. In Villingen ist die alte Stadtanlage in Form des sogenannten »Zähringerkreuzes« noch gut erhalten: Stadtmauern, Türme und Tore. Im Ortskern künden stolze Bürgerhäuser mit Erkern, vereinzelten, schlanken, gotischen Fenstern und schönen Haustoren von längst vergangenen Zeiten. Das alte Rathaus (1534–1537) birgt heute ein sehenswertes Museum mit reichhaltigen Zeugnisssen des Kunsthandwerks aus vergangenen Jahrhunderten. Schwenningen hingegen wurde im Laufe seiner Geschichte mehrmals durch Brände verwüstet, so daß mit Ausnahme des wuchtigen Wehrtums der Stadtkirche und einigen Fachwerkbauten kaum bauliche Zeugnisse der Vergangenheit erhalten sind.
Inmitten eines wahren Wanderparadieses liegt ST. GEORGEN, die höchstgelegene Station der Schwarzwaldbahn. Hier lohnt sich ein Besuch im Heimat- und Phonomuseum, in dem die Unterhaltungselektronik von Edison bis heute dokumentiert wird. FURTWANGEN, wegen seines Reizklimas ein anerkannter Erholungsort, hat gleichfalls ein interessantes Museum aufzuweisen, das Deutsche Uhrenmuseum. Ganz in der Nähe von Furtwangen war um 1640 die erste Schwarzwälder Uhr entstanden, und daraus hatte sich im vergangenen Jahrhundert die weltberühmte Schwarzwälder Uhrenindustrie entwickelt. Das Museum zeigt mit mehr als 1000 Uhren die Geschichte der Zeitmessung aus fünf Jahrhunderten. Im Stadtgebiet von Furtwangen gibt es noch anderes zu bewundern: eine ganze Reihe schöner Schwarzwälder Bauernhöfe aus dem 16. Jahrhundert.
Das milde Reizklima hat dem Heilklimatischen Kurort TRIBERG das Prädikat »Perle des mittleren Schwarzwalds« eingebracht. Dem Gast bietet sich hier zudem ein eindrucksvolles Naturschauspiel, die Triberger Wasserfälle: Durch eine enge Schlucht stürzen sich die Wasser der Gutach rund 160 Meter in die Tiefe – es sind die höchsten Wasserfälle Deutschlands. Auf dem Weg zum nahen SCHONACH, einem in einem herrlichen Hochtal gelegenen Ski- und Wanderdorf, trifft man wieder auf prächtige alte Schwarzwaldhöfe: Paradieshof, Rammselhof oder Kolbabistenhof, die alle aus dem 17. Jahrhundert stammen. Auch als Luftkurort ist Schonach beliebte Erholungsstätte.

Die Donauquelle, eigentlich eine Quelle der Brigach, im Schloßpark von Donaueschingen; kunstvoll gefaßt von Adolf Weinbrenner und mit einer allegorischen Marmorgruppe versehen von Adolf Heer (1896)

Im Südwesten des Schwarzwald-Baar-Kreises liegt DONAUESCHINGEN, schon im Jahre 889 als Besitz des Klosters Reichenau beurkundet. Seit 1488 im Besitz der Fürstenberger, verlegte Fürst Johann Wilhelm Ernst zu Fürstenberg 1723 seine Residenz von Stühlingen an diesen Ort. Die Stadt wird noch heute weitgehend vom Schloß der Fürstenberger geprägt. Im Schloßpark, in einem runden Steinbecken, »sprudelt« die Donauquelle, oder richtiger, eine Quelle der Brigach, die sich später mit der Breg zur Donau vereint. Bemerkenswert im Stadtbild sind einige Bürgerhäuser mit Staffelgiebel aus dem 17. Jahrhundert, vor allem aber die ungezählten schönen Jugendstilbauten, die nach einem Brand im Jahre 1908 errichtet wurden.
HÜFINGEN, ein liebenswerter Ferienort, erlaubt eine Reise tief in die Vergangenheit. Da ist zunächst das in vortrefflichem Zustand erhaltene Bad eines römischen Kastells, das um 70 n. Chr. von der XI. römischen Legion angelegt wurde. Die große Anlage des Kastells selbst wurde bislang nicht ausgegraben. Dafür stieß man 1975 bei Ausschachtungsarbeiten auf ein alemannisches Gräberfeld, das zahlreiche wertvolle Funde zu Tage förderte.
Sein mittelalterliches Stadtbild konnte sich weitgehend BRÄUNLINGEN, eine der vielen Zähringer-Gründungen, erhalten. Von der ehemaligen Stadtbefestigung blieben nur Reste der Stadtmauer und ein Tor, dafür kann man im Ortskern guterhaltene spätgotische Bürgerhäuser bewundern.
Im Nordwesten des Schwarzwald-Baar-Kreises schließt sich der Landkreis Emmendingen an. Kaum ein Ort in dieser Region, der nicht ein malerisches Stadtbild zeigt. Da ist ELZACH mit schönen alten Häusern – die Apotheke aus dem Jahre 1523, ein prächtiger Brunnen von 1610 oder WALDKIRCH mit einem bemerkenswerten, von Häusern aus dem 17. und 18. Jahrhundert gesäumten Marktplatz. EMMENDINGEN ist durch Johann Wolfgang von Goethe in die Literaturgeschichte eingegangen. Das liebenswerte Städtchen lebt in seinem Schauspiel »Hermann und Dorothea« weiter; hier war er im Hause seiner Schwester Cornelia zu Gast, die mit dem markgräflichen Oberamtmann Johann Georg Schlosser verheiratet war und in der alten Landvogtei lebte, einem Haus aus dem 16. Jahrhundert. Das Haus ist heute Heimatmuseum und erinnert unter anderem an Cornelia Schlosser, deren Grab man noch heute auf dem alten Friedhof finden kann.
Keine andere Stadt des Schwarzwalds hat ihr mittelalterliches Stadtbild so gewahrt wie KENZINGEN, im 13. Jahrhundert nach dem Vorbild der Zähringer-Städte angelegt. Da ist noch das alte Achsenkreuz, da

sind noch die parallel verlaufenden Gassen und die Quergassen. An der breiten, von Norden nach Süden führenden Marktstraße stehen die Bürgerhäuser, an denen man reizvolle Details aus der Spätgotik und der Renaissance entdecken kann. Sehr schön ist das spätgotische Rathaus.
Ein Teil des Landkreises Emmendingen reicht in den Kaiserstuhl hinein, dessen Orte keineswegs nur wegen des guten Tropfens einen Besuch lohnen. Noch heute atmen die hübschen Weinorte die Atmosphäre vergangener Zeiten, kündet ihr Stadtbild vom Wohlstand, den sie den Reben verdankten. In BAHLINGEN sollte man die charakteristischen Weinbauernhäuser aus dem 18. Jahrhundert nicht versäumen.
Unweit von Bahlingen liegt RIEGEL mit seinem freundlichen barocken Ortskern und dem heute selten gewordenen Storchennest.
Von ganz besonderem Reiz ist, ebenfalls am Nordrand des Kaiserstuhls, die ehemalige freie Reichsstadt ENDINGEN mit ihrer Vielzahl schöner Gebäude: das

Oben: Palmprozession in Waldkirch.
Mitte: Nieder- oder Mühletor – das Wahrzeichen von Bräunlingen; der massive Unterbau wurde 1230 errichtet, der Fachwerkanbau stammt von 1903.

alte Rathaus mit spätgotischen Fenstern und farbigen Wappen in Glas und barockem Schneckengiebel, das neue Rathaus schräg gegenüber, ein Bau aus dem 18. Jahrhundert mit ausladendem Balkon in kunstvoller schmiedeeiserner Arbeit, das auf 1617 datierte Kornhaus mit hohen Staffelgiebeln und nicht zuletzt der schöne gotische Brunnen inmitten des Marktplatzes. Eindrucksvoll ist der Blick von der Hauptstraße auf das wuchtige Königschaffhauser Tor, das einzige noch erhaltene von vier Stadttoren. Im alten Rathaus ist heute ein Heimatmuseum eingerichtet, das reich an Kunstwerken, aber auch an heimatkundlichen Exponaten ist.
Bleiben wir noch im Kaiserstuhl, wo eigentlich jeder Winzerort seine historischen Sehenswürdigkeiten hat, so beispielsweise BURKHEIM, ein uraltes Städtchen, das bereits im Landkreis Breisgau-Hochschwarzwald liegt. Vermutlich war hier einst ein römisches Kastell, ganz sicher aber gehörte der Ort im 10. Jahrhundert zum Kloster Einsiedeln. Durch ein behäbig wirkendes Stadttor gelangt man zu dem überaus romantischen Marktplatz, der vom Rathaus mit einer edlen Renaissancefassade beherrscht wird. Daneben ist jedes einzelne der zahlreichen Bürgerhäuser – Barock oder Fachwerk – sehenswert.
Was für den gesamten Schwarzwald gilt, das trifft auf den Hochschwarzwald ganz besonders zu: die ältesten und deshalb kulturhistorisch interessantesten Städtchen und Städte liegen in seinen Randgebieten. Erst relativ spät wagten sich die Menschen in das unwirtliche Waldgebirge, und wo sie sich ansiedelten, geschah es häufig im Schatten von Klöstern. Die bedeu-

tendste und sicherlich berühmteste Schwarzwaldstadt ist FREIBURG.
Um das Waldgebirge zu erschließen, gründete Berthold III. von Zähringen 1120 die Stadt. Er selbst ließ sich eine prächtige Burg auf dem heutigen Schloßberg erbauen, von der freilich kaum Spuren blieben. Ganz systematisch wurde die Stadt geplant, der durchgehende Straßenmarkt gewissermaßen als Rückgrat. Denn die Siedlung, an alten Handelsstraßen gelegen, sollte vor allem Markt sein. Der rasch wachsende Wohlstand – Handel mit Wein, Silber und Erzen aus dem Münster- und Glottertal und vom Schauinsland – machten aus der Marktsiedlung bald eine selbstbewußte Stadt, die sich von den Grafen von Urach, die den Zähringern folgten, loskauften, um sich unter den Schutz des Hauses Habsburg zu stellen. Zwei Jahrzehnte lang, am Ende des 17. Jahrhunderts, war Freiburg französisch, kam dann wieder zu Österreich, um schließlich von Napoleon dem Großherzogtum Baden einverleibt zu werden – eine wechselvolle Geschichte, die in den schlimmen Zerstörungen des Zweiten Weltkriegs ihren tragischen Höhepunkt fand.
Dennoch blieben im Schatten des Münsters noch Zeugnisse vergangener Zeiten erhalten. Da steht auf der Südseite des Münsterplatzes noch das herrliche rote Kaufhaus, vom Münster-Baumeister Lienhard Miller 1525 bis 1532 erbaut: Treppengiebel, an den Ecken wappengeschmückte Erker mit spitzen Helmen, auf den Konsolen zwischen Fenstern Standbilder bedeutender Habsburger Herrscher, Lauben im Erdgeschoß. Da ist, einem Palais ähnlich, das Haus »Zum schönen Eck«, von dem Bildhauer Wenzinger 1761 erbaut. Auch das Erzbischöfliche Palais mit seiner Barockfassade gibt es noch, und das spätgotische Haus »Zum Walfisch«, in dem einst Erasmus von Rotterdam wohnte. Trutzig wie eh und je haben die alten Tore, das Schwaben- und das Martinstor, ihren Platz behauptet. Es ist ein malerisches Bild, wenn um das Münster der bunte Wochenmarkt stattfindet oder wenn man den Münsterturm erklimmt und auf die winkeligen Gassen hinunterblickt. Freiburg ist eine quicklebendige Stadt, dafür sorgen schon die mehr als 20 000 Studenten, die die 1457 von Erzherzog Albrecht von Österreich gegründete Universität besuchen. Es ist eine Stadt, die nach den furchtbaren Zerstörungen wieder ihr ureigenes liebenswürdiges Gesicht gefunden hat.
Nicht schöne alte Bürgerhäuser, nicht das schmucke Renaissance-Rathaus, der alte Marktbrunnen oder die barocke Mariensäule auf der Hauptstraße haben das romantische Städtchen STAUFEN im Süden von Freiburg berühmt gemacht, sondern ein Gasthaus, der »Löwen«. In Zimmer 5, im dritten Stock des prächtigen Gasthofs, so erzählt die Sage, soll den Doktor Faustus im Jahre 1539 eigenhändig der Teufel geholt haben.

Die Wahrheit über den Tod des Dr. Faustus freilich ist prosaischer: Er kam bei seinen alchimistischen Versuchen durch eine Explosion ums Leben. Dennoch mag auch heute noch mancher Gast im »Gasthof zum Löwen« einen leisen Schauder verspüren.

Oben: Wochenmarkt auf dem Freiburger Münsterplatz. – Rechts: Ratskeller im Alten Rathaus von Freiburg. – Unten: das Freiburger Martinstor (frühes 13. Jh.) am Ende der Großen Gaß'. – Links: schmiedeeisernes Geländer der Schnewlin-Brücke mit dem Wappen dieses reichen Freiburger Geschlechts. – S. 56 unten: das Alte Kaufhaus in Freiburg

Residenz der Markgrafen von Baden-Durlach war von 1415 bis 1535 das Bergwerkstädtchen SULZBURG. Hier erfährt man im ersten Bergwerkmuseum Baden-Württembergs Interessantes über den Abbau von Salz und Gangerzen, aber auch über die Gewinnung von Rheingold. Die erst jüngst in ihrer Bedeutung als ottonisches Bauwerk erkannte Kirche St. Cyriak läßt auf das hohe Alter des Städtchens schließen.

Unweit von Sulzburg liegt LÖFFINGEN, zu dessen besonderen Naturschönheiten die nahegelegene Wutachschlucht mit ihrem brodelnden Wildwasser gehört. Löffingen hat einen sehr malerischen Ortskern, der vor allem durch die gepflegten Bürgerhäuser mit ihren Zinnengiebeln geprägt ist.

Im Hochschwarzwald selbst sind es vor allem die landschaftlichen Reize, die vielfältigen Möglichkeiten zum Wandern und zum Wintersport, was die Städtchen und Dörfer auszeichnet. Ob in KIRCHZARTEN, wo eine alte Hammerschmiede, die Talvogtei und die Zehntscheuer bemerkenswert sind, oder in HINTERZARTEN, dem heilklimatischen Kurort, der sich zwischen Feldberg, Titisee und Höllental ausbreitet – überall findet der Gast eine Fülle von Freizeitmöglichkeiten. Hinterzarten, als Wintersportzentrum international bekannt, ist schon zweimal zum schönsten Ort Baden-Württembergs gekürt worden.

Weiter im Norden liegen St. Peter und St. Märgen, beides Orte, die ihre Entstehung einem Kloster verdanken. ST. PETER am Südhang des Kandels ist ebenfalls ein bekannter Kur- und Wintersportort. Hier wird altes Brauchtum noch liebevoll gepflegt. Die malerische St.-Peter-Tracht ist weithin berühmt. Auch ST. MÄRGEN ist für Erholungssuchende und Wintersportler ein lohnendes Ziel. Zwischen Feldberg und Kandel auf einem Hochplateau gelegen, kann man dort bei klarem Wetter zum Feldberg, bis zu den Vogesen und zu den Alpen sehen. In St. Märgen trifft man schließlich auf eines der selten gewordenen Wahrzeichen des Schwarzwalds: die Rankmühle, eine historische Schwarzwaldmühle wie aus dem Bilderbuch.
Schon im Landkreis Lörrach liegen weitere Orte des Hochschwarzwalds, südlich des Belchen im Kleinen Wiesental NEUENWEG, ein schmucker Erholungsort, der neuerdings zum Dorado der Drachenflieger geworden ist; westlich davon im Großen Wiesental SCHÖNAU, ein biedermeierlich anmutendes Städtchen, das ebenfalls ein Luftkurort ist. Als Austragungsort internationaler Skiwettkämpfe ist TODTNAU am Fuße des Feldbergs weithin bekannt. In früheren Zeiten gab es hier ein Silberbergwerk.
KANDERN, im Westen des Landkreises, im Markgräflerland, wurde schon 876 urkundlich erwähnt. Sein Ortsbild aber präsentiert sich ausgesprochen klassizistisch, und nicht nur die Kirche, nach Plänen von Friedrich Weinbrenner erbaut, sondern auch andere Gebäude am Blumenplatz zeigen diesen in weitem Umkreis einmaligen Stil. Besonders geeignete Tonvorkommen haben Kandern zu einer bekannten Töpferstadt gemacht. Namhafte Künstler formten hier schönes aus Ton. Das eine oder andere kann heute im Heimat-Keramikmuseum bewundert werden, das sich in einem bemerkenswert schönen spätgotischen Haus mit Treppengiebel befindet. Hier sind unter vielem anderen drei Entwürfe des Malers August Macke zu sehen.
LÖRRACH, die Kreisstadt, ist vergleichsweise jung, sie wurde im 17. und 18. Jahrhundert mehrmals zerstört. Nur wenige Bauten aus früherer Vergangenheit sind erhalten geblieben. Heute bestimmt die Industrie die Stadt. Weit über ein Heimatmuseum hinaus gehen die Bestände des Lörracher Museums am Burghof. Besonders eindrucksvoll ist die Sammlung mittelalterlicher Schnitzkunst – wertvollster Besitz eine Reliquienbüste aus dem 13. Jahrhundert. Unter den Gemälden sind Werke namhafter Künstler wie Hans Thoma. Eine Bibliothek mit 3000 kostbaren Bänden, Münz- und Waffensammlungen und Dokumente zur Stadtgeschichte – all das empfiehlt einen Besuch in diesem Museum.
SCHOPFHEIM, eine 807 erstmals erwähnte Markgra-

fenstadt, ist heute eine moderne Industriestadt, die sich aber ihren historischen Stadtkern bewahrt hat. Adelshöfe und Bürgerhäuser, zum Teil aus dem 16. Jahrhundert, darunter das mit Geschick restaurierte Kornhaus, harmonieren mit dem im Stil Weinbrenners erbauten klassizistischen Rathaus. Im Hirtenhaus, einem schönen Fachwerkbau, ist das Heimatmuseum untergebracht, das eine Reihe von Briefen Johann Peter Hebels birgt. Ganz im Zeichen des alemannischen Dichters steht das Dorfmuseum in HAUSEN im Wiesental. Das hübsche Fachwerkhaus, in dem er seine Kindheit verbrachte, ist heute Hebel-Gedenkstätte mit vielen Erinnerungsstücken.
Auch im Landkreis Waldhut gibt es viele Orte, die dank ihrer landschaftlich reizvollen Lage und des guten Klimas beliebte Erholungsstätten geworden sind. Zu ihnen gehört HÖCHENSCHWAND, das auf einem 1000 Meter hohen Plateau liegt, was dem Ort das Prädikat »Dorf am Himmel« eingebracht hat. In IBACH mit seinen Hochmooren erfreut eine seltene Flora die Gäste. TODTMOOS ist ein heilklimatischer Kurort, abseits von allem Verkehrslärm gelegen, und zugleich ein bekannter Wintersportort. In einem Ortsteil von HERRISCHRIED steht ein 400 Jahre altes Hotzenhaus. Das strohgedeckte Haus, das einst zu ver-

fallen gedroht hatte, war sorgsam abgetragen und an seinem heutigen Standort wieder aufgebaut worden. Die Sammlungen im Inneren des Hauses vermitteln einen Eindruck von der Lebensweise der Hotzenwälder Bauern. Eines ist all diesen schmucken Erholungsorten gemein: ein Netz ausgedehnter Wanderwege führt in die herrliche Umgebung.

Oben: Panorama des alten Städtchens Laufenburg

Unten: Wohnhaus Johann Peter Hebels in Hausen

BERNAU
Herzoge
werbs »
kann a
ein H
teste
soh
Graphiken,
reien des vielseitigen Kun
Bernauer Ortsteil OBERLEHEN ste
sten Schwarzwaldhöfe dieser Gegend,
aus dem Jahre 1789. Im Inneren befinde
Bauernmuseum, das wiederum über das Lebe
Bauern in früheren Zeiten Aufschluß gibt.

Der heilklimatische und Kneippkurort ST. BLASIEN mit seinen vielseitigen Freizeitangeboten wird optisch beherrscht von der Kirche des ehemaligen Benediktinerklosters mit ihrer gewaltigen Kuppel. Nach dem Petersdom in Rom und dem Pariser Invalidendom ist sie mit einer Höhe von 64 und einer Spannweite von 32 Metern die drittgrößte Kuppel Europas.

Kommt man hinunter an den Hochrhein, trifft man wieder auf alte Städte. LAUFENBURG, das auf der anderen Seite des Rheins eine gleichnamige Schweizer »Schwester« hat, war im Mittelalter ein blühender Handelsplatz, den Rudolf III. von Habsburg befestigen ließ. Das Städtchen hat sich seinen mittelalterlichen Zauber mit Toren, Türmchen und schönen alten Bürgerhäusern bewahrt. Steigt man zu den Anhöhen über der Stadt hinauf, bietet sich ein überaus reizvolles Panorama: die beiden Städtchen, die Brücke über den Rhein, die sie verbindet, bis hin zum Laufenburger Rheinknie. Nichts erinnert mehr daran, daß die »Lauffen«, also die Stromschnellen, einmal so gefährlich waren, daß kein Schiff es wagen konnte, ohne Lotsen die Fahrt fortzusetzen.

Zu den schönsten Städten am deutschen Ufer des Hochrheins gehört WALDSHUT. Von Graf Albrecht IV. von Habsburg Mitte des 13. Jahrhunderts gegründet, wurde die Stadt zur »Hüterin des Waldes« bestimmt. In rechteckiger Form und mit einer zum Markt sich weitenden Hauptstraße angelegt, spiegelt das Stadtbild auch heute noch die ursprüngliche Anlage wider. Die Hauptstraße, heute Kaiserstraße, wird an beiden Enden von spätgotischen Stadttoren begrenzt. In ihrem Verlauf wird sie auf beiden Seiten von Häusern aus dem 16., 17. und 18. Jahrhundert gesäumt. Charakteristisch für viele der Häuser sind die weit vorspringenden Holzgiebel mit den sogenannten Hotzenhauben. Prächtigstes Gebäude ist das Rathaus in spätbarockem Stil, sehenswert aber auch das Gasthaus »Zum Wilden Mann« aus dem 16. bis 17. Jahrhundert. In seinem Obergeschoß gibt es eine Zunftstube mit kunstvoller Kassettendecke und üppigen Schnitzereien am

Türrahmen. Wer sich für die Stadtgeschichte interessiert, findet im Heimatmuseum reichhaltiges Anschauungsmaterial. Ein weiteres Museum ist im »Unteren Tor« untergebracht. Hier gibt es alles, was mit der »Chilbi« zusammenhängt, jenem Fest, das seit 500 Jahren zum Andenken an eine erfolglose Belagerung der Stadt durch die Eidgenossen alljährlich im August gefeiert wird. TIENGEN, heute mit Waldshut zusammengeschlossen, hat gleichfalls einen hübschen alten Stadtkern; weithin sichtbar der Storchenturm, der zur alten Stadtbefestigung gehörte. Eine Sehenswürdigkeit besonderer Art sind die reizvoll bemalten Fassaden mancher Häuser, in Sgraffitotechnik ausgeführt.

Zentrum des Hotzenwaldes war von jeher SÄCKINGEN, das jüngste Heilbad am Hochrhein. Bad Säckingen ist eine sehr alte Stadt. Sie entstand um das Kloster, das der heilige Fridolin hier im 6. Jahrhundert gründete. Das Stadtbild mit den engen Gassen, den bemalten Häusern und den beiden mittelalterlichen Türmen, dem Diebsturm und dem Gallusturm, ist sehr malerisch. Im Hallwylhof wohnte einst Victor von Scheffel, der Säckingen auf seine Weise berühmt gemacht hat: durch das romantische Epos »Der Trompeter von Säkkingen«. Eines sollte man in Säckingen nicht versäumen: auf der 400 Jahre alten gedeckten Holzbrücke in die Schweiz hinüberzugehen. Nicht nur der Gang über dieses 200 Meter lange Bauwerk, sondern auch der Blick von drüben auf die Stadt lohnt sich allemal.

STÜHLINGEN zählt zu den sonnenreichsten Orten des Südschwarzwalds und ist heute ein beliebter Ferienort. 1262 erstmals urkundlich erwähnt, kam die Stadt im 17. Jahrhundert an die Fürstenberger. Ihre Geschichte dürfte freilich viel weiter zurückreichen, denn nur vier Kilometer von Stühlingen entfernt, auf der Schweizer Seite, wurde ein römisches Bad entdeckt und ausgegraben. Das spricht dafür, daß hier eine Römerstraße vorbeiführte. Auf ein ganz besonderes Erlebnis sollte man nicht verzichten: eine Fahrt mit der Wutachtalbahn, die im Sommer zwischen Stühlingen und Blumberg als Museumsbahn fährt. Die zahlreichen Kehrschleifen haben ihr den Namen »Sauschwänzlesbahn« eingebracht. Die 1890 in Betrieb genommene Bahn belegt ein faszinierendes Kapitel der Eisenbahngeschichte: Fast 500 kunstvolle technische Bauten, darunter sechs Tunnels – so ein Kehrtunnel und Deutschlands einziger Spiraltunnel –, graben sich durch die Berge, und mächtige, bis zu 34 Meter hohe Viadukte überspannen weite Täler. Kein Wunder also, daß die Wutachtalbahn die beliebteste aller Museumsbahnen ist.

Auf den Spuren des »Trompeters von Säckingen«: neueres Denkmal für den Helden des Scheffelschen Epos' (oben), Schloß Schönau, das »Trompeterschlößle« (links), der Ort der Handlung

Oben: historisches Gasthaus »Zum wilden Mann« in Waldhut. – Unten: Eine gedeckte Holzbrücke, 1571–80 erbaut, überwindet bei Bad Säckingen die Ländergrenze.

Einzigartig in der Kirchenkunst sind die Zähringer Gestalten, weltliche Herren also, die an den Langhauswänden von St. Peter schweben, phantasievoll gekleidet und mit pathetischen Gesten.

Zentren geistlicher Kultur

»Zu Hirsau in den Trümmern,
da wiegt ein Ulmenbaum
frischgrünend seine Krone
hoch überm Giebelsaum.
Er wurzelt tief im Grunde
vom alten Klosterbau;
er wölbt sich statt des Daches
hinaus ins Himmelsblau.«

Die Ulme zu HIRSAU, die Ludwig Uhland besungen hat, erhebt sich nicht allein über dem Trümmerfeld, höher noch tut es der schlanke , reichgegliederte und mit Skulpturen geschmückte Eulenturm, einziges Relikt zwischen geborstenem Kreuzganggemäuer. Auch in der Zerstörung offenbart sich noch die gewaltige Anlage von Kloster und Basilika. Hier stand einst ein Kloster, das auf den gesamten deutschsprachigen Raum im 11. und 12. Jahrhundert Einfluß ausübte. Von hier aus übertrug sich die »Hirsauer Reform«, die in Zeiten religiösen Zerfalls und Verweltlichung der Klöster nach dem Beispiel des burgundischen Klosters Cluny auf die reinen Ordensregeln des heiligen Benedikt zurückverwies. Die Anlage, die von den Truppen des französischen Generals Mélac 1692 in Schutt und Asche gelegt wurde, war freilich nicht das erste Kloster auf Hirsauer Grund. Schon um 830 war jenseits der Nagold ein Kloster gegründet worden; noch älter aber dürfte die Kirche sein, eine frühchristliche Basilika, die in den dreißiger Jahren bei Grabungen zum Vorschein kam. Teile dieses AURELIUSMÜNSTERS, die 1955 restauriert wurden, sind heute zugänglich und vermitteln die ruhige Strenge romanischer Architektur. Das erste Kloster, um 1000 schon in schlechtem Zustand, wurde um 1050 neu gegründet. Benediktiner aus Einsiedeln hatte man geholt, die Generationen später die Reform vorantragen sollten, die auch in baulicher Hinsicht viele Klöster des Schwarzwalds und weit darüber hinaus geprägt hat.

Die glückliche Verbindung von maßvoller Strenge und schöner Harmonie im Geiste der Hirsauer Reform offenbart die ehemalige Klosterkirche ST. BENEDIKT in ALPIRSBACH. Das Kloster, 1095 von den Grafen von Hausen, von Sulz und von Zollern gegründet und von Benediktinermönchen aus St. Blasien besiedelt, wurde

Rechts: Durch das zarte Maßwerk der Kreuzgangfenster fällt der Blick auf die noch erhaltene spätgotische Marienkapelle. S. 65 oben: Hinter den Kreuzgangruinen des Klosters Hirsau ragt der sechsgeschossige »Eulenturm« auf. – S. 65 unten: Langhaus der romanischen St.-Aurelius-Kirche in Hirsau. – Unten: Fast unverändert steht die Klosterkirche St. Benedikt im waldumkränzten Kinzigtal.

seit 1117 von Hirsauer Äbten geleitet. In den heute noch gut erhaltenen, um den Kreuzgang gruppierten Klostergebäuden – darunter ein schöner romanischer Kapitelsaal – finden heute jeweils im Sommer die weithin bekannten Alpirsbacher Konzerte statt. In der flachgedeckten, dreischiffigen Säulenbasilika sind auch noch Teile der romanischen Innenausstattung erhalten: Fresken in den Gewölben der Altarnischen, schlichte steinerne Altarmensen und Löwenkopf-Türklopfer. Das interessanteste Stück ist eine hölzerne Kirchenbank, ein seltenes Beispiel romanischer Schnitzkunst.

Bauten selbstbewußter Adliger

Zisterziensermönche lebten in der von Graf Berthold III. und Gräfin Uta von Eberstein 1149 gegründeten Zisterzienserabtei HERRENALB, die zu ihrer Zeit durch riesigen Landbesitz zu den reichsten zählte, so daß sie im 15. Jahrhundert die Reichsunmittelbarkeit erlangte. Nach der Reformation wurde sie aufgehoben, und im Dreißigjährigen Krieg zerstörten die Schweden die Klostergebäude fast vollständig. Nur die Ruine des Paradieses, der Vorhalle einer romanischen Pfeilerbasilika, und das Tumbengrab des Markgrafen Bernhard von Baden sind erhalten. Auf den Grundmauern der alten Klosterkirche wurde in der ersten Hälfte des 18. Jahrhunderts eine verkürzte Kirche mit Turm gebaut. Nach neuerlichen Restaurierungen ist jetzt auch die alte Münstersakristei aus dem 13. Jahrhundert mit schönem Kreuzrippengewölbe wieder zugänglich gemacht worden. Schöne Schlußsteine zeigen die fünfblättrige Rose, das Wappen der Ebersteiner.
Nur wenige Kilometer entfernt grüßen von weither Türme und Fassade der Klosterkirche von FRAUENALB. Nur diese Doppelturmfassade und wenige Umfassungsmauern blieben nach einem verheerenden Brand von dem Benediktinerinnenkloster übrig, das gleichfalls die Ebersteiner gegründet (1180) und zum Hauskloster des Geschlechts ausersehen hatten. Selbst als Ruine erinnert die schöne Barockfassade mit den Zwillingstürmen noch an St. Peter im Hochschwarz-

Oben: Kassettierte Rippen gliedern die mit 32 m weitgespannte Kuppel der Benediktinerkirche St. Blasien.
Links: Die Formen der Romanik prägen die Kirche St. Gregor in Klosterreichenbach.

wald, was nicht erstaunt, sind beide Klosterkirchen doch Schöpfungen des Vorarlberger Baumeisters Peter Thumb.

Von Wald und Bergen umgeben, in großer Abgeschiedenheit in der Wiesenau (heute Gemeinde Lierbach), lag einst das PRÄMONSTRATENSERKLOSTER ALLERHEILIGEN. Von Ute von Schauenburg 1196 gegründet, blieb auch von diesem Kloster nur die Ruine der Kirche erhalten, die zu den frühesten gotischen Bauwerken in Deutschland und am Oberrhein zählt. Blüte und Niedergang, Feuersbrünste und Plünderungen gehörten auch zum Schicksal dieses Klosters in seiner 600jährigen Geschichte. Die Säkularisation vertrieb auch hier die Mönche, und schon zwei Jahre später wurde die Klosteranlage durch Blitzschlag zerstört. Doch noch heute vermitteln hohe gotische Bogen, schlanke Säulen und Strebepfeiler ein eindrucksvolles Bild dieser Kirche, die einmal von hohem kunsthistorischem Rang war.

Nördlich von Freudenstadt, nahe des Schwarzwaldflüßchens Murg, liegt KLOSTERREICHENBACH, das dank einer Stiftung im Jahre 1082 das erste Priorat des Klosters Hirsau war. Die Klosterkirche, 1083 bis 1085 erbaut, ist heute Pfarrkirche. Trotz einiger Renovierungen Ende des 19. Jahrhunderts ist das einschiffige Langhaus unverändert geblieben. Sehenswert ist die frühgotische Vorhalle mit schönen Säulenbündeln. Zu den Resten der romanischen Klosteranlage gehört das Badhaus der Benediktinermönche. Inmitten von GENGENBACH mit seinem malerischen Stadtbild stößt man auf die ehemalige BENEDIKTINERKLOSTERKIRCHE ST. MARIA, heute Stadtpfarrkirche. Die Gründung des Klosters, die um 740 durch den heiligen Pirmin erfolgt sein soll, stand – wie so viele andere in dieser Region – unter der Regel des heiligen Benedikt. Unter Abt Friedrich folgte das Kloster 1117 der Hirsauer Reform, was sich in der um 1120 erbauten Kirche niederschlägt. Schon 1278 erhält das Kloster die Reichsunmittelbarkeit. Eine lange Blütezeit folgte, bis auch dieses Kloster 1803 säkularisiert wurde.

Wenngleich Gotik und später, nach einem Brand, der Barock die Kirche entscheidend veränderten, blieb sie in ihrer romanischen Bausubstanz unversehrt. Zudem wurden 1896 einzelne Veränderungen wieder rückgängig gemacht. Damit ist die Kirche eines der seltenen Beispiele eines sakralen Bauwerks im Geiste der Hirsauer Reform. Der hübsche barocke Turm, der der Restauration nicht geopfert wurde, trägt viel zu der schönen Silhouette der Stadt bei.

Besinnung in Baden-Baden

Die ZISTERZIENSERINNENABTEI LICHTENTHAL. Das Kloster, 1245 von Markgräfin Irmengard gestiftet, stand wohl in seiner fast 750jährigen Geschichte unter besonderem Schutz. Weder die Wirren des Dreißigjährigen Krieges, noch die Säkularisation brachten es ernsthaft zu Schaden. Der Markgraf von Baden, dem Lichtenthal durch den Reichsdeputations-Hauptschluß zuerkannt war, brachte es nicht übers Herz, das Kloster, das seine Ahnfrau gestiftet hatte und das im Mittelalter Grablege seines Geschlechts war, aufzuheben. Die klösterlichen Güter allerdings wurden eingezogen.

So kommt es, daß man sich bis auf den heutigen Tag von den Zisterzienserinnen durch den Klosterbezirk führen lassen kann, insbesondere in das kleine Klostermuseum, in dem kirchliche Kunst gezeigt wird. Die ehemalige romanische Klosterkirche wurde durch ein gotisches Bauwerk ersetzt, eine Hallenkirche mit Kreuzrippengewölbe. Im Chor erinnert ein Grabmal an die Stifterin Irmengard. Im weiträumigen Hof des

Klosters, der von den barocken Bauten der Abtei und den Wirtschaftsgebäuden umschlossen wird, steht ein 1602 geschaffener schöner Brunnen. Kloster Lichtenthal – eine Stätte zu stiller Einkehr.
Bei Schenkenzell, abseits der großen Verkehrswege in einem Seitental, hat Anfang des 14. Jahrhunderts die Nonne Luitgard, eine große Mystikerin, das KLOSTER WITTICHEN gegründet. Die auf älteren Fundamenten 1681 errichtete Kirche besitzt eine sehenswerte Kanzel. Auf ihrem Schalldeckel thront die Figur der Klostergründerin, die das Modell der Kirche in der Hand hält.
Die Bedeutung des Benediktinerordens für die Urbarmachung des einst wilden und unzugänglichen Waldgebirges, das christlich-römische Gedankengut, das sie in den kaum noch christianisierten Norden brachten, wird im südlichen Schwarzwald ebenso offenbar wie im nördlichen. Auch hier sind es Benediktiner, die roden, Kirchen und Klöster errichten, die durch Jahrhunderte Mittelpunkt geistigen Lebens waren und auch ihre Umwelt prägten. Und noch etwas ist ihnen allen gemein – der ausgewählt schöne Standort.

Perlen Peter Thumbs

Im Tal mit seinen dunklen fichtenbestandenen Hängen, gesprenkelt vom Grau schroffer Felsen, präsentiert sich ST. BLASIEN mit seiner riesigen Kuppel in fast südländischer Manier, eine elegante Anlage, die heute ein Jesuitenkolleg mit einem Internat und Gymnasium beherbergt. Mehr als tausend Jahre ist es her, daß sich hier Eremiten niederließen und ein hölzernes Kirchlein bauten. Im Jahre 858 unterstellte sich die kleine Mönchsgemeinde dem Kloster Rheinau und nahm die Regel des heiligen Benedikt an. Die Reliquien, die sie vom Kloster Rheinau empfing – Gebeine des heiligen Blasius –, gaben dem Kloster seinen Namen. Um die Jahrtausendwende entstand eine Säulenbasilika, das Alte Münster, das im 17. Jahrhundert abgerissen wurde. Neben diesem entstand – das Kloster war neben Hirsau das wichtigste deutsche Zentrum der cluniazensischen Reform – das »Neue Münster« im Geiste dieser Reform (1095–1108). Mehrmals im Laufe seiner Geschichte wurden Kloster und Kirche durch Brände zerstört. Der eindrucksvolle klassizistische Zentralbau mit der Kuppel, wie er sich noch heute präsentiert, wurde 1783 geweiht. Und wieder, im Jahre 1874, wurde der Klosterbezirk ein Raub der Flammen, und es sollte nicht das letzte Mal sein. Ein Brand 1977, der große Zerstörungen anrichtete, führte dazu, daß beim Wiederaufbau die gesamte Anlage restauriert wurde.

Links: Der schwungvolle, von einer welschen Haube gekrönte Turm ist eine Zutat des Barocks zu der ansonsten romanischen Benediktinerkirche in Gengenbach. Schlicht, dem Geist des Ordens gemäß, ist das Kloster Wittichen. Nur ein schmuckvoller Renaissanceerker belebt die Front des Abteigebäudes (unten).

St. Blasien, seit 1361 unter Habsburger Herrschaft, 1613 reichsunmittelbar und 1746 ein gefürstetes Stift unter einem Fürstabt, kam durch Schenkungen zu großem Reichtum. Die erste Blütezeit hatte das Kloster schon in den ersten Jahrhunderten seines Bestehens erlebt – die Gelehrtenschule von St. Blasien zählte zu den berühmtesten überhaupt. Eine zweite Blüte war dem Kloster unter dem Fürstabt Martin Gerbert beschieden, einem vielgereisten, hochgebildeten Mann. Neben dem Orden galt sein Interesse der Wissenschaft, und da vor allem historischen Studien. So schrieb er eine Geschichte des Hauses Habsburg, aber auch Abhandlungen über Liturgie und Kirchenmusik. Er machte sein Kloster zu einem geistigen Zentrum Süddeutschlands. Er war es auch, der, nach einer Feuersbrunst, die Abtei von Michel d'Ixnard in klassizistischem Stil wieder aufbauen ließ.

Im Osten, wo Schwarzwald und Schwäbische Alb ineinander übergehen, liegt unweit der Stadt Sulz am Neckar das ehemalige DOMINIKANERINNENKLOSTER KIRCHBERG in RENFRIZHAUSEN. Im 13. Jahrhundert gegründet, war es im Mittelalter ein Zentrum mystischer Frömmigkeit. Die Kirche, in ihrem Inneren barockisiert, stammt aus der Gründungszeit, wie der z. T. erhaltene Kreuzgang aus dem frühen 15. Jahrhundert.

Auf ein besonders schönes Beispiel des schwäbischen Rokoko stößt man in der ehemaligen KLOSTERKIRCHE der AUGUSTINER in OBERNDORF AM NECKAR. Hier sind vor allem die Fresken des Johann Baptist Enderle sehenswert.

Südlich des Kandel, des sagenumwobenen 1242 Meter hohen Berges, liegen gleich zwei Klöster: St. Peter und St. Märgen. ST. PETER bringt uns wieder auf die Spuren der Benediktiner. Denn der Hirsauer Abt Wilhelm hatte das Kloster zunächst in Weilheim/Teck gegründet, 1093 jedoch verlegte es Herzog Berthold II. an seinen heutigen Ort. Die Zähringer machten St. Peter zu ihrem Hauskloster und ihrer Grablege – acht Herzöge sind dort beigesetzt, sie liegen noch heute zu Seiten des Hochaltars in der ehemaligen Klosterkirche. Von den mittelalterlichen Bauwerken blieb nichts erhalten, immer wieder war das Kloster von Bränden heimgesucht worden. Die heutige Anlage ist eine Schöpfung des Peter Thumb. Die von zwei Türmen flankierte Westfassade zeigt unverkennbar Ähnlichkeiten mit der Ruine in Frauenalb. Nicht nur die schöne barocke Innenausstattung der Kirche ist sehenswert, auch Sakristei, Kapitelsaal, Fürstensaal und Treppenhaus der ehemaligen Abteigebäude, vor allem aber die Bibliothek, die ein Kleinod des Rokoko ist, sollte man beim Besuch nicht auslassen. In den Räumen des ehemaligen Klosters ist seit Mitte des vergangenen Jahrhunderts das Priesterseminar der Erzdiözese Freiburg untergebracht.

Oben links: Die kuppelgekrönten, wenngleich kurzen Kirchtürme von St. Märgen beherrschen weithin das Landschaftsbild. – Oben: Der Bibliothekssaal des Klosters St. Peter – einer der schönsten Räume des Rokoko. Ganz oben: Peter Thumb gab Mitte des 18. Jh. dem Kloster St. Trudpert seine straffen Formen. – Unten links: Von einer wehrhaften Mauer umgeben: das Kloster Kirchberg bei Sulz und seine Nebengebäude

Mit zwei Türmen grüßt weithin auch das 1118 gegründete AUGUSTINER-CHORHERRENSTIFT ST. MÄRGEN. Die Kirche besitzt ein Gnadenbild aus dem frühen 12. Jahrhundert, zu dem auch heute noch Wallfahrten stattfinden. Von der alten Ausstattung – die Kirche brannte 1907 nach einem Blitzschlag aus und wurde in der alten Form wieder aufgebaut – sind nur die barokken geschnitzten Heiligenfiguren erhalten geblieben. Zur Gemeinde Obermünstertal gehört das ehemalige BENEDIKTINERKLOSTER ST. TRUDPERT. Über seine Entstehung weiß nur die Legende zu berichten. So soll es aus einer EINSIEDELEI des heiligen Trudpert hervorgegangen sein, eines irischen Mönchs, der hier zu Beginn des 7. Jahrhunderts den Märtyrertod starb. Es dürfte sich damit wohl um die älteste Klosteranlage in diesem Gebiet handeln. Die belegte Weihe einer Kirche um 960 muß sich auf ein späteres Bauwerk beziehen. Die gotische Anlage, die die ursprünglichen Bauten ersetzt hatte, fiel dem Dreißigjährigen Krieg zum Opfer. Nur der gotische Chor, wenn im Inneren auch barockisiert, überdauerte, als der Vorarlberger Baumeister Peter Thumb 1709 mit dem Neubau einer Kirche begann. Unter den schönen Deckengemälden, von Francesco Giorgioli geschaffen, zeigt eines die Legende vom heiligen Trudpert. Einzigartig sind die Stuckarbeiten der Italiener Prevoste und Orsati. Eine reich geschmückte Kanzel, vor allem aber – einziges Relikt aus dem alten Klosten – das von Gottfried von Staufen gestiftete romanische Vortragekreuz aus dem 12. Jahrhundert zählen zu den Sehenswürdigkeiten. Das Kloster, wie alle anderen auch im Zuge der Säkularisation aufgehoben, ist heute Mutterhaus der Niederbronner Schwestern und beherbergt ein Altenheim.

In einem kleinen Tal, nicht weit von St. Trudpert, gründete der heilige Ulrich von Regensburg 1087 ein Priorat der Cluniazenser. Ulrich, Sproß einer vornehmen Regensburger Familie, war in das burgundische Kloster Cluny eingetreten und hatte von dort den Auftrag bekommen, die Reform in den alemannischen deutschen Süden zu bringen. Ulrich wurde schon bald nach seinem Tod als Heiliger verehrt. Als die letzten Cluniazensermönche Mitte des 16. Jahrhunderts das Priorat verlassen hatten, wurde es St. Peter unterstellt und nach dem Gründer ST. ULRICH genannt. Der Dreißigjährige Krieg vertilgte auch hier alle Spuren der Bauten aus dem 11. Jahrhundert. 1739 erhielt Peter Thumb – wahrlich ein vielbeschäftigter Baumeister – den Auftrag, die Klosterkirche St. Peter und Paul zu errichten (1739–1741). Die außen schlicht anmutende Kirche überrascht im Innern mit beschwingten Stukkaturen des Wessobrunners Franz Anton Vogel. Eine Madonna mit Kind, eine Sandsteinfigur aus dem 14. Jahrhundert, soll von einem Straßburger Künstler stammen.

Wertvolle Detailkunst

Der kostbarste Besitz von St. Ulrich aber steht auf dem Pfarrhof: ein einzigartig schönes großes Taufbecken aus Buntsandstein. Es ist ein vielbewundertes, reich mit figürlichen und ornamentalen Reliefs geschmücktes romanisches Kunstwerk, das deutliche Bezüge zur burgundischen Kunst aufweist.

Wir bleiben in dem an Klöstern und Kirchen so reich gesegneten Landkreis Breisgau-Hochschwarzwald – und auf den Spuren des Peter Thumb, die nach FRIEDENWEILER führen, wo die Gebäude und die kleine Kirche einer Zisterzienserinnenabtei gleichfalls von ihm über den Ruinen der gotischen Anlage errichtet wurden. Besonders wirkungsvoll sind hier die üppig in Stuckmarmor gestalteten Altäre.

Selbst unscheinbare Kirchlein sind zuweilen für kunsthistorische Überraschungen gut. So war die Gottesackerkirche in dem Städtchen SULZBURG im Markgräflerland kaum über die engere Umgebung hinaus bekannt, bis sich die Denkmalpfleger des Bauwerks

Oben: Nüchterne kubische Formen bestimmen St. Cyriacus in Sulzburg, eine der ältesten Kirchen des Schwarzwalds. – Rechts: Prachtvolle Barockaltäre und Deckengemälde – sie erzählen die Legende des Heiligen dieser Kirche – schmücken die Wallfahrtskirche St. Landolin in Ettenheimmünster. Links: Das schmucklose Innere der Kirche St. Cyriacus bringt die harmonischen Proportionen voll zur Geltung.

Rechts: Die kleine romanische Kirche in Buchenberg bei Königsfeld erhielt im 15. Jh. einen gotischen Chor und bewahrt Wandmalereien aus dieser Zeit. Links: Vom Zisterzienserkloster Tennenbach bei Emmendingen blieb nur der frühgotische Chor übrig. – Unten: Kanzel und Teil der bedeutenden Wandmalereien, die »Anbetung der Könige«, in der Kirche von Buchenberg.

annahmen. ST. CYRIAK ist die Kirche eines um 990 durch die Grafen Birchtilo von Breisgau gegründeten Kanonikerstifts. Aufwendige Rekonstruktionen und Grabungen, die über die Baugeschichte Aufschluß gaben, haben die Kirche in ihren ursprünglichen Zustand zurückgebracht, wenn man von dem erst im 11. Jahrhundert hinzugefügten Turm absieht. Als dreischiffige Basilika ohne Querschiff, mit einer Ost- und einer Westapsis ist St. Cyriak heute ein eindrucksvolles und seltenes Beispiel ottonischer Baukunst.

Weiter im Norden, bei Ettenheim im Ortenaukreis, trifft man wieder auf die Benediktiner, die ehemalige Abtei ETTENHEIMMÜNSTER. Die Urzelle des Klosters, das 762 von dem Straßburger Bischof Etto gegründet wurde, soll auf den irischen Mönch Landolin zurückgehen, der von einem heidnischen Jäger getötet wurde. Die Quelle, an der der Mord geschehen sein

soll, hat an der Kirche St. Landolin eine eigene Brunnenkapelle, bis heute Ziel von Wallfahrten. Vom ehemaligen Kloster ist außer kümmerlichen Mauerresten nichts erhalten. Die Kirche, die nie Klosterkirche war – sie wurde erst 1687 erbaut – besitzt aber Ausstattungsteile der einstigen Klosterkirche: kunstvolles Schnitzwerk am Emporengitter, zwei schöne Rokokobeichtstühle, vor allem aber eine herrliche Orgel, eine Schöpfung des berühmten Orgelbauers Andreas Silbermann.

Wo Klöster inmitten oder am Rande von Städten und Dörfern liegen, sind diese in aller Regel erst in Zusammenhang mit der klösterlichen Siedlung entstanden, denn die Mönche waren zuerst da. Anders ist es in VILLINGEN, eine der zahlreichen Städtegründungen der Zähringer mit ihrem charakteristischen Stadtplan. Villingen, von Berthold III. von Zähringen 1120 gegründet, besitzt oder besaß gleich vier Klöster, die an den vier Stadttoren angesiedelt wurden. Das 1268 gegründete Franziskanerkloster am Riettor – heute Konzerthaus und Museum – hat noch einen Kreuzgang aus dem 15. Jahrhundert mit schönem Fenstermaßwerk. An ein Benediktinerkloster (1566–1806) erinnert nur noch die Benediktinerkirche, deren Bau von Michael Thumb, dem Vater von Peter Thumb, begonnen wurde. Das einstige Bickenkloster ist heute Ursulinenkloster mit Mädcheninternat, und ein Kloster der Dominikanerinnen ist zu einer Schule umgebaut worden.

Was für Villingen gilt, das trifft ebenso auf FREIBURG zu, ebenfalls eine Gründung des Zähringers Berthold III. um 1120. Auch hier war erst die Stadt, und dann kamen die Mönche, zuerst die Franziskaner, die 1162 am Rathausplatz Kloster und Kirche ST. MARTIN bauten. Die Kirche wurde im Zweiten Weltkrieg bis auf den Chor zerstört, nach dem Wiederaufbau zeigt sie nun wieder die schlichte Architektur der Bettelorden. Die AUGUSTINER-EREMITEN begannen 1278 Kloster und Kirche zu errichten. Kirche, ein flach gedeckter Saalbau mit barockisierten Bogen und Fenstern, sowie die übrige Klosteranlage beherbergen heute das Augustinermuseum, das eine wahre Schatzkammer oberrheinischer Kunst von 800 bis in unsere Tage ist. Das DOMINIKANERKLOSTER ADELSHAUSEN war 1234 weit außerhalb der Stadtmauern gegründet worden, begab sich aber später in den Schutz der Stadt Freiburg. Seit 1687 hat es seinen heutigen Standort. Zu den Sehenswürdigkeiten der Klosterkirche gehören der Hochaltar, die Sandsteinfigur der heiligen Katharina, ein bemerkenswertes Kruzifix aus dem 14. Jahrhundert und eine Madonna um 1500.

Weltliche Kirchenbauherren

Mit zunehmender Besiedelung blieb der Kirchenbau nicht mehr nur den Klöstern vorbehalten. In Städten und Dörfern, auf Burgen und in Schlössern wurden Kirchen und Kapellen gebaut. Beginnen wir mit dem sicherlich berühmtesten Kirchenbau des Schwarzwalds, dem Freiburger Münster. Der Bau, der um 1200 romanisch begonnen worden war, sollte eine einfache Kirche für die Kaufleute und Handwerker werden, die die Zähringer in ihre Stadt riefen, die sie bewußt als Markt- und Handelsstadt geplant hatten. Es dauerte rund 300 Jahre, bis die Kirche ihre heutige Gestalt angenommen hatte und 1513 geweiht werden konnte.

Oben: spätromanisches Portal in der Martinskirche von Müllheim. – Unten: die Klugen Jungfrauen in der Vorhalle des Freiburger Münsters. – Ganz unten: spätromanisches Querhaus, Hahnenturm und Renaissancevorhalle an der Südseite des Münsters. S. 73 unten: Erasmuskapelle (Falkensteiner Kapelle) bei Schramberg

Links: das Freiburger Münster in seiner ganzen Größe und Schönheit

Oben: die tempelähnliche Front der Stadtkirche in Karlsruhe

Der Bedeutung der Kirche, die als eines der größten Meisterwerke gotischer Baukunst gilt, gerecht zu werden, hieße, ein Buch zu füllen. Da ist der »schönste Turm der Christenheit«, der mächtig und doch durchlichtet zu einer Höhe von 116 Metern emporstrebt, in seinem Erdgeschoß die offene Vorhalle mit Skulpturen dicht an dicht, die Bibel in Stein gehauen: Adam und Eva, die Klugen und die Törichten Jungfrauen, allegorische Gestalten und Heilige in großer Zahl, die Geburt und die Leiden Christi, das Jüngste Gericht im Tympanon und, auf dem Mittelpfeiler des Portals ins Zentrum gerückt, die Muttergottes, die Schutzpatronin der Kirche. Ein Meisterwerk der Spätgotik ist die Kanzel von Jörg Kempf – er selbst hat sich, am Fenster stehend, dort dargestellt. Sehenswert auch die Heilig-Grab-Kapelle von Anfang des 14. Jahrhunderts. Herrliche Glasfenster in den beiden Seitenschiffen, der Hochaltar mit Bildern von Hans Baldung Grien.
Welch ein Gegensatz dazu die Kirchen von KARLSRUHE, und doch sind auch sie für die Bürger einer auf dem Reißbrett geplanten Stadt bestimmt worden, von Markgraf Karl Wilhelm, der sich hier seine Residenz errichten ließ. Baumeister von Rang formten das Gesicht der Stadt, Friedrich Weinbrenner vor allem, der auch die beiden bedeutenden Kirchen schuf: die EVANGELISCHE STADTKIRCHE, die mit korinthischen Säulen und Kapitellen an einen griechischen Tempel erinnert, wäre nicht der 75 Meter hohe Turm, und – der bedeutendste sakrale Bau des genialen

Gotisch ist der Chor der schlichten schindelgedeckten Stadtkirche in Hornberg, das Langhaus ein Renaissancebau von Heinrich Schickhardt.

Baumeisters – die katholische STEPHANSKIRCHE. Aus rötlichem Sandstein errichtet, mit einer tempelartigen Vorhalle und von einer Kuppel gekrönt, gemahnt sie an das römische Pantheon.
DURLACH, heute ein Stadtbezirk von Karlsruhe, war Residenz der Markgrafen. Die EVANGELISCHE STADTKIRCHE bewahrt in ihrem Turm aus dem 12. Jahrhundert einen Rest Mittelalters.
Auf das hohe Alter von ETTLINGEN weist die katholische MARTINSKIRCHE hin, deren Gründungsbau in vorkarolingische Zeit weist. Bei Grabungen entdeckte man noch mehr: die Kirche steht auf römischen Ruinen und reicht mit ihren Fundamenten zudem in ein merowingisches Gräberfeld. In ihrer heutigen Gestalt enthält die Kirche Stilelemente von der Römerzeit bis zum Barock. Ein gänzlich barockes Kunstwerk hingegen ist die ehemalige KAPELLE DES MARKGRÄFLICHEN SCHLOSSES, Witwensitz der Markgräfin Sibylla Augusta. In der ebenfalls barocken Dorfkirche des Stadtteils Ettlingenweier, ST. DIONYSUS, stößt man auf Bewundernswertes: Hier steht der Hochaltar der einstigen Schloßkirche und in ihm die einzige badische Orgel vor 1750, die noch heute ein spielbares Rückpositiv hat und ursprünglich aus dem Benediktinerinnenkloster Frauenalb stammt.
Auch die Kirche Heiligenkreuz in SCHLOSS FAVORITE, der Sommerresidenz Sibylla Augustas – um 1710 erbaut –, ist prächtig ausgestattet; sehenswert vor allem der silbergefaßte Holzkruzifixus auf dem Hochaltar.

Zerstörung und Wiederaufbau

Der schreckliche Bombenangriff Ende Februar 1945, der 80 Prozent der Gebäude von PFORZHEIM zerstörte, hat in der Stadt wenig historische Bausubstanz übriggelassen. Wichtigstes Zeugnis der Vergangenheit, nach 1945 liebevoll wieder aufgebaut, ist die Schloß- und Stiftskirche ST. MICHAEL. Gegen die strenge mittelalterliche Regel war die Kirche um 1230 von West nach Ost gebaut worden, und so ist der kraftvolle romanische Westteil mit Rundbogenportal und quadratischer Vorhalle zuerst entstanden. Das Mittelschiff der dreischiffigen Basilika zeigt ein schönes Kreuzrippengewölbe und kunstvolle Fensterfiguren.
Noch älter freilich ist die Altstädter Kirche ST. MARTIN. Auf den Fundamenten der römischen Siedlung Portus wurde sie errichtet. Bei der Restaurierung stieß man auf schöne Fresken aus dem frühen 14. Jahrhundert. Als eines der ältesten Kunstdenkmäler des Landes gilt das um 1150 entstandene Tympanon über dem Hauptportal mit uralter christlicher Symbolik. Südlich von Pforzheim, in TIEFENBRONN, steht die katholische Pfarrkirche ST. MARIA MAGDALENA, eine flachgedeckte gotische Basilika. Der Hochaltar mit Malereien von Hans Schüchlin stammt aus Kloster Hirsau. Berühmt aber ist die Kirche wegen des Magdalenenaltars. Wer der Schöpfer dieses hervorragenden Kunstwerks ist, darüber ist man sich bis heute nicht im klaren, die Signatur Lucas Moser soll eine Fälschung sein. Dessenungeachtet zählen die farbig dargestellten Legenden zu den wichtigsten Werken altdeutscher Malerei. Auch dieser Altar soll aus Hirsau nach Tiefenbronn gekommen sein.
Kehren wir noch einmal in den Landkreis Rastatt zurück, vor die Tore BÜHLS, wo das romanische Münster SCHWARZACH steht. Heute Pfarrkirche, gehörte die flachgedeckte Säulenbasilika zu der Ende des 12. Jahrhunderts erbauten Benediktiner- und Reichsabtei. Nach verschiedenen Restaurierungen – bei der letzten wurde die farbige Innengestaltung wieder hergestellt – vermittelt die Kirche heute einen guten Eindruck eines Bauwerks, das von der Hirsauer Klosterreform geprägt war.

In OTTERSWEIER, ebenfalls nahe bei Bühl, steht die Ende des 15. Jahrhunderts erbaute Wallfahrtskirche MARIA-LINDEN mit dem Gnadenbild einer sitzenden Madonna, das um 1320 entstanden sein dürfte. Eine zweite Wallfahrtskirche, MARIA HILF in MOOSBRONN, wurde erst Mitte des 18. Jahrhunderts, ihr Hochaltar erst 1954 vollendet. Im Erdgeschoß des Chorturms der evangelischen PFARRKIRCHE im LOFFENAU trifft man auf Fresken aus dem späten 15. Jahrhundert, Reste einer alten Kirche, die beim Neubau erhalten wurden.

In BADEN-BADEN wurde die gotische ehemalige STIFTSKIRCHE UNSERER LIEBEN FRAU (jetzt ST. PETER UND PAUL) über Resten römischer Thermen errichtet. Vom ursprünglichen Bau blieb nur der untere Teil des Westturms erhalten. Zur Innenausstattung gehören ein riesiges Steinkruzifix von Nikolaus Gerhaert (1467) und eine Reihe von Markgrafengräbern, darunter das Denkmal des »Türkenlouis«, des Markgrafen Ludwig Wilhelm.

In der Zähringergründung OFFENBURG, die als freie Reichsstadt glanzvolle Zeiten erlebt hat, haben sich von den ältesten Baudenkmälern nach dem Brand, den die Franzosen 1689 gelegt hatten, nur wenige erhalten. Die prachtvolle katholische Kirche ZUM HEILIGEN KREUZ wurde von den Vorarlberger Baumeistern Franz Beer und Leonhard Albrecht neu gebaut, wobei die Grundmauern und die Chorumfassungsmauern der gotischen Vorgängerin einbezogen wurden. Eindrucksvolle Grabmäler auch hier, vor allem das des Ritters Jörg von Bach an der Rückseite des Chors, ein reichgeschmücktes Werk der Renaissance.

Im Württembergischen, in FREUDENSTADT, von Herzog Friedrich I. von Württemberg 1599 gegründet, steht die wohl ungewöhnlichste Kirche im weiten Umkreis. Das Bauwerk hat einen L-förmigen Grundriß und je einen Turm an den Stirnseiten. Diese EVANGELISCHE STADTKIRCHE, die Heinrich Schickhardt 1601 bis 1608 erbaute, besitzt sehr kostbare Ausstattungsstükke: das aus Alpirsbach stammende farbig bemalte Lesepult aus der Mitte des 12. Jahrhunderts und einen um 1100 gearbeiteten romanischen Taufstein, der vermutlich auch aus Alpirsbach stammt.

Die STIFTSKIRCHE IN HORB, dessen schöner barokker Turm weithin sichtbar ist, kann ein besonderes Kleinod vorweisen, die Kennern wohlbekannte »Horber Madonna«.

Rechts: Matthäus, einer der vier schlanken, stregezeichneten Evangelistengestalten am holzgeschnitzten romanischen Lesepult in der Stadtkirche von Freudenstadt. Ihre hochgestreckten Hände tragen die Heilige Schrift.

Unten: Die Figur des Kirchenheiligen und eine prächtige Wappenkartusche schmücken den kraftvoll gegliederten Giebel der Barockkirche St. Martin in Ettlingen.

In SEEWALD-URNAGOLD steht eine der wenigen WEHRKIRCHEN des Schwarzwalds. Die Kirche ist dem heiligen Johannes geweiht und wurde 1228 erstmals erwähnt.
Weiter im Süden gilt es in HEILIGENBRONN die WALLFAHRTSKIRCHE ZUR SCHMERZHAFTEN MUTTER GOTTES zu bewundern, ein Barockbauwerk mit einem besonders schönen Altar, und nicht weit davon entfernt eines der Beispiele für liebenswürdigen Bauernbarock: die DORFKIRCHE von SCHAPBACH (1688).
Eine Merkwürdigkeit bietet die DREIFALTIGKEITSKIRCHE in BAD TEINACH: In der frühbarocken Kirche gibt es einen Bilderschrein mit kabbalistischen Darstellungen, eine Stiftung der Prinzessin Antonia, Schwester Eberhards III., der die Kirche erbauen ließ. Die Bedeutung der kabbalistischen Zeichen, die aus der jüdischen Mystik stammen, kann man bei einer Führung erfahren. Im Teinacher Ortsteil KENTHEIM begegnet man wieder der Romanik. Die CANDIDUSKIRCHE, Überreste eines ehemaligen kleinen Nonnenklosters, hat sehenswerte Fresken. Reste eines römischen Landhauses fand man bei Grabungen um die EVANGELISCHE GOTTESACKERKIRCHE in NAGOLD, und in den Chorbogenwänden der dem heiligen Remigius geweihten Kirche sind zwei römische Halbsäulen eingemauert. Die ältesten Teile der Kirche stammen aus karolingischer Zeit. Wahrzeichen der Stadt CALW ist auf der ältesten Brücke über die Nagold die kleine, um 1400 erbaute NIKOLAUSKAPELLE. Sie ist ein schönes Beispiel spätgotischer Steinmetzarbeit. Und noch ein Kirchlein verdient in diesem Raum Erwähnung, die LENGENLOCHER KIRCHE in ALTENSTEIG-ÜBERBERG, das einen von einer älteren Kapelle stammenden hübschen spitzbogigen Eingang hat.
VILLINGEN besitzt nicht nur die schon erwähnten Klöster, der schönste sakrale Bau ist wohl das MÜNSTER UNSERER LIEBEN FRAU, eine dreischiffige flachgedeckte Pfeilerbasilika ohne Querhaus. Nach einem Brand 1271 wurde 1293 der neue Chor vollendet. Schöne gotische Maßwerkfenster, eine Steinkanzel aus dem frühen 16. Jahrhundert und der Nägelin-Kruzifixus zählen zu den besonderen Sehenswürdigkeiten.
Die katholische Pfarrkirche ST. JOHANN, in DONAUESCHINGEN 1724 bis 1747 von dem kaiserlichen Architekten Franz Maximilian Kanka erbaut, ist eine Wandpfeilerkirche mit edler Doppelturmfassade; an der Südwand die Donaueschinger Madonna, eine unbemalte Holzschnitzfigur aus der Zeit von 1520/30. Findet man in der ursprünglich gotischen Pfarrkirche von GRÜNINGEN einen großen Freskenzyklus aus dem 14. Jahrhundert, so ist die Pfarrkirche in MUNDELFINGEN ein Werk des Vorarlberger Baumeisters Peter Thumb, eines seiner besten Werke übrigens. Als die

Oben: Turm mit angebautem Chörlein der Wehrkirche in Urnagold.
Rechts: Dominikanerinnenkloster Reutin bei Wildberg.
Ganz rechts: lebensgroße Muttergottes (um 1900) an der Wallfahrtskirche in Heiligenbronn bei Salzstetten

schönste und schmuckreichste Barockkirche an der Baar gilt die Pfarrkiche in HAUSEN VOR WALD. Sie ist eine Stiftung der Freiherrn von Schellenberg.
Heiligenfiguren des Matthias Faller stehen in der ehemals gotischen, später barockisierten Pfarrkirche ST. ANDREAS in FURTWANGEN-NEUKIRCH, während im Teilort SCHÖNENBACH eine Sandstein-Madonna von Anfang des 14. Jahrhunderts die besondere Sehenswürdigkeit in der romanisch-gotischen Pfarrkirche ST. NIKOLAUS ist. Eines der bedeutendsten Kunstwerke des Kreises birgt die katholische Pfarrkirche ST. CÄCILIA in DAUCHINGEN: eine Madonna aus dem 13. Jahrhundert, ein bemerkenswertes Beispiel oberrheinischer Bildhauerkunst nach Straßburger Vorbild. Vom äußeren her sehr schlicht präsentiert sich die Wallfahrtskirche ST. MARIA IN DER TANNE in TRIBERG, überrascht aber um so mehr durch die prachtvolle barocke Innenausstattung. Das Gnadenbild auf dem Hochaltar steckt im Strunk einer Tanne.
Der großartigste sakrale Bau am Hochrhein ist sicherlich die ehemalige Damenstiftskirche ST. FRIDOLIN in BAD SÄCKINGEN. Das Stift, 878 erstmals urkundlich erwähnt, geht auf eine im 6. Jahrhundert vom heiligen Fridolin gegründete Missionszelle zurück. Aus alten Zeiten sind nur die karolingische Krypta und romanische Teile an der Basis der Türme erhalten. Die

Rechts: Eine hohe Mauer umgibt die Wehrkirche in Urach bei Vöhrenbach.

Kirche ist in ihrer Bausubstanz gotisch (Mitte des 14. Jh.), wurde aber nach einem Brand 1678 barockisiert und erhielt nach einem weiteren Brand ihre reizvolle Rokokoausstattung.
»Alter Hotz« wird der Turm in HOCHSAL bei LAUFENBURG im Kreis Waldshut genannt, er stammt aus dem 14. Jahrhundert. In der Kirche, zu der er gehört, sind bemerkenswerte spätgotische Figuren erhalten, darunter die des Patrons. Ein schlichter Steinsarkophag, der vermutlich aus dem Jahr 1088 stammt, birgt die Gebeine der heiligen Mechthildis. In WALDSHUT selbst ist die 1683 gestiftete GOTTESACKERKAPELLE erwähnenswert. Hier befindet sich eine Nachbildung des Heiligen Grabes von Jerusalem.
Weithin bekannt sind die herrlichen Wandmalereien, die in mehreren Kirchen des Markgräflerlandes erhalten sind; eindrucksvoll vor allem die Fresken der DORFKIRCHE BLANSINGEN, auf denen die Passion Christi dargestellt ist. Der Turm der Pfarrkirche in SCHÖNAU, der bereits im 13. Jahrhundert existierte, gehört heute zu einer 1904 in neugotischem Stil erbauten Kirche. Innen lohnt es, den schön geschnitzten Hochaltar mit Szenen aus dem Marienleben (16. Jh.) anzusehen. In Lörrach selbst ist die katholische FRIDOLINKIRCHE im Stadtteil STETTEN eine Besonderheit: eine mit feiner Stuckarbeit ausgeschmückte Biedermeierkirche.
In und um den Kaiserstuhl gibt es nicht nur herrliche Weine, sondern auch kunsthistorisch Bemerkenswertes. So überrascht das zu Vogtsburg gehörende Dörfchen NIEDERROTWEIL in der ehemaligen katholischen Pfarrkirche ST. MICHAEL mit einem Hochaltar

des Breisacher Meisters H. L. Kunstvoll sind auf diesem Flügelaltar biblische Szenen dargestellt, ein hervorragendes Beispiel der Spätgotik. Nicht weit entfernt in BURKHEIM gibt es in der ST. PETERSKIRCHE Wandmalereien des späten Mittelalters zu sehen, desgleichen einen Hochaltar, der um 1750 entstanden sein dürfte. Spätgotisch ist die Kirche ST. GALLUS in KIRCHZARTEN, der Name ein Indiz für die frühere Zugehörigkeit der Gemeinde zum Kloster St. Gallen.

Im Kaiserstuhl

Im Norden des Kaiserstuhls sind es eine Reihe von Städtchen und Dörfern, die alle auf ihre Weise sakrale Kunst bieten. Da sind, hoch oben über der Rheinebene, die BERGKIRCHE von BAHLINGEN und die MICHAELSKAPELLE von RIEGEL. Beschwingten Barock zeigen aber in Riegel auch die Pfarrkirche und die Friedhofskapelle. In der Pfarrkiche ST. PETER in ENDINGEN sind großartige Deckenfresken von Johann Pfunner zu bewundern, während eine zweite Kirche im Städtchen, ST. MARTIN, einen mächtigen Turm hat, der, ebenso wie das kunstvoll gearbeitete Tympanon, aus romanischer Zeit stammt. Weiter im Osten liegt SASBACH, dessen MARTINSKIRCHE gleichfalls einen romanischen Glockenturm hat, ansonsten aber ein Barockbau ist.

In der EVANGELISCHEN PFARRKIRCHE in MALTERDINGEN – und nun sind wir schon im Gebiet um den Hünersedel – gibt es einen sterngewölbten Chor mit Sakramentshäuschen, und auch spätmittelalterliche Fresken sind freigelegt worden. Weithin grüßen die wuchtigen Türme der ST. LAURENTIUS-KIRCHE in KENZINGEN. Krypta, Chor und Untergeschosse der Türme sind sehr alt, die Kirche wurde 1250 erstmals urkundlich erwähnt. Aus dem Mittelalter stammen auch die Fresken im Innenraum, über dem sich eine reizvolle barocke Stuckdecke wölbt. Im Barockstil, überreich mit Stukkatur ausgeschmückt, bietet sich die PFARRKIRCHE ST. ALEXIUS in HERBOLZHEIM dem Besucher dar, und EMMENDINGEN besitzt in der KATHOLISCHEN PFARRKIRCHE einen schönen spätgotischen Flügelaltar von Friedrich Herlin. Südlich der Kreisstadt, in WALDKIRCH, begegnet man wieder Peter Thumb. Er ist der Baumeister der Stadtpfarrkirche ST. MARGARETHA. Herrlich ist der Innenraum mit seiner überaus reichen Rokokoausstattung und der Kanzel von Johann Joseph Christian.

Vielerlei Stile charakterisieren die Pfarrkirche ST. NIKOLAUS in ELZACH. Neben einem zum Chor hinaufstrebenden, schlanken Sakramentshäuschen sind es vor allem die Glasgemälde, die um 1525 in der Freiburger Werkstatt des Hans Gitschmann von Ropstein entstanden. Und schließlich sollte man einen Umweg nicht scheuen: Zwischen Hochburg und Freiamt, mutterseelenallein in der Landschaft, steht eine wunderschöne frühgotische Kapelle, einziges Überbleibsel des ehemals bedeutenden Zisterzienserklosters Tennenbach.

Links: St. Margaretha in Waldkirch. – Rechts: Die romanische Basilika St. Laurentius in Kenzingen wandelte sich im 18. Jh. zu einer Barockkirche.
Unten: Ausschnitt aus dem Freskenzyklus der Passion Christi in der Dorfkirche von Blansingen (um 1440)

BURGEN UND SCHLÖSSER

Zu seiner »künftigen **Ruhe** und Gemütsergötzung« ließ sich Markgraf **Karl** Wilhelm 1715 eine fürstliche Residenz im Hardtwald erbauen – Angelpunkt der fächerförmig angelegten und nach ihrem Gründer benannten Stadt Karlsruhe.

Ritter und Fürsten

Erst war das Schloß, dann entstand die Stadt, und zum Schloß führen auch heute noch in KARLSRUHE (fast) alle Wege. Beherrscht von einem achteckigen Turm, dessen Grundstein Markgraf Karl-Wilhelm von Baden-Durlach anno 1715 selbst legte, öffnet sich die anmutige barocke Anlage zum Schloßpark hin. Sein heutiges Gesicht allerdings erhielt das Schloß erst nach seiner Neugestaltung, die bereits 1752 – nach Plänen von Balthasar Neumann – von Friedrich von Keßlau vorgenommen wurde. Der reiche Skulpturenschmuck stammt von Christoph Melling und Ignaz Lengelacher. Wenn heute das Schloß für jedermann zugänglich ist, weil es das Badische Landesmuseum beherbergt, so gibt es da eine ideelle Verbindung, war doch der Karlsruher Hof sehr kunstsinnig. Insbesondere die Markgräfin Karoline Luise galt als verständige Sammlerin. Daß sich heute im Badischen Landesmuseum und in der benachbarten Kunsthalle so viele kostbare Kunstwerke befinden, ist ihr zu danken.

Am Rondellplatz schuf Karlsruhes berühmtester Baumeister, Friedrich Weinbrenner, das MARKGRÄFLICHE PALAIS für die Reichsgräfin Louise von Hochberg. In DURLACH, seit bald 50 Jahren eingemeindet, wird man durch die Karlsburg daran erinnert, daß die alte Stadt Jahrhunderte Residenz der Mark-

Die Fresken im Asamsaal des Ettlinger Schlosses erzählen aus dem Leben des hl. Nepomuk.

Oben: Barocke Stukkaturen schmücken die Innenräume des Karlsruher Schlosses. – Links: die malerische Ruine des 1588–1591 erbauten Schlosses Gottesaue in Karlsruhe. – Unten: die wohlgegliederte, elegante Fassade des Jagdschlosses Stutensee. – Unten rechts: Schloß Augustenberg in Karlsruhe-Grötzingen

grafen war. Wie so vieles in dieser Region 1689 von den Franzosen niedergebrannt, blieb von der alten Karlsburg eigentlich nur der PRINZESSINNENBAU, in dem nach sorgfältiger Restauration heute das Pfinzgau-Museum untergebracht ist, das bemerkenswerte Zeugnisse der Durlacher Fayencemanufaktur besitzt.

Noch andere Schlösser lohnen um Karlsruhe einen Besuch, beispielsweise SCHLOSS SCHEIBENHARDT, das der bekannte Baumeister Domenico Egidio Rossi 1699 für den »Türkenlouis« erbaute, das von Retti errichtete SCHLOSS STUTENSEE und das im Stadtteil Grötzingen gelegene SCHLOSS AUGUSTENBURG, eine aus dem 16. Jahrhundert stammende Anlage mit mächtigen Rundtürmen und schönem Fachwerk.

Das MARKGRÄFLICHE SCHLOSS in ETTLINGEN ist nicht das erste Schloß in der bald 2 000 Jahre alten Stadt. Es hatte zumindest einen Vorgänger, eine Renaissanceanlage, die 1689 bis auf die Umfassungsmauern zerstört wurde. Nach Plänen von Johann Michael Rohrer ließ es die Markgräfin Sibylla Augusta von 1728 bis 1733 als ihr Witwensitz wiederherstellen. Zwei runde Türme, die den Südflügel begrenzen, geben dem Schloß ein trutziges Aussehen. Wunderschön ist das Portal zum Innenhof hin. Mit Freitreppe und einem auf vier Säulen ruhenden Balkon ein besonders gutes Beispiel eleganter Barockarchitektur. Das bedeutendste Kunstwerk des Schlosses aber sind die Decken- und Wandfresken der ehemaligen Schloßkapelle, die einzigen am Oberrhein erhaltenen Fresken des Cosmas Damian Asam. Die Kapelle wurde durch Einzug einer Zwischendecke in zwei Räume geteilt, von denen der Asamsaal mit schön geschwungener Empore heute den Rahmen für festliche Barockkonzerte bietet.

Figurenbesetzte Balustraden und Mittelrisalit des Rastatter Schlosses

Das prachtvollste Beispiel badischer Residenzen aber ist das MARKGRÄFLICHE SCHLOSS in RASTATT. Es ist das erste große Barockschloß auf deutschem Boden überhaupt und zudem das einzige am Oberrhein, das völlig unzerstört blieb. Eigentlich hatte Markgraf Ludwig Wilhelm von Baden, der »Türkenlouis«, zunächst nur an ein Jagdschloß gedacht, als er den Baumeister Domenico Egidio Rossi verpflichtete. Doch dann – das Jagdschloß war schon fast fertig – entschloß er sich, von Rossi eine repräsentative Residenz erbauen zu lassen, ein Schloß, daß dem Vergleich mit den großen italienischen und französischen Anlagen standhält. Nach sieben Jahren Bauzeit konnte der Markgraf 1705 seine Residenz von Baden-Baden nach Rastatt verlegen.

Eine bemerkenswerte Frau

Doch schon bald darauf starb er. Seine Witwe, die Markgräfin Sibylla Augusta, ließ das Schloß von verschiedenen Baumeistern vollenden, das ursprüngliche Konzept Rossis blieb davon jedoch weitgehend unberührt. Die Schloßanlage ist von bestechender Schönheit und Eleganz: Der breite Mitteltrakt, das Corps de Logis, mit seinen drei Geschossen wird von zwei niedrigeren Seitenflügeln flankiert, die den Ehrenhof umschließen; im Zentrum des durch Pilaster reichgegliederten Mitteltrakts die von Säulen getragene und von einem Balkon gekrönte Vorhalle, darüber die Dachbalustrade mit einem Türmchen, von dem der »Goldene Mann«, eine Jupiterfigur, grüßt. Im Südflügel des Schlosses, das auch in seinem Inneren zahlreiche Sehenswürdigkeiten bietet, ist heute das Wehrgeschichtliche Museum untergebracht, zu dem unter anderem die reichhaltige Ordenssammlung des »Türkenlouis« gehört. Verweilen wir noch bei dem Bauherrn des Schlosses, dem Markgrafen Ludwig Wilhelm. Als kaiserlicher Feldmarschall des Hauses Habsburg hat er sich durch Mut und strategisches Geschick im Kampf gegen die Türken seinen Namen gemacht. An der Einnahme Preßburgs war er ebenso beteiligt wie an der Schlacht auf dem Kahlenberg. Seinen bedeutendsten Sieg aber holte er sich bei Szlankamen in der blutigsten Schlacht des 17. Jahrhunderts, wo er auch reiche Beute machte: neben Tausenden von Zelten, Pferden und Kamelen auch das, was man heute als »Türken-Beute« im Badischen Landesmuseum bewundern kann – Dolche und Krummsäbel, reich mit Edelsteinen geschmückt, Panzerhemden, prächtige Schabracken, samtverkleidete Sättel, Rundschilde, Teppiche, Fahnen.

Ein weiteres barockes Juwel, die Sommerresidenz FAVORITE, ist der Markgräfin Sibylla Augusta zu

danken. Mit 32 Jahren übernahm sie nach dem Tod des Türkenlouis die Regentschaft für ihren noch nicht großjährigen Sohn, lenkte mit glücklicher Hand die Geschicke ihres Landes, das durch die Orléanischen Kriege so furchtbar heimgesucht worden war. Die Baufreudigkeit der Markgräfin, die zu den bemerkenswertesten Frauen ihrer Zeit gehörte, verschaffte vielen Handwerkern Arbeit. Schloß Favorite in der Nähe von Kuppenheim wurde in nur zwei Jahren nach Plänen des bömischen Baumeisters Johann Michael Rohrer errichtet. Die dreiflügelige Anlage mit einer schön geschwungenen doppelten Freitreppe entfaltet ihre ganze Pracht erst im Inneren: Hier lebt noch der kunstsinnige höfische Glanz mit kostbaren Dekorationen und einer Fülle von Kunstgegenständen, vom böhmischen Glas über venezianische Spiegel, wertvollem Porzellan bis zu Fayencen und Delfter Kacheln. Sehenswert ist vor allem auch die Küche, die sich mit Geschirr aus Kupfer und Zinn ihre ursprüngliche Einrichtung bewahrt hat.

Ein weiteres entzückendes Barockjuwel ist die kleine PAGODENBURG im Schloßpark von Rastatt, gleichfalls von Rohrer gebaut. Das Lustschlößchen war zum Spielhaus für die Kinder der Markgräfin bestimmt.

Weiter in die Vergangenheit dieser Region reicht SCHLOSS EBERSTEIN bei GERNSBACH zurück. Die Burg, mit deren Bau um 1240 begonnen worden war,

Links: Klare ruhige Linien prägen die Rückseite des Lustschlosses Favorite.

Rechts: Ruine Ebersteinburg bei Baden-Baden

Unten: das anmutige »Spielschlößchen« Pagodenburg mit eigenwilligen bewegten Dachformen

gehörte einst den Grafen von Eberstein. Im 17. Jahrhundert fiel sie an die Markgrafen von Baden. Der Bergfried wurde 1950 restauriert. Im Burghof gibt es eine aus dem 15. Jahrhundert stammende Kreuzigungsgruppe aus Sandstein.

Schatzkammer Baden-Baden

Die Aussicht auf BADEN-BADEN von der Terrasse des NEUEN SCHLOSSES zu genießen, gehört zum »Muß« beim Besuch der Badestadt an der Oos. Das Schloß, das auf dem Platz einer Burg des 14. Jahrhunderts steht, war Residenz der Markgrafen von Baden, bis der Türkenlouis seinen Hof nach Rastatt verlegte. Der Hauptbau, von Caspar Weinhart 1575 errichtet, zeigt ein prächtiges Renaissanceportal. Sehenswert ist auch der Küchenbau mit seinen zweigeschossigen Lauben. Das Schloß, 1689 durch Brand zerstört und 1847 nach historischem Vorbild wieder aufgebaut, beheimatet heute das Zähringer Museum.

450 Meter über Baden-Baden thront die Ruine des Alten Schlosses HOHENBADEN, in dem die Markgrafen von Baden seit dem frühen 12. Jahrhundert residierten, bis sie im 15. Jahrhundert das Neue Schloß erbauten. Älteste Teile der Ruine sind die Oberburg mit

dem Hermannsbau, aber auch die Mauern, der Bergfried und zwei Vorburgen – sie gehören der romanischen Epoche an –, während die Unterburg, der sogenannte Bernhardsbau, hochgotisch ist. Jüngster Teil ist der Jakobsbau mit mehr als 100 Zimmern. Die gewaltige Anlage wurde Ende des 16. Jahrhunderts durch Brand zerstört und nicht wieder aufgebaut.

Nicht weit entfernt von Hohenbaden liegt die RUINE EBERSTEINBURG, seit 1085 Sitz der Grafen von Eberstein und seit 1283 im Besitz der Markgrafen von Baden. Der stolze Bergfried stammt aus dem 12. Jahrhundert, Teile der unteren Schutzmauer dürften schon in merowingischer Zeit entstanden sein.

Weithin sichtbar grüßt ins Rebland hinein südlich von Baden-Baden die BURGRUINE YBURG. Mit zwei Berg-

Links: Die im 14. Jh. erbaute Burg Neu-Windeck oberhalb von Lauf diente einem Zweig der gleichnamigen Familie als Wohnsitz. Bereits seit 1580 liegt sie in Trümmern, doch einige der mächtigen Mauern stehen noch.

Oben: Küchenbau und Hauptbau des Neuen Schlosses Niederbaden.

Rechts: Burg Rodeck, im romantisch historisierenden Geist des 19. Jh. von einem Privatmann neu erbaut

frieden, der eine aus romanischer, der andere aus gotischer Zeit, ist die 1245 erstmals urkundlich erwähnte Burg eine Sehenswürdigkeit.
Ebenfalls zwei Bergfriede hat die BURGRUINE ALT-WINDECK oberhalb von Bühl. Außer den viereckigen Bergfrieden sind noch der hohe Palasgiebel und die ovale Ringmauer zu sehen.

Nicht nur Weinland

Es fällt nicht schwer, den Namen Ortenau mit guten Tropfen in Verbindung zu bringen, vor allem den berühmten Weinort Durbach. Dort liegt auf steiler Bergkuppe SCHLOSS STAUFENBERG, eine im 11. Jahrhundert von dem Straßburger Bischof Otto von Hohenstaufen gegründete Burg. Im Dreißigjährigen Krieg schwer beschädigt, wurde die Burg 1689 völlig zerstört. Auf ihren romanischen Resten 1832 neu errichtet, war sie im Besitz der badischen Markgrafen. Hier gab Markgraf Karl Friedrich den Anstoß zum badischen Qualitätsweinbau. Heute kann man vor Ort bei schönster Aussicht die Früchte dieses Entschlusses genießen.
Wahrzeichen des Weinorts KAPPELRODECK ist die BURG RODECK, ebenfalls im 11. Jahrhundert gebaut. Auch sie wurde nach Zerstörungen im 19. Jahrhundert wieder aufgebaut.
Von SCHLOSS ORTENBERG bekam die Ortenau ihren Namen, heute ist die Burg, im 19. Jahrhundert in neugotischem Stil neu errichtet, Jugendherberge. Vermutlich eine Gründung der Zähringer im 11. Jahrhundert, hatte sie für den Schutz des Kinzigtals große Bedeutung. Vorübergehend in staufischem Besitz, war die Burg bis zum Neubau seit 1678 Ruine.

Oben: Hofseite des Schlosses Neuweier mit der Zugbrücke über dem früheren Wassergraben. Der Kern des Baus, eine ehemalige Ritterburg, stammt aus dem 13. Jh. Das heutige Schloß ist ein weithin bekanntes Gasthaus, in dem man vorzüglichen Wein genießen kann.
Unten links: hochgotischer Bernhardsbau, Teil des Alten Schlosses Hohenbaden.
Unten: Kavalierbau von 1709 und Hauptbau des Neuen Schlosses Niederbaden mit Renaissancegiebel und prächtigem Renaissanceportal

Ebenfalls Zähringer-Besitz war einst die SCHAUENBURG bei OBERKIRCH. Das aus dem 12. und 13. Jahrhundert stammende Bauwerk wurde – es ist ein Schreckensdatum des ganzen badischen Landes – 1689 durch die Franzosen zerstört. Von der Burg sind noch zwei Türme erhalten, von denen einer schöne gotische Fenster zeigt. Ihre besondere Bedeutung erhält die Burg durch einen ihrer Verwalter, den Dichter Grimmelshausen. Hier hat er vorübergehend im Dienste des Herrn von Schauenburg gestanden und sich in Oberkirch als Schankwirt des »Silbernen Stern« ein Zubrot verdient.
Weit ins Land hinein blickt östlich von LAHR die BURGRUINE HOHENGEROLDSECK. Sie war die Stammburg eines Geschlechts, das neben den Zähringern als die mächtigste Dynastie dieser Gegend galt.
Selbst die Trümmer verraten noch die beachtlichen Ausmaße der Burganlage, die Walter I. von Geroldseck im 13. Jahrhundert erbauen ließ. 1277 ist er hier gestorben. Heute sind – nach der Zerstörung durch die Franzosen 1689 – von der vorderen Burg nur noch Grundmauern erhalten, der hintere Burgteil zeigt frühgotische Spitzbogenfenster. Und auch die Wendeltreppe zum Wehrgang kann man noch erklimmen, um weit ins Land hinauszuschauen.
In EMMENDINGEN trifft man wieder auf Spuren der badischen Markgrafen, auf das MARKGRAFENSCHLOSS, denn auch Emmendingen war zeitweilig Residenz dieses Geschlechts. Daß dieser Renaissancebau mit hübschem Treppenturm weithin bekannt wurde, ist der Frau des markgräflichen Oberamtmanns Johann Georg Schlosser zu danken – sie war die Schwester Goethes, und das Schloß wurde zum Treffpunkt bedeutender Leute wie Herder, Lavater oder Herzog Karl August von Weimar.

Oben: Die Wolfacher Marktstraße teilt die ausgedehnte Vierflügelanlage des Schlosses (erbaut 1631), ein Torbogen bietet den einzigen Zugang zur Stadt.
Ganz oben: Zwei Steinhäuser und die Ringmauer blieben von der einst mächtigen Schauenburg übrig.
Links: Schloß Ebnet bei Freiburg, ein vornehmer Herrensitz, ließ sich Reichsfreiherr von Sickingen um 1750 erbauen.
Rechts: Der hohe Bergfried der Burg Sponeck im Kaiserstuhl wurde 1929 wiedererrichtet.

Festen am Oberrhein

Die größte Burgruine des badischen Oberlandes ist die HOCHBURG unweit von Emmendingen. Auf felsiger Höhe über der Rheinebene wurde sie im 11. Jahrhundert durch die Herren von Hachberg gegründet und 1689 zerstört. Trotzdem läßt sich die Baugeschichte der Burg anhand der Überreste noch ziemlich genau verfolgen, und es hat einen romantischen Reiz, durch das zerborstene Gemäuer auf Entdeckungsreise zu gehen. Nicht nur zwischen Bingen und Bonn verliefen schon vor mehr als 1 000 Jahren wichtige Handelswege, dasselbe gilt auch für den Oberrhein. Und so trifft man hier eine Vielzahl von Burgen, die nicht nur den Nord-Süd-Weg entlang des Rheins, sondern auch den Ausgang der Täler in den Rheingraben bewachten. Da ist die BURGRUINE LANDECK nördlich von Emmendingen, von dem bereits erwähnten Walter von Geroldseck um 1260 erbaut, später markgräflich-badischer Besitz, bis sie 1525 im Bauernkrieg zerstört wurde. Kunsthistorisch bietet diese Ruine viel Interessantes: spätromanische und frühgotische Fenster, Kelchkapitelle an den Kaminen und anderes.

Oben: die malerischen Reste der Burg Staufen. – Rechts: Ein Abt von St. Blasien ließ 1579 das heutige Schloß in Bad Krozingen als Propsteigebäude errichten; das Bild zeigt den achtseitigen Treppenturm im Hof. – Links: In Inzlingen steht das einzige unverändert erhalten gebliebene Wasserschloß des Südwestens; hier lebte eine Zeitlang der französische Diplomat und Schriftsteller Graf Gobineau.

Bei SASBACH thront die BURGRUINE LIMBURG auf einer Bergflanke, und von der ALTEN LIMBURG wurde hier ein frühmittelalterlicher Turmrest freigelegt. Von BLEICHHEIM aus kann man zur BURGRUINE KIRNBURG und von Freiamt zur RUINE KEPPENBACH hinaufgehen.

Musterbeispiel einer mittelalterlichen Burg ist die Mitte des 13. Jahrhunderts erbaute KASTELBURG, die bei Waldkirch den Zugang zum Elztal bewachte. Bergfried und Teile des Palas lassen noch heute ahnen, wie imponierend das Bauwerk einmal war. Von einer zweiten Anlage, der BURG SCHWARZENBERG, ist dagegen kaum mehr etwas erhalten.

Auch am Tuniberg südlich des Kaiserstuhls, wo die Ortsnamen wieder an vorzügliche Weinlagen erinnern, wird man auf der Suche nach Burgen und Schlössern fündig. Da ist das nach Plänen des Franz Anton Bagnato erbaute SCHLOSS OBERRIMSINGEN (1773) und in MUNZINGEN – heute nach Freiburg eingemeindet – das Schloß, das seit mehr als 300 Jahren im Besitz der Grafen von Kageneck und bis heute bewohnt ist: ein schöner Renaissancebau, dem Umwandlungen späterer Epochen nicht geschadet haben. Gleichfalls in Munzingen erinnert ein massiger Eckturm mit achtseitigem Zeltdach an eine 1633 zerstörte Wasserburg der Herren von Üsenberg.

In EHRENKIRCHEN – eine neue Gemeinde aus den Orten Kirchhofen und Ehrenstetten – stößt man auf die Reste einer WASSERBURG aus dem 13. Jahrhundert, doch die heute noch vorhandenen Bauten stammen aus dem 16. Jahrhundert: ein rechtwinkliges Herrenhaus und drei Türme. Im nahen BAD KROZINGEN steht ein Barockschloß, das der Baumeister Johann Caspar Bagnato erbaute. Der Treppenturm dürfte allerdings älter sein.

Der kleine Ort STAUFEN am Ausgang des Münstertals liegt zu Füßen einer Burg, die im 12. Jahrhundert von den Zähringern gegründet worden war. Erhalten sind heute nur noch die Reste des Bergfrieds und eine Wand des Palas.

Als Hauptsitz des in HEITERSHEIM begüterten Johanniterordens wurde im 16. Jahrhundert dort ein WASSERSCHLOSS gebaut. Gotische Gebäude schließen einen Innenhof ein, und das Kanzleigebäude zeigt eine Fassade des 18. Jahrhunderts.

Auch im Landkreis Lörrach gibt es Wasserschlösser. Da ist zunächst das aus dem 16. Jahrhundert stammende Wasserschloß ENTENSTEIN in Schliengen, in dem heute die Gemeindeverwaltung sitzt. Ebenfalls als Rathaus genutzt wird das Wasserschloß in INZLINGEN,

1511 erstmals urkundlich erwähnt und lange im Besitz der Herren von Reichenstein. Nur wenig entfernt liegt die ehemalige Deutschordenskomturei BEUGGEN, eine von eindrucksvollen Befestigungen umgebene Anlage aus dem 13. Jahrhundert. Der kleine Rittersaal und ein schönes Treppenhaus mit prächtigem Portal gehören zu den Sehenswürdigkeiten.
Die zweitgrößte Burganlage Badens thront weithin sichtbar über Lörrach: die BURGRUINE RÖTTELN. Die ältesten Teile gehen auf das 11. Jahrhundert zurück, andere kamen im 14. Jahrhundert hinzu. Burgtor, Wachturm, Bergfried und mächtige Mauern sind heute Kulisse für musikalische Veranstaltungen und Theateraufführungen.

Lebendiges Mittelalter

Eines der bekanntesten Schlösser der Region ist SCHLOSS BÜRGELN bei KANDERN. Im 12. Jahrhundert als Probstei des Klosters St. Blasien gegründet, erhielt das Schloß seine heutige Gestalt im 18. Jahrhundert von Franz Anton Bagnato: eine sehr ansprechende dreiflügelige Anlage. Die vorzüglichen Stukkaturen im Innern, insbesondere in der Kapelle, wurden von dem Wessobrunner J. G. Gigl ausgeführt.
Wer in dem traditionsreichen, lieblich gelegenen BADENWEILER kurt, darf sich am Anblick einer Burgruine erfreuen, deren Gemäuer aus Buckelquadern besteht und deren Fensterformen auf die Spätromanik verweisen. Es ist die Ruine einer Zähringerburg aus dem 12. Jahrhundert, die sich optisch auch gegen die modernen Kuranlagen behauptet.
Durch die Literatur berühmt geworden ist SCHLOSS SCHÖNAU in SÄCKINGEN, Schauplatz der rührend-romantischen Geschichte des Trompeters von Säckingen, die Victor von Scheffel verewigt hat. Das Schloß, um 1500 erbaut, im 18. Jahrhundert umgestaltet und mit drei barocken Türmen versehen, wird in Säckingen nur das »Trompeterschloß« genannt. In WALDSHUT blieb, gleich neben der katholischen Pfarrkirche, das SCHWARZENBERGER SCHLOSS erhalten, das Ende des 16. Jahrhunderts erbaut wurde. Charakteristisch sind seine beiden Treppengiebel.
Sehr malerisch ist der Anblick des SCHLOSSES HOHENLUPFEN in STÜHLINGEN, hoch über dem Tal der Wutach. Aus dem Mittelalter ist der Bergfried erhalten, die übrigen Gebäude kamen erst Anfang des 17. Jahrhunderts hinzu.
Auch im Kreis Waldshut sind zahlreiche Berge und Anhöhen von Ruinen gekrönt, beispielsweise die Ruine ROGGENBACHER SCHLÖSSER im Steinatal und in der Nachbarschaft die RUINE STEINEGG. Zur Gemeinde KÜSSABURG gehört die gleichnamige Ruine, die nach und nach zwischen dem 14. und dem 16. Jahrhundert erbaut und während des Dreißigjähri-

Oben: Von der im 13. Jh. erbauten und im 16. Jh. zerstörten Burg Waldau bei Buchenberg, einst Besitz des Hauses Fürstenberg, haben sich noch der mächtige viereckige Bergfried und stattliche Mauerreste erhalten.

Rechts: Burg Rötteln war früher eine der mächtigsten Burgen Badens, noch im 17. Jh. erhielt sie ein Vorwerk in Form einer starken Bastion.
Heute ist die Burg eine stattliche Ruine.

Oben: Burg Waldeck war eine der fünf Burgen der Truchsessen gleichen Namens. Alle ließ König Rudolf von Habsburg zerstören, weil die Herren von Waldeck den Landfrieden gebrochen hatten. Heute ist Burg Waldeck eine der größten Ruinen des Schwarzwalds.
Unten rechts: In der Entenburg bei Pfohren weilte 1507 Kaiser Maximilian I. als Gast der Herren von Fürstenberg; er soll auch dem Wasser- und Jagdschloß den Namen gegeben haben.

gen Krieges zerstört wurde. Recht gut erhalten blieben Teile der Zwingmauer. Über WEHR, hoch droben, erhebt sich die RUINE WERRACH, eine Burg, die im 13. Jahrhundert durch Rudolf I. von Habsburg zerstört, dann wieder aufgebaut und erneut von Rudolf von Habsburg erobert wurde. Lange war sie Wohnsitz der Herren von Schönau-Wehr, nach deren Wegzug begann sie allmählich zu zerfallen. Und schließlich nur wenig entfernt über dem Wehra-Tal die RUINE BÄRENFELS, wohl aus dem 12. Jahrhundert.

Ein prächtiges Schloß, dazu noch ein bewohntes, prägt das Stadtbild von DONAUESCHINGEN. Seit 1723 ist es die Residenz der Fürsten von Fürstenberg. Nach mehrmaligen Umbauten erhielt das Schloß seine gegenwärtige Gestalt zwischen 1893 und 1896. Bemerkenswert sind die fürstlichen Sammlungen, zu denen Gemälde von Cranach, Holbein und Grünewald ebenso gehören wie Frühgeschichtliches und Heimatkundliches, vor allem aber die Bibliothek mit einer Handschrift des Nibelungenlieds. Weithin bekannt sind auch die Donaueschinger Musiktage. Bemerkenswert ist die gärtnerische Gestaltung um das Schloß: ein Rosengarten und ein im 18. Jahrhundert angelegter Park englischen Stils. Als Jagdschlößchen wurde die ENTENBURG angelegt, eine hübsche Wasserburg mit runden Ecktürmen aus dem 15. Jahrhundert.

Ruinen aus ganz alter Zeit

Eine »Residenz« sehr hohen Alters soll in dem Vorort Neudingen gestanden haben, eine karolingische KÖNIGSPFALZ. Bei Ausgrabungen wurden bereits Teile dieser Anlage ans Licht gebracht. Ein Barockschloß gibt es in HÜFINGEN, das einst den Freiherrn von Schellenberg gehörte. Heute ist das Fürstenbergische Landesspital darin untergebracht. Und wieder Ruinen: die RUINE NEUFÜRSTENBERG in HAMMEREISENBACH, im 13. Jahrhundert erbaut und in den Bauernkriegen zerstört, und die BURGRUINE KIRNECK bei UNTERKIRNACH.

Oben: Das Idyll der am Hang gestaffelten Häuser von Altensteig wird von der Burg gekrönt, deren Fachwerkgeschosse auf einem hohen Unterbau aus Bruchsteinen ruhen.
Links: Auf einem Fels über dem Kollbachtal ragt Burg Berneck hoch, die noch aus romanischer Zeit stammt. Im 18. und 19. Jh. kamen zwei Wohnbauten hinzu.
Seite 95, oben: Ruine Königswart bei Besenfeld – nur einige sorgfältig bearbeitete Steinfundamente sind von dem »Haus« geblieben, das sich Pfalzgraf Rudolf von Tübingen 1209 errichtete.
Seite 95, unten: Auf die Reste einer alten Burg in Neubulach wurden in späterer Zeit Fachwerkgeschosse gesetzt.

Kommt man weiter nach Norden, wimmelt es geradezu von Burgruinen. Allein die Stadt SCHRAMBERG wird von drei Burgruinen umgeben: Resten der Burgen HOHENSCHRAMBERG, aus dem 13. bis 15. Jahrhundert, SCHILTECK aus dem 13. Jahrhundert und der ältesten der drei, FALKENSTEIN, deren Anfänge ins 12. oder gar 11. Jahrhundert zurückgehen dürften.
Weil die Herren von Geroldseck sich auf eine Fehde mit den Fürstenbergern einließen, ist auch die SCHENKENBURG bei Schenkenzell seit dem 16. Jahrhundert nur noch Ruine. Teile der Mauern, des Bergfrieds und des romanischen Palas sind noch heute zu sehen. Wer noch mehr Ruinen will: die RUINE SCHLOSSBERG und die RUINE WILLENBURG sind von Schiltach aus schnell zu erreichen.

Im Landkreis FREUDENSTADT scheinen sich die edlen Rittersleut ehedem gleichfalls sehr wohl gefühlt zu haben. Doch sicherlich ist die eine oder andere Burg nichts als ein Raubritternest gewesen. Ein 30 Meter hoher Turm, 1973/74 restauriert, ist das weithin sichtbare Wahrzeichen der RUINE MANTELBERG, die um 1250 von den Müllern von Mantelberg erbaut wurde. Im Bauernkrieg wurde sie 1525 niedergebrannt. Rings um Horb trifft man auf die Überreste von vier Burgen: die BURGRUINE EUTINGER TAL, die RUINE URNBURG, die RUINE FRUNDECK und die RUINE DIESSEN. Und noch drei: die BURGRUINE STERNECK mit einem wunderschönen Blick in das Heimbachtal, die BURGRUINE TANNENFELS bei Baiersbronn und die RUINE RÜDENBERG im Waldachtal.

Ein wahres Dorado für Menschen, die in altem Gemäuer ihrer Phantasie freien Lauf lassen wollen, ist auch der Landkreis CALW. Hoch über Nagold thront auf Resten aus der Hallstattzeit die BURGRUINE HOHENNAGOLD, um 1250 von den Grafen von Hohenberg erbaut. Der Dreißigjährige Krieg hat auch von dieser Burg nur Reste der Ringmauer, der Vorburg, des Palas und den Bergfried übriggelassen.
Wie aus dem Bilderbuch präsentiert sich mit Flankentürmen, Schildmauer und Fachwerk die Burg in ALTENSTEIG. Auf das 11. Jahrhundert zurückgehend, erhielt sie ihr heutiges Gesicht in der Spätgotik. Auf eines der anschaulichsten Beispiele spätstaufischer Wehrarchitektur stößt, wer die steile Steige zur BURG BERNECK hinaufgeht, die parallel zur Stadtmauer verläuft; imposant der Anblick der Schildmauer aus Buckelquadern – mit Ecktürmen und Wehrgang –, die drei Meter dick, 23 Meter lang ist und bis zu einer Höhe von 38 Metern hinaufragt. Unmittelbar am Fuße der Mauer steht das UNTERE SCHLOSS aus dem 18. Jahrhundert, das im Besitz der Freiherrn von Gültlingen ist.

BURG HORNECK, ebenfalls nicht weit von Altensteig entfernt, ist heute Sitz einer Forstschule. Von der mittelalterlichen Bausubstanz blieb wenig erhalten.
Zavelstein, heute nach Bad Teinach eingemeindet, gebührte einst der Ruhm, das kleinste Städtchen Deutschlands zu sein. Malerisch liegt es zu Füßen einer Burgruine, die trotz ihrer Zerstörungen eindrucksvoll geblieben ist. Schon im 12. Jahrhundert von den Grafen von Calw auf einer Bergnase errichtet und 1692 zerstört, künden noch heute der Bergfried aus Buckelquadern und Reste eines Renaissancewohnbaus von einstiger Schönheit.
Auch das Städtchen NEUBULACH, in dem vom 13. bis 15. Jahrhundert ein Silberbergwerk betrieben wurde, besitzt ein hübsches altes Schloß. Und zwischen Neubulach und Calw trifft man wieder auf eine Ruine, Reste der BURG WALDECK, die im 12. Jahrhundert erbaut und 100 Jahre später von Rudolf von Habsburg zerstört wurde.
Eine weithin bekannte Jugendherberge ist heute BURG LIEBENZELL, wurde sie doch 1954 von Jugendlichen aus ganz Europa liebevoll dem Verfall entrissen. Die mächtigen Mauern der um 1200 von den Grafen von Calw gegründeten Burg, der 34 Meter hohe Bergfried und der Palas mit den edlen Fenstern vermitteln einen anschaulichen Eindruck von früherer Wohnkultur. Burg Liebenzell ist auch Stätte internationaler Begegnungen.
Wenige Mauerreste überkamen von der FAUTSBURG, nahe WILDBAD, auf unsere Zeit. Der zu der Burg aus dem beginnenden 13. Jahrhundert gehörende Bergfried wurde 1969 restauriert. Auch Teile des einstigen Palas sind noch erhalten. Ähnliches gilt für die Burg der Grafen von Hohenberg, die einst auf einer Bergnase zum Nagoldtal hin über der Stadt WILDBERG stand. Nichts außer einem Zwinger, zwei Turmstümpfen und wenigen Grundmauern blieb erhalten.
In NEUENBÜRG hingegen kommen Freunde von Burgen und Schlössern wieder auf ihre Kosten. Dort steht ein hübsches Renaissanceschloß aus dem 16./17. Jahrhundert, zu dessen Sehenswürdigkeiten ein prächtiges Portal mit Säulen und eine Schneckentreppe im Hof gehören. In dem reizvollen Bau ist heute das Forstamt untergebracht. Doch in unmittelbarer Nähe, lediglich durch einen kleinen Park getrennt, wird man abermals durch eine Ruine der Vergänglichkeit aller Dinge gewahr: die Reste einer Burg aus dem 11. Jahrhundert, heute nichts als romantisches zerborstenes Gemäuer.

Bach na
Kummer

Da Bach na, da Bach na
mit Kummer un mit Sorga,
bis am Asch-, bis am
Asch-, Aschermittwoch-
morga.«
So steht es auf den kleinen Holzzubern, den die Schramberger »Da Bachna-Fahrer« um den Hals tragen. In großen Holzkübeln und Brühtrögen fahren sie den Kirchbach (die Schiltach) hinunter – ein Fasnachtsspaß der Flößer. An sie erinnert auch das Kleid der Narren.

Narreteien und andere Traditionen

In ländlichen Regionen, so will es scheinen, leben die Menschen erdnäher, sind sie heimatverbundener und daher auch traditionsbewußter. Nun hat zwar auch im Schwarzwald die moderne Zeit viele alte Bräuche hinweggewischt, andere aber dauern fort und neue kommen hinzu. Viele der traditionsreichen Feste und Bräuche beziehen sich auf den Wechsel der Jahreszeiten, der auf dem Lande das Leben der Menschen bestimmt, und auf Ereignisse des Kirchenjahrs.

So war früher der Silvesterumzug ein weitverbreiteter Brauch. Lebendig geblieben ist er in Schiltach. Er soll auf ein Gelöbnis während des Dreißigjährigen Krieges zurückgehen, als die Pest in Dörfern und Städten wütete. Belegen läßt sich dies jedoch nicht, vermutlich handelt es sich um einen protestantischen Brauch aus der Barockzeit. Wenn um 22 Uhr am letzten Abend des Jahres das Glockengeläut beginnt, strömen die Bürger der Stadt mit brennenden Laternen auf den von Fachwerkhäusern gerahmten Marktplatz. Dort singen sie den Choral »Nun danket alle Gott«. Dann setzt sich der Zug in Bewegung, vorbei an den von Kerzen und Weihnachtsbäumen erleuchteten Fenstern zum Pfarrhaus. Auch dort wird ein Choral angestimmt, und der Pfarrer hält eine kurze Ansprache. Singend geht es weiter zum Rathaus, wo der Bürgermeister in einer kleinen Rede die Ereignisse des vergangenen Jahres kommentiert und eine Vorausschau auf das kommende Jahr gibt.

Heidnische Ursprünge

Der alte christliche Brauch des Sternsingens am Dreikönigstag, der vielerorts in deutschen Landen in jüngster Zeit wiederbelebt wurde, war im Schwarzwald nie verschwunden. Der Ursprung dieses Festes liegt in heidnischer Zeit. Die Nacht des 6. Januar – nach germanischer Zeitrechnung gehörten Abend und Nacht zum folgenden Tag – ist die letzte und gefährlichste der zwölf Rauhnächte, in denen die Seelen wiederkehren, Geister und Dämonen ihr Unwesen treiben. Um sie abzuwehren, wurde das Haus mit Karsamstagskohle, einer Mischung aus Kräutern des Maria-Himmelfahrt-Kräuterbüschels und Palmkätzchen ausgeräuchert, und den Tieren mischte man geweihtes Salz (Dreikönigssalz) ins Futter. Während früher am Vorabend des 6. Januar die Perchten umgingen – in den Alpenländern laufen sie auch heute noch mit ihren holzgeschnitzten Masken durch die Straßen, sowohl die guten, helfenden, als auch die bösen, schadenstiften-

Oben: der Schiltacher Silvesterzug in einer historischen Darstellung. – Ganz oben: Gengenbacher Hexe; sie trägt die noch heute übliche bäuerliche Tracht. – Rechts: Triberger Federeschnabel.
Links: Kennzeichnend für die Fasnetgestalt der Altvillingerin ist die große Radhaube in Schwarz, Silber oder Gold. Die Tracht stammt aus der vorderösterreichischen Zeit.
S. 98: Zu Dreikönig – hier in Hausach-Einbach – wird die Segensformel »C + M + B« an die Haustür geschrieben.

den –, ziehen wohl seit Ende des 12. Jahrhunderts junge, in festliche Gewänder gekleidete Leute als Heilige Drei Könige mit einem Sternträger von Haus zu Haus, den Bewohnern ein Lied zu singen und um milde Gaben zu heischen. Dem Spender schreiben sie mit geweihter Kreide an Tür oder Türsturz die Jahreszahl, aufgeteilt in zwei Gruppen: zum Beispiel 19 .... 86, und dazwischen C + M + B. Diese Buchstaben wurden lange Zeit als »Caspar, Melchior und Balthasar« gedeutet. Doch es handelt sich um die Segensformel »Christus Mansionem benedicat« – Christus segne dieses Haus. Am 6. Januar beginnt die ausgelassene, historisch streng gewachsene Fastnachtszeit, die Fasnet oder Fasend, wie sie hier heißt, die an den drei Donnerstagen vor Aschermittwoch, und dann nochmals vom letzten, dem »Schmutzigen Dunschtig« an bis zum Fastnachtsdienstag, der eigentlichen Fastnacht, eine mächtige Steigerung erfährt. Der Begriff »Fastnacht« hat gewiß etwas mit dem Fasten zu tun, wenngleich diese Deutung sich nicht einwandfrei belegen läßt. Seit dem 7./8. Jahrhundert entwickelte sich in der abendländischen Kirche, fußend auf Wort und Beispiel Jesu sowie auf der Praxis des jungen Christentums, der Ritus regelmäßigen Fastens. Die Fastenzeit dauert 40 Tage – von Aschermittwoch bis Ostersonntag. Der Wunsch, vor dieser entbehrungsreichen Zeit, in der Lustbarkeiten, Tanzvergnügen und genußvolles Essen untersagt waren, noch einmal kräftig zu feiern, fröhlich zu sein und die Welt zu verdrehen, führte zu der Einrichtung einer – je nach dem Ostertermin – mal kürzeren, mal längeren ausgelassenen Zeit. Aber dies ist nur eine Wurzel des närrischen Treibens, eine andere reicht in heidnische Zeiten zurück, als man sich den Übergang vom Winter zum Frühling als einen Kampf der Dämonen vorstellte und durch Austreiben des Winters dem neu aufkeimenden Leben zum Sieg verhelfen wollte. Gerade in dieser Form, wenngleich verändert im Wandel der Zeiten, geprägt auch durch gesellschaftliche Veränderungen, hat sich keine andere deutsche Landschaft das traditionelle Fastnachtsbrauchtum so sehr bewahrt wie die schwäbisch-alemannische Region, von der Schwarzwald, Oberrhein und Hochrhein

einen beträchtlichen Teil ausmachen. Nur, die ganz echte Volksfastnacht trifft man auch hier nicht mehr an. Längst nicht jeder kann als Maskenträger mitmachen, die Fasnet wird zunehmend von Zünften, von denen es inzwischen 350 gibt, organisiert. Andererseits aber sind sie es, die das alte Brauchtum hüten und pflegen, so daß die Fasnet alljährlich zu einem beeindruckenden Ereignis wird.
Unübersehbar vielfältig sind die Narrengestalten; jede Vogtei brachte ihre eigenen Typen hervor. Hauptgruppen sind die Hansele und Narronen, die Hexen, Teufel, Blätzlenarren oder Spättlebuebe, Hemdglonker und Tiergestalten. Ihre phantasievollen Kostüme, fast überall Häs genannt, und ihre Masken, in vielen Gegenden als Larven bezeichnet, entwickelten sich aus den in früher Zeit üblichen urtümlichen Vermummungen mit Flechten, Stroh, Flachs, ölgetränktem Papier und Tierfellen.
Die heutigen Larven bestehen zumeist aus Textilien oder Holz. Die holzgeschnitzten sind die schönsten. Grob unterscheiden lassen sich die glatten, häßlichen und grotesken Larven. Viele haben über Jahrhunderte hinweg ihre typischen Züge behalten, aber in Details Änderungen erfahren, und gerade darin spiegelt sich das ästhetische und künstlerische Empfinden der Zeit, etwa des Barock, des Rokoko oder der Romantik wider.

Närrische Phantasien

Eines der schönsten Häser – so lautet der Plural von Häs –, charakteristisch für die gesamte schwäbisch-alemannische Fasnet, ist das Blätzle- oder Spättlekleid, das Fleckenkleid also: Auf einem zurechtgeschnittenen Stück Nessel oder Leinen sind unzählig viele kleine bunte Stoffflecken befestigt, dachziegelartig übereinandergelegt. Zu einem echten Narren gehören auch die richtigen Utensilien wie Karbatsche (eine drei bis vier Meter lange kurzstielige Peitsche), Gschell (Glocken und Schellen), Narrensäbel, Narrenkeule, Narrenzepter, Hexenbesen, Steckschere und für die rechte Katzen- oder Tschättermusik Rätsche, Saubloder (Schweinsblase), die so herrlich knallt, wenn man sie auf den Boden schlägt, und natürlich Kochtöpfe, Topfdeckel, Bratpfannen, Kochlöffel und Konservendosen.
Wer wollte nun all die gefälligen und furchterregenden Typen aufzählen und beschreiben, die in den großen und kleinen Orten zwischen Oberkirch, Rheinfelden und Waldshut-Tiengen, zwischen Endingen, Bräunlingen und Horb ihr Unwesen treiben?
Zu den interessantesten Fastnachtsbräuchen gehören in Elzach das alljährliche Schuttiglaufen und das Bengelreiten, das alle sieben Jahre stattfindet (zuletzt 1985). Der Schuttig ist eine jahrhundertealte Elzacher Narrengestalt, deren Name sich wahrscheinlich von Schurdig (Schur- oder Schauertag) ableitet. Seine

Oben: Gschellnarr der Rottweiler Fasnet
Rechts: Der Freiburger Westhansele in seinem bunten »Flecklehäs« ist eine noch recht junge Fasnetgestalt.

Merkmale sind der Schneckehüslihut, ein mit Schnekkenhäuschen besetzter Dreispitz-Strohhut, das flammendrote Schuppenkleid und das weiße Halstuch. Da es nun aber zum Wesen eines Narren gehört, ständig seinen Gesichtsausdruck zu wechseln, tragen die Schuttige verschiedenartige Larven. Da gibt es die »Ofrisse«, die »Langnasen«, die »Lätsche«, die »Fratzen«, die »Mundle« und seit 1911 die gräßliche schwarze »Teufels-« oder »Wildmännerlarven« (dieser Schuttigtyp trägt auch ein schwarzes Fleckenkleid). Derart variiert das Bild, wenn es am Fastnachtssonntag um 12 Uhr zum Fastnachtausrufen und beim anschließenden Umzug fast nur Schuttige zu geben scheint. Der Elzacher Marsch, gespielt von den Hemdglonkern, nach ihrer langen weißen Gewandung so genannt, in Tschättermusiktönen und den mit blauen Hemden gekleideten Musikanten der Unterprechtaler Fuhrmannskapelle, unterstreicht den Triumph der Narren, die nun im Besitz des Stadtschlüssels sind. Abends gibt es einen Fackelzug, und am nächsten Tag beginnt das närrische Treiben wieder mit dem Taganrufen.
Der Brauch des Bengelreitens, andernorts auch Bräuteln genannt, lebte vor einiger Zeit wieder auf. Die Männer, die sich in den vergangenen sieben Jahren verehelicht haben, werden auf einer Holzstange, dem Bengel, durch die Straßen getragen. Unverheiratete Frauen versuchen, ihn herunterzustoßen, verheiratete möchten ihn vor diesem Ungemach bewahren.

Hansel in der Nußschale

Das Taganrufen wird auch in Freiburg und Wolfach gepflegt. Überhaupt Wolfach: Es ist ein uraltes Narrennest, in dem sich trotz zeitweiliger strenger Verbote durch die fürstenbergischen Grafen das Fastnachtsbrauchtum kontinuierlich gehalten hat. Sechs Narrentypen tummeln sich an den »verrückten« Tagen: der Schellenhansel mit einem glöckchenbesetzten Häs in den Stadtfarben Gelb und Blau, der Mehlwursthansel, ein Bleichgesicht in weißem Anzug und zweizipfeliger Hanswurstmütze, der Nußschalenhansel, der ein mit zwei- bis dreitausend halben Nußschalen besetztes Gewand trägt und eine lange Steckschere schnellen läßt, der Röslehansel, dessen weiße Halskrause auf sein Entstehen in höfischer Zeit hinweist, und die Alde Rungunkel, keine Hexe, sondern eine sauertöpfische einzahnige Alte, die nicht den Hexenbesen, sondern den Kochlöffel schwingt, im übrigen aber den ganzen Tag am Spinnrad (an der Kunkel) sitzt. Der sechste Typ ist wohl der wichtigste: der Wohlauf. Er hat seinen großen Auftritt am Schellenmontig (Fastnachtsmontag) ab 5.30 Uhr, wenn er, wie seine Begleiter als Hemdglonker gekleidet, in seinem Bette liegend unter der akustischen Untermalung von Tschättermusik durch die Straßen gefahren wird, sich an neun Stellen der Stadt erhebt und das närrische Wohlauf-Lied singt.

<u>Oben links:</u> Trachten des Gutachtals: Vierzehn »signal«-rote Bollen aus Wolle zieren den Hut der unverheirateten Frau, der längst zu einem Markenzeichen des Schwarzwalds schlechthin geworden ist. Eine einfallsreiche Putzmacherin in Hornberg soll ihn Anfang des 18. Jh. erfunden haben. Die verheiratete Frau trägt übrigens schwarze Bollen. Ein weiterer Kopfputz der Gegend ist das schwarzseidene Käpple mit Spitzenschleier.
<u>Links:</u> Große fransenbesetzte Taftschleife und Pelzmütze gehören zur Tracht des Hanauerlandes (zwischen Lichtenau und Kehl).
<u>Unten:</u> Trachtengruppe aus Sasbachwalden

Oben: Hochzeitsgesellschaft in St. Peter; die Männer tragen bunte bestickte Hosenträger, die Frauen einen flachen geschwungenen Hut mit langen Taftbändern. – Links: Schiltach-Lehengericht: Frauen- und Männer- und festliche Mädchentracht mit Brautschäppel

Oben: Trachten in St. Georgen; der kleine Bollenhut wird auch Rosenhut genannt. Zur Festtracht gehören außer dem prachtvollen Brautschäppel die große Halskrause und ein reich besticktes Taillenband.
Links: Festtracht in Hornberg-Reichenbach; der Schäppel wird mit bunten Bändern am Kopf gehalten, die auch den Zopf auf dem Rücken schmücken.
Rechts: Trachtenkinder

Oben: Zwei Störche aus Pappe zieren den Zylinder des Storchenvaters beim Storchentag in Haslach.
Links: Rottweiler Narren

Seite 105: Scheibenschlagen in Buchenbach: Am brennenden Holzstoß wird die Scheibe zum Glühen gebracht (links). – Das Feuerrad, ein mit Stroh ausgestopfter Lastwagenreifen, rollt den Abhang hinunter (rechts).

Die Schramberger Fastnacht wird zum ersten Mal im 16. Jahrhundert erwähnt, ähnlich alt dürfte auch der Schramberger Hansele mit seiner feinplissierten gelben Halskrause sein. Aus jüngster Zeit dagegen stammen der gehörnte Narr und der traurige, allzeit mit offenem Schirm einhergehende Brueli, dem zwei dicke Tränen aus den Augen quillen.

Auf eine stolze Tradition darf die 1386 gegründete Narro-Altfischerzunft von Laufenburg am Hochrhein zurückblicken, und ihr Häs, ein Fleckenkleid mit bunten viereckigen oder schuppenförmigen Blätzli, weißen Handschuhen, weißer Halskrause und einem Fischernetz als Schärpe, soll Großherzog Albrecht den Laufenburger Fischern geschenkt haben, als Dank für die Lieferung von einigen vorzüglichen Rheinsalmen. Drei Larventypen gibt es bei den Laufenburger Narronen: den lächelnden, den weinenden und den grotesken. Drei Wochen lang sind sie in Aktion, vor allem an den Donnerstagen. Ihr zügelloses Treiben unter den Klängen der Tschättermusik und dem ständigen rhythmisierten Rufen des Verses: »D'Müllere se hett, se hett!« beginnt dann bereits am dunklen Morgen um 5.30 Uhr, und es beendet auch den Tag. Im Zug gehen auch Narroninnen mit. Doch es sind Männer, die diese liebliche weibliche Larve und ein mit Rosetten besetztes Gewand tragen. Abends dürfen sich dann auch die Laufenburgerinnen dem Zug anschließen. Sie tragen eine textile Gesichtshülle und können, da unkenntlich, ihren Mitmenschen so manches »Liebenswürdige« sagen. Noch eine Besonderheit hat die Laufenburger Fasnet aufzuweisen: Sie nimmt keine Notiz von der napoleonischen Grenzziehung im Frieden von Luneville 1801. Die Altfischerzunft ist beiderseits des Rheins beheimatet und vereint, speziell zur Fastnacht, den in das schweizerische Großlaufenburg und das badische Kleinlaufenburg geteilten Ort.

Am Abend des Fastnachtsdienstags trifft man sich in Zell im Wiesental zum Altwiiberrenne: Als alte Frauen verkleidete Burschen und Mädchen starten dann zu einem vertrackten Hindernislauf über allerlei Gerätschaften.

Es gäbe noch vieles zu berichten von den originellen Fastnachtstypen wie dem Bändele-Narro, dem Schneckenhiisli-Narro, dem Spielkarten-Narro und dem Welschkorn-Narro aus Zell am Harmersbach, dem wahrlich gräßlichen Offenburger Teufel und der

ihm ebenbürtigen Hexe, dem Fohrenbobbele und Kräuterwieble, einem Paar aus St. Georgen, dem lustigen Bonndorfer Pflumenschlucker, dem in Triberg heimischen haarigen Roten Fuchs und seinem Spießgesellen, dem einzigartigen Federeschnabel in seinem mit echten Federn besetzten Häs...
Am Aschermittwoch ist in fast allen Orten der ganze ausgelassene, aber auch ernstzunehmende Narrenzauber schlagartig vorbei. Dann werden mancherorts, so in Laufenburg und Haslach, aus Stroh gefertigte Fastnachtspuppen oder der Hexenbesen verbrannt, in Bad Dürrheim und Schramberg die Stadtschlüssel zurückgegeben und die Bürgermeister wieder in ihr Amt eingesetzt, die Narrenbäume gefällt und versteigert, im Wirtshaus die Geldbeutel »ausgewaschen« und an einem Baum aufgehängt. Allenthalben herrscht tiefe Trauer, Kleidung und Mienen drücken dies deutlich aus, denn jetzt beginnt die magere Fastenzeit.

Die Kinder des Storchenvaters

Ihren Kindern, die während der Fasnet an Vergnügen und Brezelsegen wahrlich nicht zu kurz kommen, beschert die Stadt Haslach im Kinzigtal am 22. Februar mit dem Storchentag noch weitere »Einkünfte« an Obst, Gebäck und Süßigkeiten, die sie in ihren großen Beuteln einsammeln. »Heraus, heraus, Äpfel und Birnen zum Laden raus!« lautet ihr Schlachtruf. Angeführt wird der Zug der Kinder von dem Storchenvater, dessen Zylinder zwei Störche aus Pappe zieren. Sie erinnern daran, daß vor langen, langen Jahren, just am 22. Februar, dem Petritag und nach dem Volksglauben Frühlingsanfang, als die Stadt von einer Unmenge an Heuschrecken, Schlangen und Fröschen heimgesucht wurde, Störche in großen Scharen aus ihrem Winterquartier kamen und der Plage ein Ende bereiteten.
Der nächste wichtige Termin im Jahreslauf ist der Sonntag nach Fastnacht, der Fastensonntag Invocavit, auch Funkensonntag oder Alte oder Buurefasnet (Bauernfastnacht) genannt. Dann werden vielerorts, so im Hotzenwald und Markgräflerland große Feuer, die Funkenfeuer, entzündet. Auch dieser Brauch geht auf die germanische Sitte zurück, die Tag- und Nachtgleiche als Frühlingsbeginn zu feiern und die Dämonen der Finsternis zu vertreiben. Feuer galt als Sinnbild des Lichts und der lebenspendenden Sonne. Mit dem Entzünden verbanden sich Wunsch und Hoffnung auf eine reiche Ernte. Im Schwarzwald ist auch noch der rein bäuerliche Brauch des Scheibenschlagens weit verbreitet, allerdings zumeist zu einem Schaubrand heruntergekommen. In seiner altertümlichen und ursprünglichen Form lebt er noch in Buchenbach bei Freiburg. Die Scheiben sind nach allen Seiten abgeflachte, sechs bis acht Zentimeter breite quadratische Buchenhölzer, etwa zwei Zentimeter dick. In der Mitte ist ein Loch, in das später die Scheibenstange gesteckt wird. Am Samstag trägt die männliche Jugend des Dorfes auf einem Hügel, dem »Schiebebuck« Tannen- und Fichtenreiser zu einem großen Haufen zusammen; in der Mitte steht ein Stamm, an dem eine Strohhexe hängt. Am Sonntag begeben sich dann die jungen Männer auf den Scheibebuck, nachdem sie zuvor in der nahen Bergkapelle der Verstorbenen gedacht haben, und entzünden mit Fackeln den Holzstapel. Nun halten sie die Scheiben so lange ins Feuer, bis sie erglühen. Dann schlagen sie mit dem Stock so auf die Scheibenbank, daß sich die Scheibe löst und den Berg hinunterrollt. Dazu ertönt der Ruf »Schibi, Schibo!« Der Heiligen Dreifaltigkeit, dem Altbürgermeister, dem Lehrer, vielen anderen und schließlich den Mädchen des Dorfes werden Scheiben geschlagen. Das Mädchen, dem die meisten Scheiben gewidmet werden, ist »Schibijungfer«. Zum Schluß wird ein Feuerrad den Berg hinuntergerollt.
Ein anderer bemerkenswerter Brauch des Winteraustreibens hat sich noch an zwei Orten erhalten. In Karsau geht am Sonntag Laetare, am vierten Fasten-

sonntag, der Miesme (Miesmann, Moosmann) um, eine 2,50 Meter hohe weibliche Gestalt, deren unterer Teil mit Stroh und deren oberer mit Buchsbaumzweigen umkleidet ist (drinnen steckt ein Jugendlicher, der ein Holzgestell auf dem Kopf trägt). Von einem jungen Mann an einem Strohseil gehalten, wird der Miesme von Haus zu Haus geführt, und seine Begleiter sammeln die Gaben ein, die dann abends, nachdem die Hülle des Miesme verbrannt worden ist, von den jungen Leuten verzehrt werden.
In Vögisheim verkörpert der Hisgier, ebenfalls eine Strohgestalt, den Winter. Am Sonntag Laetare umwikkeln Jugendliche einen ihrer Mitschüler von Kopf bis Fuß mit Zöpfen aus Roggenstroh, die sie tags zuvor geflochten haben, heften ihm einen langen Strohschwanz mit einer Glocke an und legen ihm einen mit Glöckchen besetzten Zederriemen über eine Schulter und um die Taille. Sieben Sammler und die Kinder des Dorfes begleiten den Miesme auf seinem Zug durch die Straßen. Vor jeder Haustür wird angehalten, ein Heischevers rezitiert und dem Hisgier befohlen, »uffzegumpe«. Der springt dann hoch, so daß die Glöckchen klingen.
Die Festtage der Heiligen gliedern sich in das Kirchenjahr ein. Der 6. März ist der Todestag des heiligen Fridolin, des irischen Missionars, der im 6. Jahrhundert in

Seite 106: Fridolinsfest in Bad Säckingen: Prozession mit Deutschordensrittern in historischer Kleidung. Rechts: Palmsonntag in Waldkirch: Zur Weihe der »Palmen«, der hohen, besonders geschmückten Stangen, versammelt sich die Gemeinde in der Kirche (rechts). – Aufstellen zur Prozession (ganz rechts). – Unten: Der mit Zöpfen aus Roggenstroh umwickelte Hisgier zieht durch Vögisheim.

Säckingen ein Kloster gründete, im alemannischen Raum den christlichen Glauben verkündete und in dem nach ihm benannten Münster in Bad Säckingen begraben liegt. Aus der Wallfahrt zu seinem Grab wurde ein Volksfest mit Jahrmarkt. Als Höhepunkt findet am folgenden Sonntag eine feierliche Prozession statt, bei der acht Männer den sechs Zentner schweren Silberschrein mit den Gebeinen des Heiligen und weitere Kostbarkeiten durch die Straßen tragen.

Die Palmen des Schwarzwalds

Palmsonntag naht, der Sonntag vor Ostern, als Jesus auf einem Esel in Jerusalem einritt und das Volk ihm Palmen streute, damit der Heiland nicht mit dem Staub der Straße in Berührung komme. Seit dem 7./8. Jahrhundert begeht man diesen Tag in der abendländischen Kirche mit einer feierlichen Prozession. Die »Palmen« des Schwarzwaldes sind lange, bis zu zehn Meter hohe Stangen, die in mühevoller Bastelarbeit mit Buchsbaum- oder Stechpalmenzweigen, farbigen Papiergirlanden, angeordnet in der Form eines Eis, und herabhängenden Bändern geschmückt sind. Die Spitze bildet zumeist ein Kreuz. Die geschmückten Palmstangen, die wohl auch als Abbild des alten magischen Lebensbaums zu verstehen sind, werden in die Kirche getragen, dort geweiht und stehen dann das ganze Jahr über vor dem Haus als Schutz für Mensch und Vieh.

Bevor zwischen Frühling und Sommer das Vieh auf die Bergweiden getrieben wird, ist es Zeit, nach den Halsglocken und -schellen der Tiere zu schauen. So wurde zum Kaufen und Tauschen der Schellenmarkt eingerichtet. Der älteste Markt dieser Art ist der auf dem Fohrenbühl, einem Hochplateau zwischen Hornberg und Schramberg. Im frühen 16. Jahrhundert ist er bereits nachzuweisen, und auch heute, da der Schellenmarkt zu Pfingsten längst zu einem richtigen Volksfest mit Jahrmarkttrubel geworden ist, gibt es noch den Stand der Hirtenbuben mit den Schellen, die ihnen zumeist von Glockenmachern geliefert werden.

Eines der glanzvollsten Feste der katholischen Kirche ist Fronleichnam (»Leib des Herrn«), die Feier der Eucharistie. Eingeführt wurde sie 1246 auf Grund einer Vision der Lütticher Nonne Juliana: die Erinnerung an das Abendmahl am Gründonnerstag sollte wieder aufleben. Gefeiert wird Fronleichnam am ersten Donnerstag nach Abschluß der fünfzigtägigen Osterfeier. Im Mittelpunkt des Festes steht die Prozession, die zumeist auch hinaus auf die Felder führt. Die heidnische Vorstellung von dem magischen, auf Abwehr alles Bösen gerichteten Umschreiten (oder Umreiten) floß in diesen ins Christliche umgedeuteten Brauch mit ein. Farbenfrohe Umzüge, an denen auch die historischen Bürgerwehren mit Aufmärschen und Paraden teilhaben, und blumen- und fähnchengeschmückte Häuser gibt es vielerorts, doch wo wird dieses Fest schon mit einer so verschwenderischen Blumenpracht gefeiert wie in Hüfingen auf der Baar. Auf einer Strecke von 600 Metern bilden Millionen von Blüten ein farbiges Muster; darunter sind christliche Symbole wie das Kreuz und bildliche Darstellungen wie Christus am Kreuz und Maria mit dem Kind. Über den Teppich schreitet, die Monstranz vor sich hertragend, der Priester. Diese Art des Fronleichnamsschmucks verdankt Hüfingen den Brüdern Xaver und Lucian Reich, die vor etwa hundert Jahren die Idee dazu aus Italien mitbrachten. Auch in Bad Peterstal-Griesbach sind zu Fronleichnam Straßen mit Blumenteppichen geschmückt.
Am ersten Juliwochenende steht (Waldshut-)Tiengen ganz im Zeichen des Schwyzer Tags, eines Festes aus historischem Anlaß – so jedenfalls wird erzählt. Folgendes soll sich zugetragen haben: Um 1415 belagerten die Schweizer Eidgenossen Tiengen. Als die Lage der Stadt bereits hoffnungslos erschien, brachten die Tiengener es durch eine List fertig, die Eidgenossen zum Abzug zu bewegen. Zuvor hatten sie gelobt, jedes Jahr ein großes Fest zu veranstalten, wenn die Stadt aus ihrer Not errettet würde. Das klingt nach einer Legende, die sich so oder so ähnlich viel Städte ersponnen haben – vielleicht, um sich einen Grund zum Feiern zu schaffen. Denn urkundliche Belege über diese Ereignisse gibt es auch in Tiengen nicht. Wahr ist nur, daß im 15. Jahrhundert häufig Streitigkeiten zwischen den Bewohnern beiderseits des Hochrheins ausbrachen. Doch die Festtagsfreude schmälerte das Fehlen einer historischen Legitimation nicht, und an dem Umzug und den Tanzvorführungen nehmen außer badischen seit langem auch schweizerische Trachtengruppen und Musikkapellen teil.
Eulogius oder Eligius war der Legende nach ein Schmied, der den Pferden zum Beschlagen die Füße abnahm und sie dann wieder ansetzte. So wurde er als Heiliger in den Kreis der Pferdepatrone aufgenommen, zu denen auch die Heiligen Stephan, Leonhard und

Oben: Der Fronleichnamszug in St. Peter zieht durch die Felder.

Georg gehören. Dem Eulogius zu Ehren und mit der Bitte um Schutz vor Krankheit und Unglück findet am Sonntag vor dem 25. Juli in Lenzkirch eine Pferdewallfahrt mit Festgottesdienst und Pferdesegnung statt.

Zünftige Feste

Auf mittelalterliches Brauchtum der Zünfte geht das Schäferfest mit dem Schäferlauf zurück. Es bildete früher den heiteren und sportlich-spielerischen Ausklang der alljährlichen Zunftversammlung. Markgröningen, nordwestlich von Stuttgart, war ein Ort solcher Zusammenkünfte, der älteste Beleg dafür stammt von 1443. Herzog Eberhard Ludwig von Württemberg gründete im Jahr 1723 drei Nebenstellen der Markgröninger Schäferzunft: in Urach, Wildberg und Heidenheim. Die Schäferzünfte gibt es seit 1828 nicht mehr, aber das Schäferfest hat sich als Brauch erhalten. In Wildberg findet es alle zwei Jahre statt, und zwar an dem Wochenende, das dem St.-Jakobs-Tag (25. Juli) am nächsten liegt. Leistungshüten, die Aufführung des Volksstücks »Der Klosterschäfer und des Teufels Puppenspieler« von 1954, Schäfermesse, Festzug der

Oben: Blütenteppich zu Fronleichnam in Hufingen.
Unten: Kräuterbüscheltag in Gengenbach

Schäfer, Wettlauf der Schäfer – mit bloßen Füßen über ein frischgemähtes Stoppelfeld – und schließlich die Krönung des Siegers als Schäferkönig, dem zwei Hammel als Prämie winken, und der von ihm Auserwählten als Schäferkönigin sind die Höhepunkte dieser bunten folkloristischen Veranstaltung.

Seit 1955 setzen die Hornberger auf einer Freilichtbühne im Störenwald ein Stück in Szene, das der Hornberger Friseurmeister Erwin Leisinger verfaßt hat. Es verarbeitet den als »Hornberger Schießen« bekannten Schildbürgerstreich, der als Sprichwort seit Jahrhunderten in aller Munde ist. 1564 kündigte der Herzog von Schwaben seinen Besuch in Hornberg an. Ihn mit Kanonendonner zu empfangen, war für die Hornberger Ehrensache. Ein Melder wurde ausgeschickt, der durch ein Hornsignal kundtun sollte, daß der Herzog nahe. Jener aber blies in seinem Übereifer bei jedem Gefährt, dessen er ansichtig wurde, ins Horn. Als der Herzog nun tatsächlich eintraf, hatten die Kanonenschützen ihr Pulver bereits restlos verschossen. In ihrer Verzweiflung fanden sie keinen anderen Ausweg, als aus voller Kehle »Piff-Paff« zu rufen. Der Herzog war darüber sehr erbost. Ob es sich wirklich so zugetragen hat? Wer weiß das schon ganz genau.

Mariä Himmelfahrt, der 15. August, ist Kräuterbüscheltag. Frauen und Kinder aus dem unteren Kinzigtal bringen die nach bestimmten Regeln von ihnen selbst gebundenen Sträuße, die mindestens sieben verschiedene Kräuter enthalten müssen, u. a. Pfefferminze, Wacholder, rote oder weiße Schafgarbe, Huflattichblätter in die Kirche. Der Pfarrer segnet sie mit Weihwasser und Weihrauch, auf das die Pflanzen ihre Heilwirkung voll entfalten. Dann werden die Büschel zum Schutz

gegen Krankheit, Blitz und Unwetter in den Stall oder unter den First des Hauses gehängt.
Eine Woche lang, beginnend am Sonntag nach Mariä Himmelfahrt, feiert Waldshut(-Tiengen) die Chilbi. Das Wort ist alemannisch und bedeutet Kirchweih. Doch die Waldshuter Chilbi ist in erster Linie ein historisches Fest und gedenkt der Belagerung der Stadt durch die Eidgenossen im Jahr 1468. Mit welcher »Kriegslist« sich die Waldshuter aus dieser verzweifelten Lage befreiten, dürfte allerdings Legende sein. Die Junggesellen beschlossen nämlich, den Feind zu täuschen, indem sie einen fetten Hammel, ihren letzten, auf die Mauern stellten. Das Manöver gelang. Die Eidgenossen, des schon viele Wochen währenden Belagerns müde, meinten, die Stadt sei noch lange nicht ausgehungert und zogen ab. Die einfallsreichen Junggesellen durften noch im selben Jahr eine Junggesellschaft bilden, und es wurden ihr umfangreiche Zunftrechte zugestanden. Noch heutzutage ist sie der Festveranstalter, und die jungen Männer in ihren schmucken Uniformen führen denn auch den Festzug an, an dem sich historische Gruppen aus den Schweizer Kantonen sowie mehrere Trachtengruppen aus Baden beteiligen. Die Hauptrolle aber spielt der sagenhafte Chilbibock, ein fein herausgeputzter Hammel, der triumphierend durch die Straßen geführt und später verlost wird.
Am Sonntag nach Mariä Geburt (8. September) werden in St. Märgen die Pferde gesegnet, und am zweiten Septemberwochenende findet in Kandern der große traditionelle Roßmarkt statt, umrahmt von einem Reit- und Springturnier und einem urigen Budenfest.
Der 6. November ist der Festtag des heiligen Leonhard, der seit dem 17. Jahrhundert auch als Viehpatron verehrt wird. Zu dieser Zeit kamen, zuerst vermutlich im südlichen Niederbayern, die Leonhardifahrten und -ritte auf, die heute noch intensiv im deutschsprachigen Alpenraum (außer dem schweizerischen) gepflegt werden. Bis ins Badische strahlte dieser Brauch aus, doch erhalten hat er sich heute nur noch in Lauf in der Ortenau. Verbunden mit dem Ritt ist die Segnung der Pferde.

Weihnachtsfeuer

Vom Üblichen abweichende Nikolaus- und Weihnachtsbräuche haben sich in Steinach im Kinzigtal und in Altensteig erhalten. In Steinach gehen zwischen dem 3. und 5. Dezember die Klausenbigger von Haus zu Haus, in Altensteig gibt es am Heiligen Abend noch den alten Brauch des Fackelns: Bei Einbruch der Dunkelheit werden auf dem Berg Holzstöße in Brand gesteckt und an dem Feuer die Fackeln entzündet. Die Stadtkapelle spielt Weihnachtslieder, bis Fackeln und Holzstoß niedergebrannt sind. Dann begibt man sich nach Hause zur Bescherung.

Oben: Seit etwa zehn Jahren finden alljährlich am letzten Januarwochenende in Todtmoos die europäischen Meisterschaften im Hundeschlittenrennen statt. Daran beteiligen sich rund 200 Gespanne mit jeweils bis zu 10 sibirischen Huskies und einem Musher (Führer, Antreiber), der hinten auf dem Schlitten steht. Die Gefährte sind spezielle hölzerne Rennschlitten.

Links: die Bürgerwehrkapelle bei einem festlichen Umzug in Freiburg

Der Gang durch das Brauchtumsjahr ist zu Ende – und kein Wort bisher von den Wein- und Winzerfesten? Nun, sie sind in den vielen Rebländern Badens fast nicht zu zählen und verteilen sich fast über das ganze Jahr, den Winter ausgenommen. Schwerpunkt ist jedoch der Herbst. Die meisten wurden in den dreißiger und siebziger Jahren ins Leben gerufen: die Ihringer Weintage, das Weinfest in Oberkirch, das Breisgauer Weinfest in Emmendingen. Einige aber haben eine weiter zurückreichende Tradition, so der Müllheimer Weinmarkt alljährlich im April, der seit 1872 besteht und der älteste Badens ist.
Auch zu Ehren berühmter und einträglicher Steinobstsorten wurden in jüngster Zeit Feste eingerichtet: in Bühl das Zwetschgenfest und in Endingen das Königschaffhausener Kirschenfest.
Anders die Märkte. Sie gab es bereits, bevor die jeweilige Stadtgründung erfolgt war. Das begehrte Marktregal wurde vom König verliehen und brachte regelmäßige Münz- und Zolleinnahmen. Schon frühzeitig wurden die an zentralen Punkten der Handelsstraßen angelegten Handelsmärkte zu regelrechten Volksfesten. Auch heute noch ist die Zahl der allgemeinen Märkte und derjenigen für spezielle Waren wie Schweine, Pferde, Rindvieh, Getreide und Holz unübersehbar groß. Haupttermine sind Frühjahr und Herbst, aber mancherorts gibt es vier und mehr traditionsreiche Märkte im Jahr, so zum Beispiel der der alten Handelsstadt Haslach im Kinzigtal.

LANDWIRTSCHAFT, HANDWERK UN

Erhalt mer Gott mi Stübli! Es isch so heiter und so nett, aß wenns e Engel zimmert het…«
Damit meinte Johann Peter Hebel vor allem die Gemütlichkeit der warmen Bauernstuben im Winter, wenn die Holzschnitzer und Spinnerinnen am Werk waren.

Arbeiten im Schwarzwald: die Wirtschaft

Die wirtschaftliche Entwicklung des Schwarzwalds und seiner Randzonen stand in den Anfängen in engem Zusammenhang mit seiner Siedlungsgeschichte. Begonnen hat die wirtschaftliche Nutzung im Vorland, wo auf dem fruchtbaren Lößboden schon zur Zeit der alemannischen Landnahme im 3. Jahrhundert Ackerbau betrieben wurde. Hinzu trat seit dem 8. Jahrhundert an den sonnigen Hängen des Rheintals ein reger Wein- und Obstanbau.

In das urwaldähnliche Waldgebirge drang der Mensch erst vom 10. Jahrhundert an ein. Getragen wurde diese Rodungsbewegung vom Adel und den Klöstern, die ihren Machtbereich weiter ausdehnen wollten. Sie drängten den Wald, der damals noch weitgehend aus Tannen und Buchen bestand, zurück, um Bau- und Brennholz zu gewinnen und gleichzeitig für Weideland zu sorgen. Für die bald nachfolgenden Siedler schufen die weltlichen und geistlichen Herren Verordnungen, die neben den Holzbezugsrechten auch das Recht beinhalteten, Vieh und Schweine zur Weide in den Wald zu treiben.

Arbeit unter Tage

Gleichzeitig mit dieser bäuerlichen Erschließung, die sich zunächst nur auf die Täler beschränkte, setzte im Südschwarzwald der Bergbau ein. Erstmals erwähnt wurde er im Jahr 1028, als König Konrad II. an den Bischof von Basel einige Silbergruben im Breisgau verschenkte. Darunter war auch ein Bergwerk im Münstertal, die Grube »Teufelsgrund« im Ortsteil Mulden, die heute besichtigt werden kann. Ebenfalls schon im 11. Jahrhundert begann im Nordschwarzwald der Silberabbau, und auch das 1322 erstmals erwähnte Bergwerk Hellaglücksstollen in Neubulach ist heute Besuchern zugänglich.

Anfangs erfolgte der Abbau lediglich an der Oberfläche. Als es nötig wurde, in größere Tiefen vorzudringen, mußten die einheimischen Kleinbetriebe sich nach Geldgebern umsehen. Unterstützung fanden sie zunächst bei den Klöstern, besonders beim Kloster St. Blasien. Der neue Erwerbszweig brachte weitere Siedler in den Schwarzwald, und es entstanden Bergwerksorte wie Todtnau, Sulzburg, Staufen, Haslach, Gengenbach, Wolfach, Gernsbach und Neuenbürg.

Damit begann im 13. Jahrhundert eine erste wirtschaftliche Blütezeit, aber erst angekurbelt durch die Beteiligung der Adligen und Patrizier in Form von Kuxen (Kapitalanteile). Zu großem Einfluß brachten es hier vor allem die Freiburger, die mit dem Bau des Münsters ein eindrucksvolles Zeugnis ihres Reichtums schufen. Sie besaßen unter anderem von 1234 bis 1398 in Todtnau Berghoheit, wo in der Grube »Ze der Bach« große Silbervorkommen abgebaut wurden. Welches Gewicht der Bergbau allein für diese Siedlung hatte, zeigen die Zahlen aus dem Jahr 1352, als dort 45 Hüttenbetriebe und Schmelzmühlen bestanden. Gütezei-

Oben: Eingang zum Silberbergwerk in Neubulach.
Links: ehemaliges Handelshaus in Calw, 1711 erbaut; es wurde später Sitz der Bergwerksgesellschaft.
S. 114 unten: In der alten Hammerschmiede im Litschenbachtal nahe Seelbach werden noch immer Schwertklingen, Hellebarden, Saufedern und Spieße hergestellt – für private Auftraggeber.

chen des Ortes war der »Tottenower Brant«, ein Siegel, das den Silbermarkt in den Münzorten am Oberrhein und in der Schweiz versorgte. Bergwerksorte mit eigenen Münzen gab es später vor allem im Nordschwarzwald, so zum Beispiel im Forbachtal, wo seit 1267 Silber abgebaut wurde. Unter Herzog Christoph von Württemberg begann dort im 16. Jahrhundert die Arbeit im Christophstollen, der dem Tal seinen Namen »Christophstal« gab. Dort ließ Christophs Sohn Herzog Ludwig 1573 aus Christophstaler Silber den ersten Christophsthaler prägen. Wenige Jahre später gründete Herzog Friedrich I. für die Bergleute auf der Höhe den Ort Freudenstadt.
Ende des 16. Jahrhunderts wurde der Silberabbau unrentabel, denn mit der Entdeckung Amerikas hatte die Einfuhr von Edelmetallen eingesetzt, und der Silberpreis sank. Die Folge war die Schließung der Gruben im Schwarzwald. 1601 wurden auf dem Todtnauberg alle Gruben aufgelassen, und nach 1605 betrieben nur noch wenige, völlig verarmte Einheimische einige Stollen. Die übrigen suchten ihr Glück wieder im Ackerbau oder in der Viehzucht. Viele wanderten aber auch ins Vorland ab, so ins Rheintal, um Weinbau zu betreiben. Um 1500 dürfte er seine größte Verbreitung überhaupt gehabt haben.
Im Schwarzwald selbst hatten sich im Mittelalter neben dem Bergbau auch noch einige andere Waldgewerbe entwickelt, die gleichermaßen bis in die Neuzeit zu Siedlungsträgern wurden und die Bevölkerung anwachsen ließen. Zu den ältesten Gewerben gehört hier das Harzen. Diesen Erwerbszweig betrieb vor allem die Bevölkerung im Nordschwarzwald mit Schwerpunkt in den Gemeinden Reichenbach, Alpirsbach und Rippoldsau. Im Raum Baiersbronn war das Harzen sogar lange Zeit die Hauptbeschäftigung der Bewohner, wie eine Schrift aus dem Jahr 1588 belegt. Dort heißt es unter anderem: Also »findetst du bey Ursprung des Wassers Murg, nämlich hinter dem Kniebis, daß sich das Volck mit Harzablösen und Klauben ernert«. Natürlich beschränkten sich die Harzer nicht nur darauf, die wertvolle Masse vom Baum abzulösen, sondern sie schlugen auch tiefe Risse in die Fichtenstämme. Ernte war dann im Hochsommer und Herbst. Ein Baum gab ein knappes Kilogramm Harz her, so daß bei einem jährlichen Gesamtertrag von 200 Tonnen und mehr sehr viele Bäume zum Absterben verurteilt waren.
Durch erneutes Aufkochen und Auspressen des Rückstandes gewann man das schwarze Harz. Beide Sorten wurden vorwiegend nach Straßburg verkauft, wo es zur Herstellung von Seife, Teer- und Wagenschmiere

Oben: Zweigwerk der Schwarzwälder Textilwerke Kautzmann, heute Kunststoffspritzerei in Haslach
Unten: Hella Glücksstollen im Silberbergwerk Neubulach

sowie für pharmazeutische Zwecke Verwendung fand. Daneben war das Harz aber auch Ausgangsmaterial für Druckerschwärze, Farben, Terpentin und Stiefelwichse. Eine hervorragende Ergänzung zum Harzen war das Teerschwelen, im Volksmund auch Schmierbrennen genannt. Dabei wurden in den Salbeöfen durch Erhitzen von Kiefern- und Wurzelstöcken Teerwasser zum Gerben von Leder sowie Kienöl und Schmiere gewonnen, das zu Karrensalbe weiterverarbeitet wurde. Eine Harzordnung bestand seit 1520. Sie legte das Harzrecht als ein persönliches Recht fest, das gewöhnlich vererbt wurde. Aufsicht über das Harzen hatten die Forstleute, bäuerliche Harzvögte oder auch der Prior eines Klosters. Auf Grund des Baumsterbens setzten sich vor allem die Forstleute für eine Beschränkung auf einzelne Gebiete ein. Verboten wurde das Harzen zwar schon 1769, doch in den Wäldern des Kniebis hielt es sich noch bis in jüngste Zeit.

Die Köhlerei, »ein elend« Handwerk

Ein ebenfalls altes waldverzehrendes Gewerbe war die Köhlerei, die allerdings, wie schon Wilhelm Hauffs Märchen »Das kalte Herz« erzählt, »ein elend Leben« mit sich brachte. Die Köhler lebten im Wald und stellten dort im Kohlenmeiler durch Verschwelen von Holz Holzkohle her. Ein Meiler faßte 100 bis 150 Raummeter Holz, das in sechs bis zwölf Tagen in konzentrischen Kreisen aufgestellt wurde. Der Verkohlungsprozeß selbst nahm dann noch einmal acht bis vierzehn Tage in Anspruch. Verwendung fand die Holzkohle in den Eisenhütten und Glasmachereien, von denen später ausführlich die Rede sein wird.

Hinzu kam im ausgehenden Mittelalter das Kunstschmiedehandwerk. Im 15. Jahrhundert war die Nachfrage nach dem Brennmaterial am größten, so daß ihr große Waldflächen zum Opfer fielen, was die rasche Ausbreitung der Fichte auf Kosten der zur Köhlerei bevorzugten Buche mit sich brachte. Mit dem Aufkommen der Steinkohle im 19. Jahrhundert starb die Köhlerei langsam aus. Übrig blieben nur wenige Meiler, so in Raumünzach, Mitteltal und Enzklösterle, wo dann aber 1974 mit dem Tod des letzten Köhlers diese alte Tradition zu Ende ging. Erinnerung an dieses Gewerbe geben uns heute nur noch ein Meiler im Münstertal sowie zahlreiche Orts-, Flur- und Waldnamen wie Kohlau, Kolberg, Kohlgründle und andere. Die sogenannten Kohlplatten findet man jedoch noch überall. Diese Verebnungen, die mit einem kleinen Wall umgeben sind, lassen sich leicht erkennen. Wer dort etwas schürft, trifft bald auf schwarze Erde.

Zu den Köhlern kamen im Mittelalter weitere »Waldkleinverbraucher« wie beispielsweise die Schnefler. Sie fertigten in Heimarbeit Holzwaren aller Art. Nach dem Abklingen des Bergbaus war das Scheflerhandwerk sogar für viele Einheimische die einzige Alternative. Zu größerer Bekanntheit brachten es hier die Bernauer und Menzenschwander, die im 19. Jahrhundert jährlich stattliche zweieinhalbtausend Festmeter Holz verarbeiteten. Eine rückläufige Entwicklung trat erst ein, als für Haus- und Küchengeräte mehr und mehr Porzellan und Metall verwendet wurden. Dies traf die Bernauer besonders hart, da sie mit ihren Waren nicht nur die Bauernhöfe im Umkreis versorgten, sondern auch Bottiche und Bütten an die Winzer in Baden, der Pfalz und im Elsaß lieferten.

Das Gold des Schwarzwalds: Holz

Größere Bedeutung hatten im Schwarzwald auch die Glasmachereien. Ihre Anfänge reichen bis ins 13. Jahrhundert zurück. Damals besaß Holz noch keinen besonders großen wirtschaftlichen Wert, und so galt dieser Erwerbszweig als recht geeignet, den Wald geldbringend zu nutzen. Die Grundherren förderten die Glashütten vor allem auch deshalb, weil die Rodungsflächen neuen Siedlern Platz boten. Man verband also das Bestreben, die abgelegenen Regionen zu besiedeln, mit der Idee, die heimische Wirtschaft anzukurbeln. Dies macht eine Niederschrift im Kloster St. Blasien deutlich, in der es heißt »... die Glashütten in den Waldungen des Stifts machten Silber aus Holz und Wohnungen aus Einöden«.

Für ein Kilogramm Glas benötigte man etwa zwei Kubikmeter Holz, später mußte der Anteil auf einen Kubikmeter reduziert werden. Dabei diente der größte Teil zur Pottaschegewinnung, lediglich etwa drei Prozent wurden beim Schmelzen verbraucht. Wurde das Holz im eigenen Waldstück abgeschlagen, wiesen die Grundherren den Glasbläsern neue Arbeitsplätze zu. Ein Beispiel hierfür gibt das Kloster St. Blasien, dessen erste Glashütte 1579 im Windbergtal südlich des Schluchsees betrieben wurde. Sie wanderte westlich des Sees immer weiter bis zum Endpunkt in Aule 1716, wo die Glasmacher noch bis 1892 ihrem Gewerbe nachgingen. Ein weiterer Grundherr, der mit der Glasmacherei die Erschließung des Waldes vorantrieb, war das Haus Fürstenberg. Es gründete zwischen Titisee und Schluchsee 1634 die Rotwasser-Glashütte, die im Jahr 1706, nach Eröffnung einer neuen Glashütte im heutigen Ort Neuglashütten, den Namen Altglashütten erhielt. Ähnliche Vorgänge lassen sich auch im Mittelschwarzwald beobachten. Dort erinnert übrigens der Glaswaldsee an die 1581 erstmals erwähnte Rippoldsauer Hütte. Gefertigt wurden in allen Schwarzwälder Glashüttenbetrieben Gebrauchsgläser, Flaschen, Trinkgläser und zuletzt, um 1817, auch Tafelglas für die damals weit verbreitete Hinterglasmalerei. Die Waren brachten die »Glasträger«, die auf eigene Rechnung

Rechts: Granitsteinbruch in der Nähe von Forbach; hier werden Bausteine gewonnen.

Links: Die Köhlerei war früher ein weitverbreitetes Handwerk, heute gibt es nur noch einen Kohlenmeiler (bei Münstertal).

Unten: Die gewerblichen Glasbläsereien in Altglashütten gibt es seit kurz nach 1700 nicht mehr; heute zeigt hier ein Glasbläser Besuchern seine Kunst.

arbeiteten, in ganz Europa unter. Gewerblich betrieben wird dieses alte Handwerk heute nur noch in der Dorotheenhütte in Wolfach.

Im Nordschwarzwald hatten sich die Glashütten nicht durchsetzen können. Hier entwickelte sich als wirtschaftliche Konkurrenz die Flößerei, deren Anfänge bis ins 10. Jahrhundert zurückreichen. Zu dieser Zeit ließ man schon auf der Murg in der Gegend von Baden-Baden einzelne Holzstämme talabwärts gleiten. Dabei handelte es sich um die sogenannte Wildflößerei oder Holztrift, die auch später noch auf allen kleinen Schwarzwaldbächen üblich war. Im 13. Jahrhundert setzte dann die Langholzflößerei mit gebundenem Holz ein. Damit deckte man zunächst den Brennholzbedarf der umliegenden Städte wie Straßburg, Rastatt und Karlsruhe. Um einen möglichst großen wirtschaftlichen Nutzen zu erzielen, wurde das Stammholz zusätzlich noch mit Gütern wie Küblerware, Kienruß und Harz beladen. Günstigster Zeitpunkt für die Flößerei war die Schneeschmelze. Um dann das Holz relativ rasch transportieren zu können, wurden die »Schwallungen« – das waren kleine Staubecken – geöffnet, so daß das Wasser mit großer Kraft zu Tal rauschen konnte. Oftmals verband man das Öffnen der »Schleusen« mit einem kleinen Volksfest. Schon 1342 florierte der Holzhandel so sehr, daß die Badener und Württemberger sich über ein Floßrecht einigten und fortan überall Zölle erhoben wurden. Dies hinderte die Flößer aber nicht, schon bald ihre Ware über Enz, Neckar und Rhein bis nach Mainz zu schaffen, und damit begann im 15. Jahrhundert die Blütezeit.

Wichtige Handelsplätze waren die Städte Pforzheim, Gernsbach, Schiltach und Calw – die steinerne, allerdings erst 1926 geschaffene Figur eines Flößers in einer Nische der gotischen Nikolauskapelle auf der Nagoldbrücke erinnert an diesen Wirtschaftszweig.

Wegen des enormen Holzbedarfs für den Schiffsbau in den Niederlanden und England gewann im 16. Jahrhundert der Holland-Handel an Bedeutung. Anfang des 18. Jahrhunderts erreichte er seinen Höhepunkt. Man band bis zu 33 Meter lange und 24 Meter breite Floßverbände zusammen, die aus den schönsten und dicksten Eichen und Tannen, den »Hollandstämmen«, bestanden. Damals hatten allein die Calwer ein Jahresaufkommen von 14 000 Stück Langholz, 51 000 Stück Kantholz, 292 Dielen und 158 000 Latten.

Um solche Mengen transportieren zu können, wurden Ochsen eingesetzt und Erdkanäle gebaut, die den heu-

Oben: Fischzucht im oberen Kinzigtal.
Links: eine alte, immer noch funktionstüchtige Sägemühle im Hexenloch, einem idyllischen Tal südlich von Furtwangen

tigen Bobbahnen ähnlich sahen. Zusätzlich erhielten die Flüsse kostspielige Ausbauten, so daß sie bis in die Oberläufe floßbar waren.

Allerdings führte dieser enorme wirtschaftliche Aufschwung zusehends in eine akute Holznot, die durch die anderen Waldgewerbe noch verstärkt wurde. Ein Wiederaufforsten der Wälder war unumgänglich. 1833 erließ Baden ein Forstgesetz. Zu diesem Zeitpunkt war allerdings die Bedeutung der Flößerei durch den fortschreitenden Ausbau des Straßennetzes und den Beginn des Eisenbahnzeitalters im Schwinden. Auf der Murg wurde schon 1876 das Flößen eingestellt, auf der Kinzig fuhr das letzte Floß im Jahr 1894, und 1913 schließlich wurde im gesamten Schwarzwald das Flößen verboten. Führungen zu Flößerseen gibt es heute in Calmbach und Enzklösterle.

Neben dem Holz spielte also vor allem das Wasser im Gebirge eine wichtige Rolle. Gewerblich genutzt wurde die Wasserkraft ebenfalls schon sehr früh. So gab es zum Beispiel bereits 1350 in Todtnau und Umgebung 22 Mühlen für 22 Höfe. Sobald eine solche Mühle in Betrieb genommen wurde, mußte an den Grundherrn eine Art Wasserzins gezahlt werden.

Mühlen gab es nicht nur an Bächen, sondern auch an den Wuhren des Hotzenwalds. Sie machten als künstliche Wasserläufe Geschichte. Mit diesem System wurde das Oberflächenwasser in den Mulden und Hochmooren gefaßt und in einem eigens angelegten Bett talabwärts bis zu den trockenen Hochterrassen des Rheintals gebracht. Erstmals urkundliche Erwähnung fanden die Wuhren im Jahr 1207. Zu größerer Bedeutung brachten es das Heidenwuhr, das Säckingen versorgte, das Hännerwuhr, das dem Ort Laufenburg Wasser brachte, und schließlich das Hochsalerwuhr, das für die Wasserversorgung des Südostens bis Hauenstein verantwortlich war.

Im Südwesten des Gebirges gab es zwar ein dichteres Gewässernetz, doch bot auch hier die Landwirtschaft nur ein kärgliches Auskommen. Nachdem hier im 15. Jahrhundert der Bergbau langsam zum Erliegen gekommen war, wandte man sich wieder der Schafzucht zu. Es entwickelten sich die Gewerbe der Haus-

Links: alte Mühle im mittleren Schwarzwald – Unten: eines der Wehre über die Murg, die den Betrieb der Wasserkraftwerk-Anlage am Schwarzenbachstausee unterstützen

spinnerei und Hausweberei, aus denen im 16. Jahrhundert der Berufszweig der Leineweber entstand, die aber nur für den eigenen Bedarf produzierten und ärmlichen Verhältnissen lebten. Ihre Notlage machten sich Schweizer Kaufleute zunutze, die neben dem Kapital auch das Material zur Verfügung stellten. Allerdings wurden dadurch viele Spinnereien völlig vom Ausland abhängig. Um diesen Mißstand zu beheben, ergriffen die Landesherren von 1740 an verschiedene Maßnahmen, beispielsweise die Einführung der Steuerfreiheit für heimische Betriebe. Gleichzeitig gründete Kaiserin Maria Theresia im hinteren Wiesental, das auf vorderösterreichischem Gebiet lag, eine Landesmanufaktur, und in Lörrach versuchte der Markgraf von Baden, Textilbetriebe aus ganz Deutschland in sein Land zu ziehen. Seinem Aufruf folgten zwei Firmen aus Vaihingen an der Enz und Bern.

Auswirkungen der Industrialisierung

Allerdings war diese Blütezeit nur von kurzer Dauer, da die Unruhen in Frankreich und Holland sowie die Einführung von Schutzzöllen bei den nach Rußland gelieferten Waren die Firmen in eine Krise stürzten. Hinzu kam die wachsende Konkurrenz der Schweizer, die 1835 nach dem Beitritt Badens in den Deutschen Zollverein weitere Niederlassungen gründeten oder sich an bestehenden Firmen beteiligten. Doch nur so war es möglich, daß zwischen 1830 und 1850 die Mechanisierung des Textilgewerbes eingeleitet werden konnte. Sie war die Voraussetzung für den raschen Aufstieg der Branche, wie die Zunahme der Webstühle und Spindeln in den Jahren zwischen 1860 und 1910 eindrucksvoll belegt: In diesem Zeitraum steigerte sich die Zahl der Webstühle von 8 000 auf 9 500 und die der Spindeln von 160 000 auf 280 000. Zum Mittelpunkt des Textilgewerbes wurde Zell im hinteren Wiesental, wo 1960 in drei Unternehmen zusammen 1 750 Angestellte beschäftigt waren. Doch dann setzte eine rückläufige Entwicklung ein, und zwei dieser Unternehmen mußten ihre Tore schließen. Übrig blieb die Spinnerei und Weberei Zell-Schönau AG, Hersteller einer bekannten Markenbettwäsche.

Oben: Sägemühle im Nordschwarzwald; noch immer wird vielerorts das Wasser, das von den Bergen kommt, als Antriebskraft genutzt.
Oben links: Seit etwa 1870 besteht dieses große Sägewerk an der Station Teinach.
Rechts: Spinnstube, wie man sie früher in jedem Haus auf dem Lande antreffen konnte.
Links: Calw war und ist Sitz einer bedeutenden Textilindustrie; die 1916 in eine der Nischen der Brückenkapelle gesetzte Figur eines Webers soll dies verdeutlichen.

Ein anderer Erwerbszweig war im Südwesten des Schwarzwalds die Papiermacherei, die im 15. Jahrhundert Einwanderer aus Piemont einführten. Sie errichteten im Wiesental Papiermühlen, in denen Lumpen – die sogenannten Hadern – zu Faserstoff zerstampft und mit viel Wasser, Leim und Alaun zu einem Brei verrührt wurden. Anschließend schöpfte man mit einem Sieb einen Teil des Breis ab, ließ das Wasser abfließen, so daß sich die Fasern verfestigen konnten. Nun wurde die Masse noch gepreßt, und fertig war das Papier. Im Wiesental konnte sich die Papiermacherei allerdings nur bis Ende des 18. Jahrhunderts halten, da dort das Textilgewerbe Arbeitskräfte an sich zog.
Ganz anders verlief die Entwicklung im Nordschwarzwald, wo es im Kinzigtal bei Gengenbach auch schon um 1490 eine Papiermühle gab. Darüber hinaus

konzentrierte sich später die Papiermacherei auf die Täler von Enz, Würm, Nagold, Alb, Acher und Rench. Anfang des 18. Jahrhunderts war dort die Produktion so angestiegen, daß die Beschaffung des Rohstoffs zunehmend ein Problem wurde und schließlich ein regelrechter »Lumpenkrieg« ausbrach. Ihn überlebten nur wenige Unternehmen, so ein Betrieb in Ettlingen, in dem dann 1817 das Maschinenzeitalter begann.
Währenddessen suchte man fieberhaft nach einer Alternative für die viel zu teuer gewordenen Hadern, zumal auch nur die weißen Lumpen sich für die Herstellung des wertvollen Büttenpapiers eigneten. Auf eine Lösung kam man im Jahr 1844, als ein Weber den Holzschliff entdeckte, einen Faserstoff, der durch Zerschleifen entrindeten Holzes gewonnen wird. Ein neuer Rohstoff war gefunden: das Holz. Dies führte zur Neugründung oder Verlagerung von Betrieben aus der Stadt in waldreiche Gebiete. Eines der Zentren wurde nun das Murgtal, wo seit 1881 Papier erzeugt wird. Dort beschränkten sich einige Firmen auf den Verkauf von Holzschliff und Zellulose, während andere sich nur mit der Verarbeitung des Papiers beschäftigten. Dieser Industriezweig bestimmt auch noch heute die Wirtschaft im Murgtal, allerdings zwangen das enge Tal und der Wunsch nach größerer Betriebsfläche zu manchen Standortverlagerungen.

Uhren und Schmuck aus dem Schwarzwald

Ein dritter Schwerpunkt in der Schwarzwälder Wirtschaft ist heute die Uhrenindustrie. Sie hat ihren Ursprung im 17. Jahrhundert und verdankt der Sage nach ihre Entstehung einem reisenden Glashändler, der aus Böhmen die erste Holzuhr mitbrachte. Ein Holzschnitzer hat sie wohl in ihre Einzelteile zerlegt und mit Erfolg versucht, sie nachzubauen. Wann genau im Schwarzwald die erste Uhr gefertigt wurde, ist bis heute nicht eindeutig geklärt, wenngleich in Waldau bei Furtwangen an einem Gebäude folgender Spruch zu lesen war: »In diesem Haus verfertigten um 1640 die Brüder Kreutz die erste Schwarzwalduhr«.

Diese ersten Uhren bestanden aus wenigen Zahnrädern, einem Steingewicht, einem schwingenden Waagbalken zur Hemmung des Räderwerks und einem Stundenzifferblatt mit nur einem Zeiger. Die Zeitmeßgeräte waren recht kostspielig und nur für einen kleinen Kreis erschwinglich. Erst mit Beginn des 18. Jahrhunderts (1720) begann die technische Verfeinerung und damit die gewerbliche Uhrmacherei. Sie verbreitete sich zunächst im badischen Teil des Schwarzwalds, wo Häusler und Tagelöhner in Heimarbeit die tickenden Geräte fertigten. Ihren Absatz übernahmen dann »Trägerkompagnien«.

Ab 1740 veränderten die Uhren ihr Gesicht. Nun erschien statt eines Waagbalkens das hin und her schwingende »Kuhschwanzpendel«, und 1785 ersetzte man die großen Holzräder, die sich viel zu rasch abnutzten, durch Messingräder. Danach folgten Ketten für die Gewichte, ebenfalls aus Messing, aber auch aus Eisen gefertigt. Erst in dieser Phase setzte die kunstvolle Bemalung des Schildes ein. Bei so vielen Feinheiten blieb eine Arbeitsteilung unumgänglich, und so beschränkten sich die Uhrmacher fortan auf den Bau des Werkes, das Gehäuse lieferten die Schreiner. Schildmaler übernahmen die farbige Ausgestaltung, und Holzschnitzer stellten die Figuren her – unter ihnen den später so berühmt gewordenen Kuckuck. Nur so war es möglich, daß schon 1796 75 000 Uhren im Jahr ausgeliefert werden konnten. Alle waren in reiner Handarbeit entstanden und auch entsprechend teuer.

In Amerika, wo die Uhren bei den Eingewanderten ebenfalls großen Anklang fanden, kam 1809 ein findiger Uhrmacher auf die Idee, Uhren maschinell herzustellen. Er ließ die Schwarzwalduhr in großem Stil fertigen und brachte sie auf den deutschen Markt: Diese »amerikanische Uhr« war für 8 00 bis 1 000 Gulden zu haben. Bei solchen Schleuderpreisen drohte dem blühenden heimischen Hausgewerbe der Ruin, denn im Schwarzwald hielt man zunächst an den überlieferten Fertigungsmethoden fest. Eine Lösung des

Links: Seit 1826 werden in Karlsruhe Münzen geschlagen, der Buchstabe G auf den Münzen zeigt ihre Herkunft an.

Unten: St. Georgen ist immer noch ein Zentrum der Schwarzwälder Uhren- und Phonoindustrie; im Heimatmuseum sind manche historischen Uhren zu sehen.

Oben: Schwarzwälder Uhrenzentrum in Titisee
Links: Uhrmacherwerkstatt im Triberger Heimatmuseum. Der in aller Welt beliebte Schwarzwälder Exportartikel mußte schon bald in Arbeitsteilung hergestellt werden.

Problems war erst in Sicht, als durch staatliche Hilfe in Furtwangen eine Uhrmacherschule gegründet wurde und in Lenzkirch und Neustadt die ersten Uhrenfabriken ihre Arbeit aufnahmen.

Zu der größten Leistung der damaligen Zeit gehörte aber die Initiative der Brüder Junghans. Sie eröffneten 1861 gegen den Widerstand der Schwarzwälder Uhrmacher in Schramberg eine Fabrik, in der nach amerikanischem Muster und mit amerikanischen Maschinen preiswerte Uhren hergestellt wurden: Anfang des 20. Jahrhunderts täglich zehntausend Stück. Um 1930 konnte sich Junghans die größte Uhrenfabrik der Welt nennen. Heute nimmt die Uhrenindustrie des Schwarzwaldes, trotz mancher Rückschläge bei der Umstellung zum vollelektronischen Quarzuhrwerk, immer noch eine bedeutende Stellung ein. In dieser Branche finden derzeit rund 15 000 Menschen einen Arbeitsplatz, wobei Pforzheim sich als Standort für die Kleinuhrenherstellung und die Gebiete St. Georgen, Schramberg, Schwenningen als Produktionsstätten von Großuhren durchgesetzt haben.

Die Mitte des 18. Jahrhunderts einsetzende Strohhutflechterei verdankt – ähnlich wie die Uhrmacherei – ihre Entstehung den aufmerksamen Blicken der Glasträger. Sie brachten aus der Schweiz und Italien Strohkappen mit, nach deren Vorbild seit 1720 die aus Roggenstroh geflochtenen Hüte entstanden. Verkauft wurden sie zunächst nur in Deutschland, doch als man sich an den feinen Florentinerhüten orientierte, begann auch der Export. Mittelpunkt der Strohhutflechterei wurde Furtwangen, wo sogar eine eigene Strohhutflechterschule entstand. Doch die Blütezeit des Gewerbes war nur von kurzer Dauer. Ende des 19. Jahrhunderts drängten Chinesen und Japaner auf den Markt und verdarben mit ihren Billighüten die Preise.

Eine ähnliche Entwicklung ist auch bei der Löffelherstellung zu beobachten, die 1740 mit der Übernahme der Kunst des Verzinnens aus dem Erzgebirge einen wirtschaftlichen Aufschwung erlebte. Ihre Blütezeit endete ebenfalls im Zuge der Industrialisierung etwa um 1860.
Nicht besser erging es der Fayenceherstellung in Durlach. 1723 hatte Markgraf Karl Wilhelm von Baden eine »Porcellain-Fabrique« ins Leben gerufen. Auch hier zwang die Mechanisierung zum Umdenken, und so wurde 1813 mit der Produktion von Steingut begonnen. Sie konnte sich allerdings nicht gegen die wachsende Konkurrenz des Auslandes durchsetzen, und so mußte die Fabrik 1840 ihre Tore schließen.
Ganz anders in Kandern im Markgräflerland. Das hier seit 1599 bekannte Hafnerhandwerk konnte sich wegen der reichhaltigen Lehm- und Tonvorkommen in der Umgebung rasch ausbreiten, und Kanderns Ruf als Töpferstadt war begründet. Neben Haushaltswaren stellten die Werkstätten schon Ende des 17. Jahrhunderts Ziegel her – dieser Wirtschaftszweig bestimmt noch heute das Leben der Stadt. Erhalten hat sich auch die 1794 gegründete Fayencefabrik in Zell am Harmersbach, die im 19. Jahrhundert mit ihrem »Bildergeschirr«, Bilderaufdruck in Weiß oder Schwarz, berühmt wurde.
Noch zahlreiche andere Industriezweige haben sich im Schwarzwald aus alten Handwerken und Hausgewerben entwickelt. Zu nennen ist hier vor allem die Schmuckwarenindustrie, die 1767 in Pforzheim gegründet wurde und auf die Uhrenherstellung zurückgeht. Damals erhielt ein Franzose die Erlaubnis, in Pforzheim eine Uhrenfabrik nach »Genfer Art« einzurichten. Von 1775 an entwickelten sich nach diesem Muster weitere Betriebe, wobei die Uhrenfertigung bald zugunsten der Herstellung von Bijouteriewaren zurücktrat. Rund hundert Jahre später hatte sich Pforzheim als Schmuckstadt durchgesetzt, wie die große Anzahl von Betrieben – mehr als 400 – verdeutlicht. Allerdings gab es zu dieser Zeit, wie auch heute noch, eine Vielzahl von Klein- und Kleinstunternehmen mit weniger als fünf Mitarbeitern.
Auch die Bürstenindustrie, die im Wiesental um Todtnau heimisch ist, hat ihren Ursprung in einem Hausgewerbe. »Gründungsvater« ist Leodegar Thoma, der Mitte des 18. Jahrhunderts die ersten Bürsten herstellte. Wenig später bildeten sich daraus neue Erwerbszweige wie der Beruf des Borstensammlers, des Hölzlesmachers und des Binders. Um 1795 spezialisierten sich die Bürstenmacher dann als Haarbinder und Bürstenbinder, und um 1900 vollzog sich in diesem Bereich die Umstellung auf mechanische Fertigung.
Aus der Königlich Württembergischen Gewehrfabrik sind die Mauserwerke in Oberndorf am Neckar hervor-

gegangen. Dort ließ 1811 Friedrich I. in dem kurz zuvor säkularisierten Augustinerkloster eine Waffenfabrik einrichten, die Klosterkirche wurde als Kohlen- und Materiallager benutzt. Wilhelm und Paul Mauser, die 1872 diese Fabrik übernahmen, standen im Dienst des

Oben: Kachelofen, 1586/87 von einer Villinger Töpferwerkstatt für das Kloster St. Peter hergestellt. Reliefs biblischer Gestalten und Ornamente zieren die buntglasierten Kacheln.
Rechts: Gefäße und Geräte für Haus und Hof stellten die Familien im Winter zumeist selbst her, auch Möbel wie mit kunstvollen Malereien verzierte Schränke.
Links: Hanfreibe zum Walken und Verfeinern der Fasern.
Unten: Fayencen aus der Frühzeit der Durlacher Manufaktur, um 1730

Links: geschnitzter Faßboden; auch Weinfässer verzierten die Holzschnitzer mit schönen Ornamenten.

Rechts: Ihringen im südwestlichen Kaiserstuhl: hier wächst der feurig-fruchtige Spätburgunder.

Unten: Weinernte im Glottertal; dort reichen die Reben bis in 500 m Höhe und sind damit die höchstgelegenen Deutschlands.

Königs und trugen maßgeblich an der Weiterentwicklung der Gewehre bei. Nach 1918 wandte sich die Firma dem zivilen Bereich zu und stellte Meßmittel, Nähmaschinen und Automobile her. Seit 1935 begann dann wieder die Herstellung von Waffen, die mit Ende des Zweiten Weltkriegs eingestellt wurde. Heute befaßt sich das Unternehmen mit der Produktion von Meßtechnikgeräten, Jagdwaffen und anderen wehrtechnischen Geräten.

Das metallverarbeitende Gewerbe besaß von Anfang an eine industrielle Ausrichtung. So war zum Beispiel um 1800 in Neuenbürg im Nordschwarzwald eine Sensenfabrik entstanden. Der weitere Ausbau dieses Erwerbszweigs erfolgte über die Werkzeugherstellung, die anfangs stark mit der Schmuckwarenindustrie verknüpft war. Das Erstarken der Textil- und Bürstenindustrie gab dieser Branche einen zusätzlichen Aufwärtstrend. Zu einem weiteren Schwerpunkt der Metallverarbeitung wurde der Fahrzeugbau, der mit dem Daimler-Benz-Werk in Gaggenau eines der bedeutendsten Unternehmen des Schwarzwaldes besitzt.

Oben: Kirschblüte im Markgräflerland. Kirschen, auch Zwetschgen, Mirabellen und Williamsbirnen werden in hochentwickelten Brennanlagen zu dem bekannten »Wässerli« destilliert. – Unten: Phonolithabbau im Kaiserstuhl; das vulkanische Gestein wird u. a. für Düngemittel gebraucht.

Oben: Der Kellermeister ist nicht nur Verwalter eines Weinkellers, sondern auch für die sachgemäße Behandlung des Weins zuständig. – Oben rechts: etwa 200 Jahre alte Weinpresse vor dem Gebäude der Winzergenossenschaft in Ihringen.

Mittlerweile bildet das produzierende Gewerbe mit über 50 Prozent der Beschäftigten die Haupterwerbsquelle im Schwarzwald, der jedoch keine industrielle Einheit darstellt, sondern sich auf Grund der geographischen Bedingungen in mehrere Teilräume aufspaltet. Diese stehen wiederum mit dem Vorland in enger Verbindung.

Ergänzt wird das produzierende Gewerbe durch die Land- und Forstwirtschaft, aber mehr noch durch den Fremdenverkehr. Kennzeichnendes Merkmal der Landwirtschaft ist heute der hohe Grünlandanteil, der rund 70 Prozent der agrarisch genutzten Fläche ausmacht. Hier dominiert die Weidewirtschaft mit einer intensiven Rinderhaltung. Die Waldbewirtschaftung ist in den letzten Jahren infolge des Tannensterbens zunehmend in den Mittelpunkt des Interesses gerückt. Nun ist man dabei, noch gründlicher aufzuforsten als bisher, nicht zuletzt deshalb, um genügend Holz für die Sägewerke bereitzustellen, da sie ja Zulieferer für die Möbelindustrie sind, die auch im Schwarzwald recht stark vertreten ist.

Im Vorland hat sich bis heute die Tradition des Obst- und Weinbaus gehalten. Man denke nur an die riesigen Anbaugebiete am Kaiserstuhl, im Markgräflerland und in der Ortenau. In der Umgebung von Bühl gedeihen die berühmten Zwetschgen, die schon seit Jahrhunderten in Hausbrennereien zu hochprozentigem »Zwetschgenwasser« verarbeitet werden.

KUR- UND BADEORTE

Glücklich ward die Stund', schwanger ward das Weib, die Magd und der Hund«, heißt es in einem alten Lied über Bad Liebenzell, das seit dem 16. Jahrhundert einen Ruf als Frauenbad, als »Storchenbad« genießt. An diesen »Erfolgen« mag die Beschaulichkeit des Kurparks einen gehörigen Anteil haben.

Der Schwarzwald, ein alter Gesundbrunnen

Kein anderer Landstrich Deutschlands ist so reich mit Quellen heilenden Wassers gesegnet wie seine Südwestecke, eben der Schwarzwald. Einer glücklichen Fügung – erdgeschichtliche Ereignisse sind Fügungen in der ursprünglichsten Bedeutung dieses Wortes – ist es zu danken, daß vielerorts mineralienreiche Wasser an die Erdoberfläche drängen, unaufhörlich und bis zu fast 70 Grad heiß. »Baden« (in diesem Gesundbrunnen) hieß und heißt immer noch das Zauberwort zur Verlängerung des Lebens und zur Steigerung der Lebensfreude. Sehr frühzeitig verstand man auch schon etwas von ganzheitlicher Therapie, baute daran, ein Ambiente zu schaffen, das auch der Seele guttat: luxuriöse Badehäuser, Kurhäuser und Hotels, stille Parks und Kurgärten mit Blumenrabatten in vielen leuchtenden Farben, Theatervorführungen, Geselligkeit, rauschende Feste, beschwingte Bälle, Kurzweil der gehobenen Art. Das übrige bewirkt die Natur mit ihren blaugrünen dichten Bergwäldern, frischen saftiggrünen Laubwäldern, schattigen Alleen, stillen Wegen und rieselnden Bächen ganz allein.

BADEN – das ist auch der Name einer Burg, einer Stadt (und hier gleich verdoppelt), einer früheren Markgrafschaft, eines früheren Großherzogtums und der halbe Name eines heutigen Bundeslandes. Er stammt von den Römern, die das heutige Baden-Baden einfach »Aquae« (Wasser, Bad, Heilbad) nannten.

Wie lange hier schon die 58 bis 68 Grad heißen Kochsalzquellen aus den Felsklüften des Florentinerbergs, aus 1200 bis 1800 Meter Tiefe aufsteigen und täglich mehr als 800 000 Liter ausschütten, ist ungewiß, vielleicht seit mehr als 15 000 Jahren. Ob die Kelten sie kannten und nutzten, wissen wir nicht, nur daß sie hier saßen, ist bekannt: Auf der Höhe des Battert oberhalb der Ruine der Burg Hohenbaden sind noch die Ringwälle einer keltischen Fliehburg zu erkennen. Nach 74, als die Römer mit der Besetzung des rechtsrheinischen Gebiets begannen, erquickten sich ihre Legionäre, die wohl nahebei ein Erdlager hatten, in den sprudelnden Wassern und bauten die ersten einfachen Bäder. Um sie herum entstanden Bauten – Aquae wurde Garnisonstadt und Hauptort einer Bezirksgemeinde. Dem Kronprinzen Marcus Aurelius Antonius, der sich als Kaiser Caracalla nannte, stiftete 197 die res publica Aquensis, also die Bezirksgemeinde Aquae, eine Ehrentafel. 213 weilte Caracalla nach einer (erfolgreichen) Schlacht gegen die Alemannen in Aquae zur Kur, ließ Felsen beiseiteräumen, die Badgebäude erweitern und ihre Wände mit Marmor verkleiden. Nun konnte sich die Siedlung Aquae Aureliae, Badestadt des Kaisers Aurelius, nennen.

Von der römischen Badestadt, die eine beträchtliche Fläche einnahm – vermutlich reichte sie vom Marktplatz bis zur Zähringer Straße, die Stiftskirche steht auf einem Teil von ihr –, ist nur ein kleiner Teil freigelegt: vier Räume des sogenannten Soldatenbades zwischen Friedrichsbad und Augustabad. Es waren Dampf-, Schwitz- und Kaltwasserbäder. Auch die Anlage der Hypokaustheizung und die perfekten Wasserab- und -zuleitungen sind noch zu sehen. Die weitaus prächtiger ausgestatteten sogenannten Kaiserthermen unter dem Marktplatz sind nicht zugänglich.

Die historischen Quellen berichten nur sehr spärlich über die ausgedehnte Siedlung und geben uns keine Vorstellung davon, wie sie ausgesehen hat. Sicherlich gehörten Paläste, ein Stadium, eine Rennbahn und vielleicht auch ein Odeon dazu.

235 rückten die Alemannen an, und 260 hatten sie die Römer vollends aus dem rechtsrheinischen Gebiet vertrieben. Da sie die Technik des Steinbaus nicht beherrschten, verfielen die Badeanlagen. Erst im 14./15. Jahrhundert lebte der Badebetrieb wieder auf. Ein Arzt des Markgrafen arbeitete 1460 als erster eine Badekur aus, die Position eines Kurdirektors wurde geschaffen, die Kurtaxe eingeführt und eine Badeordnung erlassen. Anfang des 16. Jahrhunderts erschienen die ersten balneologischen Bücher, auch Paracelsus, der sich mit der Wirkung des Heilwassers beschäftigte, verfaßte ein mit Holzschnitten ausgestattetes Badebuch. Seit dem 14. Jahrhundert vergab der Markgraf Lehnsrechte zur Nutzung der Thermalquellen an Edelleute und Bürger. Auch den Kapuzinern, die sich 1631 in der Stadt niederließen, gestand er ein

gehöriges Quantum heißen Wassers zu. Ihr Kloster erwarb übrigens nach der Säkularisation 1803 der Verleger Johann Friedrich Cotta. Er ließ es von dem klassizistischen Baumeister Friedrich Weinbrenner umbauen (heute Hotel Badischer Hof). Im 15./16. Jahrhundert gab es in der Stadt zwölf große Badherbergen, eine steht noch: das Haus Baldreit von 1479 (heute Stadtmuseum). Der Dreißigjährige Krieg und die Eroberung durch die Franzosen fügten der Badestadt schwere Schäden zu.
Mit dem neuen Aufschwung im 18. Jahrhundert verlagerte sich der Kurbetrieb auf das andere Ufer der Oos, wo ein Promenadenhaus entstand. Das 19. Jahrhundert ließ die Kurstadt als »Sommerresidenz Europas« erblühen. Klassizismus, verschiedene Spielarten des Historismus und später der Jugendstil prägten die Züge der neuen Kurstadt. Aus dem alten Promenadenhaus wurde das Kurhaus, dessen klassizistischen Mitteltrakt Weinbrenner entwarf – der französische Dichter Alfred de Musset nennt den Bau eine »Art Scheune mit Säulenvorbau« und einen »Bastard des Parthenon«. Heinrich Hübsch erbaute die Trinkhalle, 90 Meter lang und von 16 korinthischen Säulen gestützt, und das Neue Dampfbad (jetzt für Ausstellungen und Konzerte

Oben: Inschriftenstein zu Ehren des Thronfolgers Marcus Aurelius Antonius (Caracalla), gestiftet 197 n. Chr. von der Bezirksgemeinde Aquae. – Das Kurhaus von Baden-Baden: auf einem kolorierten Stich (S. 130) und heute (links); gänzlich unverändert blieb der Weinbrennersche Mittelbau von 1823 mit der eleganten Säulenvorhalle. – Ganz oben: Reste des sogenannten römischen Soldatenbades in Baden-Baden, angelegt um 117 n. Chr.

genutzt; die Urquelle ist zu besichtigen). In pompösem Neubarock und mit prächtiger Innenausstattung entstand der Stadtbahnhof und in Formen der Renaissance der mächtige überkuppelte Komplex des Friedrichsbads, dessen unverändertes, römischen Thermen nachempfundenes Inneres einen guten Eindruck gibt von der Badekultur der Zeit. Es war damals Europas modernstes Bad. In den alten Fürstenbädern sind heute die medizinischen Bäder untergebracht; schönster Teil ist das runde Schwimmbad unter der hohen durchlichteten Kuppel.

Baden-Badens Zauberer hieß Edouard Bénazet. Hatte bereits sein reicher Vater Jacques, der 1838 die Spielbank pachtete, mondäne Pariser Atmosphäre nach Baden-Baden gebracht, so übertraf ihn sein Sohn noch um ein Vielfaches. Er ließ die etwas verspätet im Empirestil ausgestatteten Kasinoräume von französischen Architekten und Pariser Bühnenbildnern nostalgisch im Stil französischer Königsschlösser umgestalten – jeden Raum in einem anderen Stil: Louis XIII., Louis XIV., Louis XV., Louis XVI. Er initiierte den Bau des Theaters, ließ die Lichtentaler Allee mit ihren prachtvollen Bäumen samt dem Englischen Park anlegen und rief das alljährlich stattfindende Iffezheimer Pferderennen, kurz »die Woche« genannt, ins Leben.

Auf dem Fürstenkongreß 1860 traf sich hier alles, was in der europäischen Adelswelt Rang und Namen hatte, und für manchen begann damit das alljährliche Sicheinfinden und Kuren in Baden-Baden. Den Fürsten folgten die Dichter. Sie trafen sich hier zu Colloqien

Die Trinkhalle in Baden-Baden, in der verschiedene Quellwasser ausgeschenkt werden: auf einem kolorierten Stich (links) und heute (oben). Unten: Die Stourdza-Kapelle ließ sich die rumänische Fürstenfamilie Stourdza 1866, als sie in Baden-Baden im Exil lebte, erbauen. Den Entwurf lieferte Leo von Klenze.

Oben: das Friedrichbad in Baden-Baden, 1869–1877 von Karl Dernfeld in üppigen Renaissanceformen erbaut. – Unten: stiller Winkel im Kurpark von Baden-Baden.

oder wollten ihre zerschundenen Seelen wiederaufrichten: Gérard de Nerval, de Musset, Hugo, Flaubert, Gogol, Turgenjew, der fast zehn Jahre blieb, Dostojewski, der vom Spielkasino nicht loskam und nicht nur den Schmuck seiner jungen Frau, sondern auch seinen Paletot verspielte, Hebel, Kerner, Uhland, Storm, Flake, Bergengruen, der ebenfalls blieb. Und auch Komponisten wie Berlioz, Brahms, die Schumanns, Wagner und viele andere kamen.

Der letzte wesentliche Bau Baden-Badens ist die Neue Therme, in die das Kaiserin-Augustabad einbezogen ist. Es bietet noch mehr an Komfort und moderner Technik als das 1966 fertiggestellte, nicht gerade veraltete Augustabad, das seinen Vorgänger aus dem vergangenen Jahrhundert verdrängte.

Wie bescheiden mag sich daneben das KARLSBAD nahe Karlsruhe ausgenommen haben, auch im 18. Jahrhundert, als es gerne von Fürsten, vor allem den Großherzögen von Baden-Durlach, besucht wurde (daher sein Beiname »Fürstenbad«). Karlsbad hieß es nach dem Markgrafen Karl Wilhelm, dem Gründer von Karlsruhe. 1726 gab es dort zwei Badhäuser mit Holzbottichen, und noch im selben Jahr entstand ein großes Badhaus mit Badekabinetten, Gastzimmern, Speisesaal und Stallungen. Im 19. Jahrhundert konnte es sich gegen die übermächtig gewordene Konkurrenz von Baden-Baden und Wildbad nicht mehr behaupten, die Badeanlagen wurden 1846 abgebrochen.

In BAD ROTENFELS, das heute zu Gaggenau gehört, gab es zunächst eine Steingutmanufaktur, 1801 von der Markgräfin Louise von Baden eingerichtet, dann ein schlichtes Schloß, das Weinbrenner erbaute, und 1839, als Markgraf Wilhelm von Baden auf der Suche nach neuen Einkunftsquellen nach Steinkohle bohren ließ, wurde plötzlich eine Mineralquelle entdeckt und der Kurbetrieb aufgenommen. Eine Trinkhalle mit Wandelgängen und ein Badhotel entstanden. Doch bevor sich der Badeort so recht entwickelt hatte, gerieten die heilenden, bis 34 Grad warmen Natrium-Chlorid-Quellen schon wieder in Vergessenheit. Seit 1981 speisen sie die Becken eines großen, außen wie innen architektonisch bemerkenswerten Bades, dessen Name »Rotherma« an das Rotliegendes genannte Gestein erinnern, aus dem die Wasser aufsteigen.

BAD HERRENALB zählt zu den jüngeren Heilbädern des Schwarzwalds, erst seit 1971, als man über Mineral-Thermalwasser-Quellen verfügte und das Badezentrum fertiggestellt war, darf es sich so nennen. Kurbetrieb gab es hier allerdings schon seit 1839: Sieben Gäste kurten in dem Jahr in der »Kaltwasser-Heilanstalt«. Mehr als hundert Jahre lang bemühte man sich, Thermalwasser im Boden zu finden, 1963 gelang es. Heute liefern zwei Quellen 28 Grad warmes Chlorid-Sulfat-Wasser.

Plätschernder Wasserlauf im Kurpark von Wildbad, der sich weit über hügeliges Gelände hinzieht und schließlich in die freie Wiesen- und Waldlandschaft übergeht

Wildbad, Liebenzell und Teinach bilden ein Bäderdreieck zwischen Enz und Nagold. WILDBADS Thermen blieben jahrhundertelang im hohen Wald verborgen. Auch die Römer, die ganz in der Nähe vorbeizogen, hatten sie nicht entdeckt. Urkundlich nachgewiesen ist der Quell erst von 1345 an, doch schon einige Jahre später ist von »großem Zudrang« die Rede. Zufällig fand man 1904 unter einer dicken Geröllschicht in der Nähe des Haupteingangs zum König-Karls-Bad den Urquell, der aus einem in mühevoller Steinmetzarbeit in das harte Gestein getriebenen Schacht sprudelte. Funde in der Umgebung des Quells ließen darauf schließen, daß hier Facharbeiter, vermutlich Mönche des 12. Jahrhunderts, am Werk gewesen waren. Die Württemberger Grafen, denen später das Land gehörte, waren es wohl, die dann in der ersten Hälfte des 14. Jahrhunderts die erste Thermalwasseranlage einrichteten. Daß sie sich gerne hier aufhielten, ist bekannt, auch durch einen unrühmlichen Zwischenfall: 1367 wurden Graf Eberhard der Greiner und sein Sohn von den Ebersteiner Grafen in Wildbad überfallen. Den beiden gelang die Flucht nach Burg Zavelstein.

Zunächst badete man ganz einfach im eingerundeten Quellsee. Bald wurde er mit Hölzern bassinartig eingefaßt, überdacht und schließlich von einem Gebäude umschlossen. Der Arzt und Philosoph Theophrastus Bombastus von Hohenheim (1494–1541), besser bekannt unter seinem Beinamen Paracelsus, schrieb eine Abhandlung über die Thermen von »Niederbaden« (Baden-Baden), »Wiltbat« und »Zellerbat« (Liebenzell) mit dem Titel »Von den natürlichen Bädern« und stellt darin auch fest, daß alle drei Bäder den gleichen Ursprung haben und nach Wasserläufen in drei Orte geteilt werden. Wildbads Ruf war damit begründet. Zu

»Introite – nam hic dei sunt« (Trete ein, denn hier weilen die Götter) – so lautete eine der Inschriften im Graf-Eberhards-Bad, dessen historische Teile mit maurischem Saal und Fürstenbad, alle mit Statuen, Mosaiken und Arabesken geschmückt, noch erhalten sind (links und oben).

Unten: Im Kurpark von Wildbad wechseln einheimische mit exotischen Gewächsen, Rosengehege mit Schwanenteichen und Felsgruppen – fortwährend ist das Auge beschäftigt.

Beginn des 16. Jahrhundert zählten der Reichsritter Franz von Sickingen, dem übrigens Wildbad als Pfand für aufgewendete Kriegskosten zugefallen war, und sein Freund, der Humanist Ulrich von Hutten, zu den prominenten Badegästen. Zu dieser Zeit gab es bereits mehrere Bäder, und nirgendwo sonst wurde die Trennung nach Ständen so streng gehandhabt wie in Wildbad: Fürsten-, Herren-, Bürger-, Bauern- und Frauenbad, letzteres mit den Unterabteilungen Gemeines Weiberbad und Armenbad, 1566 ließ Herzog Christoph von Württemberg ein Spital für arme Badegäste anlegen. Um die baulichen Angelegenheiten kümmerte sich zu Beginn des 18. Jahrhunderts der württembergische Hofbaumeister Heinrich Schickardt. Bis 1825 gab es sogar ein Pferdebad – für kranke Reit- und Wagenpferde.
Eine Art Gästeliste war auch schon vorhanden: Die Namen und Wappen der hohen Herrschaften wurden auf Holztäfelchen gemalt und an den Außenwänden der Herbergen angebracht. Leider hat ein Brand sie später vernichtet. Aber die Chroniken geben einige Auskünfte darüber, wer das Wildbad aufsuchte, so die Hirsauer Chronik, in der es beispielsweise 1611 heißt: »Im Augusto zuvor ist fräuwlein Elisabethe geborene Marggrävin Badensis sampt der Herzogin zu Nürtingen im Wildbad gewesen. Zway mahl daz nacht-Lager im ein- und ausziehen gehabt.« Viele machten auf ihrem Weg nach Wildbad im Kloster Hirsau Station. Die Kurtaxe, das »Baadgelt«, betrug sechs Heller, fremde Badegäste mußten sie immer zahlen, um die der Einheimischen gab es ständig Streit, weil behauptet wurde, ihnen sei die »Badgerechtsame«, also die Befreiung von der Badgeldentrichtung, zugesprochen worden.
1742 zerstörte ein Großbrand Häuser, Stadtkirche, Rat-

haus und die Bäder. Herzog Karl Eugen von Württemberg förderte persönlich den Wiederaufbau. Er selbst war hier gerne zu Gast, und hier traf ihn das gute Geschick in Gestalt der schönen Franziska von Leutrum, erst 21 Jahre alt und mit einem langweiligen Adligen verheiratet. Der Herzog entführte sie in einer Nacht-und-Nebel-Aktion nach Stuttgart, erhob sie zur Gräfin von Hohenheim und zu seiner zweiten Gemahlin. Die Wildbader und die Stuttgarter nannten sie, die zu einer Art Landesmutter wurde, ehrfurchtsvoll-vertraulich »das Fränzl«.

Für Vergnügungen war im übrigen reichlich gesorgt. Man speiste gemeinsam in der »Lauberhütte«, einer aus Reisern erstellten Hütte, aus der später ein festes Gebäude wurde. Hier wurde auch getrunken, getanzt und gespielt: »Der Plumpsack geht um«, Blinde Kuh, das Sprichwörter-Spiel, Billard und Scheibenschießen. Spaßmacher kamen ins Bad und ergötzten die Gäste. Aus der Lauberhütte wurde bald der Konversationssaal, in dem auch regelmäßig eine französische Schauspielertruppe gastierte, und schließlich das Kurhaus.

Das 19. Jahrhundert verzeichnete stetig steigende Besucherzahlen, und für die hohen Gäste waren die Inneneinrichtungen der Bäder schon längst nicht mehr zeitgemäß. König Wilhelm von Württemberg gab die Anordnung zur Modernisierung. 1840 bis 1847 entstanden das großangelegte Graf-Eberhards-Bad und das modern ausgestattete Badhotel, beide von dem Ludwigsburger Nikolaus Thouret. Eine überragende bauliche Schöpfung ist das Graf-Eberhards-Bad. Es umfaßte acht große Gesellschaftsbäder, 44 Einzelbäder und neun Fürstenbäder. Einiges ist bei der kürzlichen Umgestaltung des Bades erhalten geblieben und kann als Beispiel für die Badarchitektur der damaligen Zeit gelten, darunter der maurische Saal, ein glasüberwölbter Innenhof. Pathos und Prunk der Ausstattung – geflammte Marmorsäulen, arabeskenähnlicher Mosaikwandschmuck und Frauenstatuen voll glatter Anmut – künden vom Übergang des Klassizismus zur Gründerzeit. Dieses Bad wird von der originalen Wildwasserquelle gespeist, während in das 1895 errichtete König-Karls-Bad, dem eine monumentale Fassade vorgeblendet wurde, eine Mischung aus »Wildwasser« und »Mildwasser« fließt.

Zu den warmen Quellen von LIEBENZELL, nahe dem Ufer der Nagold, pilgerten bereits kurz nach der Jahrtausendwende Heilungssuchende. Sie badeten im Freien, weilten in Hütten und Zelten. Damals gab es hier eine kleine Klosterzelle, die sich aber im Schatten des bedeutenden Klosters Hirsau nicht so recht entwickeln konnte. Ende des 14. Jahrhunderts ließ der Markgraf von Baden (seit 1273 waren Burg und Ort badisch) die erste Badherberge erbauen, und 1415 entstand die zweite, das jetzige Helenenbad, ein stattliches Fach-

werkhaus. Nun traf sich in dem Badeort alljährlich nach Pfingsten alles, was Rang und Namen hatte. Die Kurlisten aus den Jahren von 1506 bis 1607 sind ein Verzeichnis des gesamten süddeutschen Adels. Im 17. Jahrhundert entstand auf den Badewiesen das erste Lusthaus mit großem »Spaziersaal« im ersten Stock. Doch bald danach setzte der Niedergang des Badelebens ein. Erst 1808 richtete der König von Württemberg das Bad wieder her und baute den Fürstensaal, und seit Beginn des 20. Jahrhunderts erfolgte der Aufstieg zu einem modernen Badeort. Das 1968 erbaute Paracelsusbad, das auch das Kurmittelhaus einschließt, erfüllt alle Anforderungen der heutigen Zeit.

Im engen Tal der TEINACH liegt das gleichnamige Bad, von Wäldern umkränzt. In Urkunden ist zum erstenmal 1345 vom Teinacher Bad die Rede, doch die »edlen Quellen« wurden schon sehr viel früher entdeckt. Badeschriften, die über Heilwirkungen und Kur-

Oben links: das Kurzentrum in Bad Teinach. Bad Liebenzell: Natur und Gartenbaukunst schufen einen Kurpark mit weiten Rasenflächen, einem kleinen See mit hoher Fontäne und Pavillons (oben rechts). – Neues Kurzentrum mit modernem Paracelsusbad (rechts). 1415 ließ der badische Markgraf das »neue Wildbad zu Liebenzell« erbauen, das jetzige Helenenbad (S. 136 unten), und verlieh es als Erblehen »an den armen Mann Benzen Ruwer um einen Jahreszins von 22 Gulden«. Damals badete man noch in Bottichen (unten).

Baumpilzähnliche Säulen tragen die Terrassen des Kurhauses in Badenweiler, das ein schönes Beispiel moderner Architektur ist.

anwendungen berichten, gibt es seit dem 17. Jahrhundert. Lobenswertes über das Quellwasser verkünden auch die von Gästen verfaßten Inschriften auf den Denksteinen, die vereinzelt auch heute noch hinter dem Badgebäude am Ufer der Teinach stehen. Eine Glanzzeit erlebte der Ort im 18. Jahrhundert, als der württembergische Herzog Eberhard Ludwig hier ein »Herrschaftshaus« mit Marstall, Reitbahn, Kaffeehaus, Irrgarten und Promenaden anlegen ließ. Auch andere vornehme Gäste kamen nun hierher, und nach 1835 wurde Teinach königliches Bad. Das reizvolle Ensemble von Fürstenhaus, Trinkhalle und dem vornehmen klassizistischen Badhotel, davor ein anmutiger Brunnen, blieb bis heute erhalten und gibt dem Badeort einen intimen Charakter, dem sich das 1983 im Fürstenhaus eingerichtete Kurhaus vorzüglich anzupassen weiß.

Auch im Südwesten, dort wo sich das Gebirge zum Rheintalgraben hin absenkt, und im Süden, am Hochrhein, quellen warme, durch Mineralien angereicherte Wasser aus dem Gestein. BADENWEILER am Nordabhang des Blauen ist der traditionsreichste der Badeorte. Die Kelten werden die Thermen gekannt haben – Ringwälle zeugen von ihrer Anwesenheit in der Gegend von Badenweiler –, und die Römer bauten sich am Abhang des Schloßbergs, der heute vom Kurpark eingenommen wird, große Badeanlagen, deren Ruinen zu den größten und besterhaltenen auf deutschem Boden zählen. »Aqua Villae«, Wasser- oder Badstadt, nannten sie diesen Ort. Man nimmt an, daß bereits unter Kaiser Vespasian (69–79) die ersten Gebäude des Heilbades errichtet und sie dann in späterer Zeit zu der imposanten Anlage ausgebaut wurden, wie wir heute aus den Mauerresten schließen können. Die Anlage ist vollkommen symmetrisch, was ungewöhnlich ist, denn bisher hat sich nirgendwo im ehemals großen römischen Reich ein ähnlicher Grundriß finden lassen. Eine hohe Mauer bildet die Achse, beiderseits davon ein rechteckiges Becken, wohl die ersten des Heilbades, mit Stufen zum Einsteigen und zum Sitzen. Steigende Besucherzahlen führten offenbar zum Bau von zwei weiteren Becken, ebenfalls rechteckig, aber größer als die früheren und mit halbrunden Ausbuchtungen in der Mitte der Schmalseiten (heute ist nur jeweils eine Ausbuchtung zu sehen). Außer diesen vier, jeweils als Halle konzipierten Gemeinschaftsbädern gab es Nischen mit kleinen wannenförmigen Becken zum Einzelbaden, Vorrichtungen zum Abwaschen oder Übergießen, Schwitzbäder, einen Raum für die Kesselheizung, Kaltwasserwannen, Umkleideräume, einen Feuerungsraum, von dem aus die Hohlräume (Hypocaustum) der Wände und Fußböden mit Heißluft beschickt wurden, und eine große Trink- und Wandelhalle. Die Becken wurden – vermutlich über Wasserspeier – mit Thermalwasser gespeist, das gebrauchte Wasser durch Bleirohre, die noch vorhanden sind, abgeleitet. Planung und Ausführung der Anlage zeugen von hohem technischem Verstand und Sinn für künstlerische Wirkung. Man nimmt an, daß hier römische Architekten aus Angst, östlich von Basel, am Werk waren. Dort bestand schon seit Caesars Zeiten die Bürgerkolonie »Colonia Raurica«. Ihre Bewohner werden wohl die Mehrzahl der Badegäste ausgemacht haben. Doch auch in Badenweiler wird es eine Siedlung und die zu einem römischen Heilbad gehörigen Einrichtungen wie zum Beispiel Gasthöfe gegeben haben. Die bisherigen Funde lassen jedoch keine Rekonstruktion zu. Das Bad weihten die Römer der Schwarzwaldgöttin Diana Abnoba, einer Kombination aus der römischen Jagdgöttin Diana, die in Germanien auch zur Göttin der Heilquellen wurde, und der keltischen Göttin Abnoba. Darüber gibt ein Inschriftstein, der früher vermutlich auf dem Vorplatz stand, Auskunft. Ende des 3. Jahrhunderts hatten die Alemannen das Gebiet im Rheinknie fest in ihrer Hand. Da sie die Technik des Steinbaus nicht beherrschten, verfielen die römischen Bäder. Erst 1784 wurden sie durch Zufall wiederentdeckt.

Auch sonst ruhte in Badenweiler das Badewesen, bis man kurz nach 1400 die Heilquelle wiederfand, die heute Römerquelle heißt und täglich eine Million Liter Thermalwasser ausschüttet. Lange Zeit gab es nur ein Badwirtshaus in Badenweiler, erst 1747 wurden es vier – mit insgesamt 200 Fremdenbetten. Gegen Ende des 19. Jahrhundert herrschte reger Kurbetrieb. Der Großherzog von Baden, der häufig in dem antiken Thermen nachgestalteten Badehaus (1874) weilte, ließ das angrenzende Oberamtshaus zu einem Palais, zu seinem Ständigen Quartier umbauen. 1928 starb dort Friedrich II., der letzte Großherzog von Baden, und 1952 seine Gemahlin, die Großherzogin Hilda. Von den vielen Berühmtheiten, die Badenweiler aufsuchten, um Heilung zu finden, sei einer genannt: Anton Tschechow. Er starb hier 1904 an Lungentuberkulose. »Dem gütigen Menschen und Arzt, dem großen Schriftsteller« steht auf seinem Grabstein zu lesen. Die schönen Bauten Badenweilers, darunter das Lusthaus Belvedere von Weinbrenner, erhielten 1972 mit dem neuen Kurhaus, das sich mit seinen drei lichten Terrassen in eine Mulde zu Füßen des Schloßberges schmiegt, ein modernes Pendant.

KROZINGEN ist ein alter Ort, ein dortiges Kloster wird 807 zum erstenmal erwähnt. Doch seine Thermalquelle wurde erst 1911 erschlossen, rein zufällig nach Tiefbohrungen, mit denen man nach Erdschätzen wie Kali und Petroleum forschte: Plötzlich waren die Wiesen westlich der Gemeinde von warmem Kohlesäurewasser überflutet. Es stammte aus einer Quelle, die pro Sekunde 120 Liter 40 Grad heißes Calcium-Sulfat-

Badenweiler: die ausgedehnten römischen Badeanlagen in Badenweiler mit vier großen Wasserbecken und zahlreichen Einzelbädern (oben); das Markgrafenbad, 1874 nach dem Vorbild antiker Thermen erbaut (ganz unten). Wassertreten nach Kneipp (oben). – Das moderne Theater in Badenweiler (unten).

Wasser entsendet. Das Besondere ist, daß es warm ist, da doch die meisten kohlensäurehaltigen Quellen kalt sind. Nunmehr verfügt Bad Krozingen über alle modernen Kureinrichtungen und hat sich in den letzten Jahren auf Herz- und Kreislaufkrankheiten spezialisiert.
Ähnlich wie Krozingen erging es dem kleinen, altertümlichen Winzerdorf BELLINGEN südlich von Müllheim in der Nähe des Rheins, das 1956 jäh aus seiner Beschaulichkeit gerissen wurde: Bei der Suche nach Erdöl stieß man auf eine starke Mineralquelle. Inzwischen sprudelt an drei Stellen heilkräftiges Natrium-Calcium-Chlorid-Wasser aus dem Boden, zwischen 38 und 41 Grad heiß. Es besitzt eine große therapeutische Wirkung bei Erkrankungen des Bewegungsapparats.
SULZBURGs radiumhaltige Quelle, die schon im 16. Jahrhundert Bergleute und Bauern erquickte, fließt heute in die Wasserleitungen des Waldhotels, zum Heilbaden wird es nicht mehr genutzt. Das kleine GLOTTERBAD im Glottertal nahe Freiburg gehört der Landesversicherungsanstalt Württemberg, doch zu seinem eisenhaltigen Wasser zieht es auch immer noch so manchen Privatpatienten, der Herz und Kreislauf stärken will.
BAD SÄCKINGEN ist das südlichste und wohl jüngste Heilbad Deutschlands, erst 1978 erhielt es dieses Prädikat. Eigentlich dürfte es sich einer tausendjährigen Badetradition rühmen – im 10. Jahrhundert wird es erstmals als Heilbad erwähnt. Im Spätmittelalter erlebte es seine Blütezeit: Während des Basler Konzils, das von 1431 bis 1449 tagte, weilten Konzilsherren, darunter drei Bischöfe, und vornehme Basler im Badhaus zum Kuren und zum Gastmahlen. Der Dreißigjährige Krieg brachte den Niedergang, und erst 1720, mit dem Bau des Thermal-Mineralbades St. Marienhaus über der Badquelle, das immer noch steht, kam der Kurbetrieb wieder in Gang. 1977 entstand ein neues Kurzentrum mit zwei Kurkliniken und dem Kurmittelhaus. Therapiert werden hier vor allem arterielle Verschlußkrankheiten und Rheuma.
BAD DÜRRHEIM ist sowohl Heilbad als auch heilklimatischer Kurort. Das eine Prädikat verdankt es seinen beiden Solequellen, die einem schier unerschöpflichen Steinsalzlager in 130 bis 200 Meter Tiefe entspringen, das andere seiner geographischen Lage auf der Baar, einer Hochebene zwischen südöstlichem Schwarzwald und Schwäbischem Jura, im Norden und Nordosten von den Höhenzügen des Kapfwaldes umgeben. Sie nämlich bestimmt das Klima, das als subalpines Reizklima oder voralpines Höhenklima bezeichnet wird. Es gibt hier mehr Sonnenstunden im Jahr als in Norditalien bei stets frischer und reiner Luft. Die Salzvorkommen wurden 1822 bei Bohrungen entdeckt. Nachdem man sich zunächst mit dem Salzabbau begnügt hatte, wurden dreißig Jahre später die ersten Badezellen eingerichtet, und damit begann dann auch der Aufstieg Dürrheims zum modernen Heilbad, in dem vor allem Erkrankungen der Luftwege und des Kreislaufs behandelt werden.
Die Badeorte am Kniebis, die in ihren Kureinrichtungen längst allen Ansprüchen der modernen Zeit genügen, zählen zu den verschwiegenen im Lande. Sie mögen es wohl, daß man sie in stillen, abseits gelegenen Tälern suchen muß. »Rippoldsau ist ganz so altmodisch in seiner Art, wie ich es vor vier Jahren kannte, dabei in seinen Kuranwendungen nicht verspätet, auch sind vor der Hand kaum mehr als 60 Gäste da; von einer innozenten Kurmusik abgesehen, die ihre Aufführungen dreimal täglich in die um unendlich vieles heitere Natur hinaus verschwendet, ist die Stille, die die Wälder von allen Seiten in das verläßliche Kurthal hineinathmen, unbeschreiblich, über alles Maß, über die Maßen.« Dies schrieb 1913 Rainer Maria Rilke, der den Gesellschaftstrubel der großen Bäder nicht mochte, ganz im Gegensatz zu Viktor von Scheffel, der es liebte, bei seinen häufigen Kuraufenthalten in BAD RIPPOLDSAU (und auch anderswo) eine große Gemeinde um sich zu versammeln. Auch viele andere Dichter fanden sich häufig in Bad Rippoldsau ein: Nikolaus Lenau, Ferdinand Freiligrath, Berhold Auerbach und der »Dichterfürst« Paul Heyse aus München.

Links: Inhalation bei einer Solebadkur in Bad Dürrheim; ein Ultraschallgerät erzeugt einen dichten Nebel aus kleinen Tropfen, die in die feinsten Zweige der Bronchien und in die Lungenbläschen gelangen.
Rechts: Bad Rippolsau, ein modernes Kurzentrum.
Unten: Erholung vom Baden in Bad Bellingen

Die Badetradition reicht weit zurück. Bis ins 15. Jahrhundert hinein waren Mönche, Nonnen und Adlige der nächsten Umgebung wohl die einzigen Badegäste. Sie kannten die heilsame Wirkung des Quellwassers, doch für die Geistlichen hatte das Baden auch noch die symbolische Bedeutung der Reinigung von allen Sünden. Bald danach setzten die Badereisen wohlhabender Bürgersleute ein. Rippoldsau gehörte damals zum Elsaß, und so ließen sich die Straßburger »Frauenzimmer« in ihrem Ehekontrakt eine jährliche Reise in dieses populäre Bad zusichern. Die Fürstenberger, Herren über diese Gegend vom 16. Jahrhundert an, förderten das Bad, schufen neue Badherbergen und erließen die erste Badeordnung. Darin hieß es beispielsweise, man habe sich aller »leichtfertigkeiten, ärgernussen, Gotteslästren, fluechens und schwerens und dergleichen unanständigkeiten zu enthalten«. Im 17. Jahrhundert geriet das Badewesen in arge Konkurrenz zu dem, wie man meinte, einträglicheren Bergbau. Ein Fehlschluß – der wahre Reichtum Rippoldsaus waren die – inzwischen verschütteten – Quellen gewesen. Man suchte sie nun wieder hervor, faßte sie neu, und da man sich auch schon auf Werbung verstand, fand sich bald wieder eine bunte Gesellschaft von Offizieren, hohen Beamten, Gelehrten, Adligen, Vertretern des Hauses Fürstenberg mit ihren Schultheißen und Vögten, Schweizer Kaufleuten in Rippoldsau ein. Eine strenge Badeordnung regelte das Verhalten, und zur Bekleidung heißt es da (1762): »Alle Mannspersonen gehen nur in Schlafrock, Kapp, Strümpfen und Pantoffeln über die Straße ins Bad. Um auch desto eher fertig zu sein, läßt man Halstuch, Knieriemen und Hembd-Knöpfe zu Haus, ingleichen Ringe, so leicht in Baden verlohren gehen, wohl auch Steine im Wasser ihren Glanz verlieren. Man nimmt nur ein Schnupftuch zum Abtrocknen des Gesichts mit; einige auch die Tabakdose. Frauenpersonen pflegen im Mantel, Unterrock und Hembd in das Badhaus zu gehen.« Ein kleines Spielkasino lockte weitere Gäste an – aus Hohenzollern, Bayern, Österreich, Sachsen, Hamburg, England.

Was die Bénazets für Baden-Baden, das waren die Goeringers für Rippoldsau, mehr noch: Sie hielten von 1777 bis 1908 die gesamte Badwirtschaft in Händen, zunächst als Pächter, später als Besitzer. Sie machten Rippoldsau zu einem Weltbad. Zeitweise galt es nach Baden-Baden als das zweitbeste Heilbad.

Nach den Verwüstungen des Zweiten Weltkriegs und einer Unwetterkatastrophe 1951 mußte das Bad neu aufgebaut werden. Es entstanden Kurmittelhaus, Trinkanlage und in jüngster Zeit eine moderne Kurklinik, deren Frontseite schräggestellt ist, so daß die Räume auch den letzten Sonnenstrahl einfangen können.

Im oberen Renchtal, ebenfalls zu Füßen des Kniebis, gibt es Thermalquellen zuhauf: in BAD PERTERSTAL,

Oben: Skilanglauf in der reinen Luft um den Feldberg – das Gebiet ist als heilklimatischer Kurort ausgewiesen. – Links: Titisee-Neustadt an dem berühmten Titisee besitzt als Kneippkurort ein lebhaftes Kurzentrum.
S. 142: Gasthof Scheffellinde in Achdorf im Wutachtal; hier dichtete Victor von Scheffel das Volkslied »Am Brunnen vor dem Tore...« – Unten: Die kleine bäuerliche Gemeinde Schonach, 850–1152 m hoch gelegen, entwickelte sich in kurzer Zeit zu einer Sommer- und Winterfrische mit dem Prädikat »Luftkurort«.

seinem Ortsteil FREIERSBACH, GRIESBACH (heute mit Peterstal zu einem Doppelort verbunden), SULZBACH, das früher als »Armenbad« galt und in das die Demokraten der 48er Revolution einkehrten (heute gehört es der Gewerkschaft ÖTV), BAD ANTOGAST, in dem sich bis ins 19. Jahrhundert hinein der europäische Adel versammelte (heute ist die Schüttung der Quelle nur noch sehr gering). Manche der Quellen waren schon im 12. Jahrhundert den wenigen Einwohnern und den Mönchen der umliegenden Klöster bekannt. Aber erst nachdem 1579 der berühmte Arzt Dr. Jakob Theodor von Bergzabern, besser bekannt unter dem Namen Tabernaemontanus, den St. Petersbrunnen in seinem Gutachten als »schönen, herrlichen Sauerbrunnen« bezeichnet und ebensolche lobenden Worte über die Wasser in Griesbach und Bad Antogast gefunden hatte, gewannen die Bäder europäischen Ruf. Gäste aus dem Elsaß und Burgund reisten in das »welsche« Bad. Die prominentesten Gäste in Bad Peterstal waren 1871 der russische Zar Alexander II. und seine Gemahlin sowie Kaiser Wilhelm I. mit Gemahlin und Sohn. Bei all diesen Quellen, mit Ausnahme der von Freiersbach, die Schwefel enthält, handelt es sich um warme, stark kohlensäurehaltige Heilwasser, die sich besonders auf Herz und Kreislauf günstig auswirken.
Außer diesen Heilbädern gibt es im Schwarzwald eine ganze Reihe heilklimatischer Kurorte, so Freudenstadt, Hinterzarten, Lenzkirch, Schluchsee, Schömberg, Königsfeld, Schönwald, Triberg, Höchenschwand, St. Blasien. Auch die Luftkurorte seien nicht vergessen. Zu ihnen zählen Menzenschwand, Bernau, Häusern, Unterkirnach, Gütenbach, Bühlertal, Tennenbronn, Münstertal, St. Märgen, St. Peter. Kneippkuren kann man unter anderem in Waldkirch, Bad Peterstal-Griesbach, Friedenweiler, Bad Dürrheim, Königsfeld, Titisee-Neustadt und Villingen absolvieren.

Die folgenden elf Touren sind Vorschläge zur Erkundung des Schwarzwalds – seiner vielgestaltigen landschaftlichen Schönheit sowie seiner kulturellen Sehenswürdigkeiten. Eine dieser Touren führt auch zu Schloß Favorite bei Kuppenheim, das sich die Markgräfin Sibylla Augusta erbauen ließ. Mehr noch als der Bau selbst zeugt die gediegene und kostbare Inneneinrichtung (unser Bild) von dem Geschmack dieser kunstsinnigen Frau.

Tour 1:

Aus dem Rheintal auf die Höhe

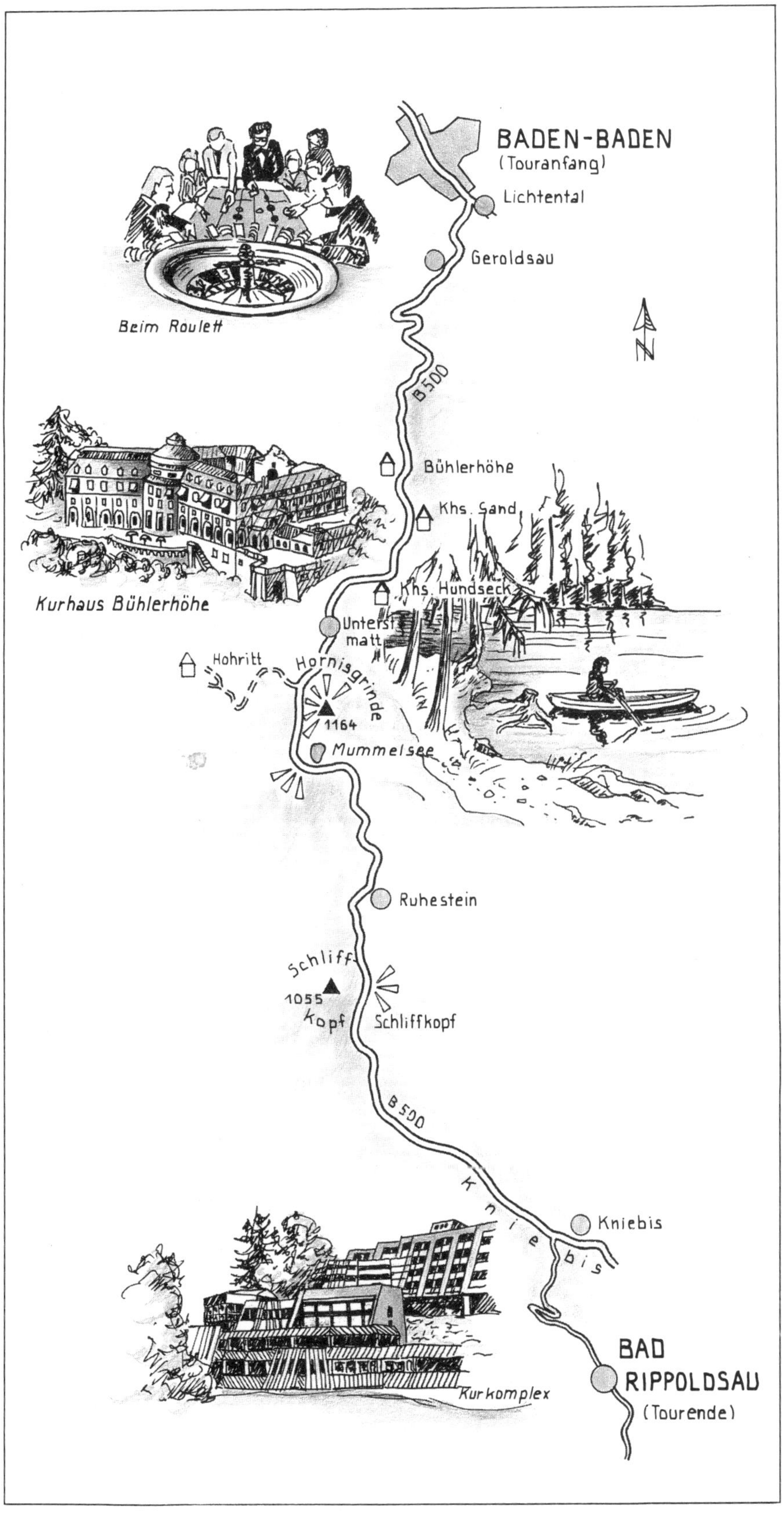

Die Schwarzwald-Hochstraße, der diese Route folgt, ist eine der schönsten Straßen Deutschlands. Sie führt aus der lebendigen Kurstadt Baden-Baden hinauf auf einsame Höhen und berührt einige kleine Seen, darunter den Mummelsee. Von zahlreichen Aussichtspunkten läßt sich die Schönheit der Landschaft genießen.
Länge der Tour: 70 km

Baden-Baden
Die Bäder- und Kurstadt fügt sich in 160 bis 260 Meter Höhe unaufdringlich und elegant in ein schmales Tal zwischen Fremersberg und Battert. Sie erstreckt sich etwa 17 Kilometer weit von der Rheinebene in den Schwarzwald. Zum Stadtgebiet gehört auch die Badener Höhe, mit 1002 Metern der südlichste und höchste Punkt. Durch die Stadt fließt über eine Reihe von kleinen Wehren die Oos, die auch dem Kurpark einen reizvollen Akzent verleiht. Die Gegenwart ist hier mit modernen Bauten gleichermaßen präsent, wie die Vergangenheit mit schmuckvoller Hotelarchitektur des Historismus und der Gründerjahre. Besonders anziehend ist die Altstadt mit ihren engen Gassen und verschachtelten Häusern am Fuß des Florentinerbergs, der die heilenden Wasser spendet. Das heutige Rathaus wurde 1632 als Jesuitenkolleg erbaut.
Von den 12 Badherbergen des 15./16. Jahrhunderts steht nur noch eine: das Baldreit (1479). Der Name geht auf eine Legende zurück. Ein Kurfürst von der Pfalz suchte hier einst Heilung von der Gicht. Der Wirt des Gasthauses freute sich auf einen lange verweilenden, gut zahlenden Gast. Um so größer war seine Enttäuschung, als dieser sich bereits nach 14 Tagen wieder auf sein Pferd schwang und dabei ausrief: »Seht, so bald reit' ich!«
Das Friedrichsbad ist wohl eines der schönsten Bäder der Welt und ein Beispiel für die glanzvolle Badekultur im Baden-Baden der zweiten Hälfte des 19. Jahrhunderts. Das alte Augustabad wurde 1966 durch ein modernes Gebäude ersetzt und an die neue Therme von 1985 angeschlossen. Von den umfangreichen römischen Baderuinen ist nur ein kleiner Teil, das sogenannte Soldatenbad beim Friedrichsbad, freigelegt.

Das Kloster zum Heiligen Grab wurde gegen Ende des 17. Jahrhunderts erbaut, aber 1895 umgestaltet. Die Stiftskirche nimmt einen aussichtsreichen Platz oberhalb der Altstadt ein; sie bewahrt im Inneren die Grabmäler mehrerer Markgrafen. Noch schöner ist die Aussicht von verschiedenen Stellen im Garten des Neuen Schlosses, das auch als Bauwerk sehenswert ist, ebenso wie die stadtgeschichtlichen Sammlungen im Innern. Das älteste Bauwerk Baden-Badens ist das Alte Schloß Hohenbaden – der Hermannsbau reicht bis ins 12. Jahrhundert zurück. Der Battert, an den es sich anlehnt, ist ein zerklüfteter Porphyrfelsen (Naturschutzgebiet).
Auf der anderen Seite der Oos entstand seit dem 19. Jahrhundert ein neues Kurviertel mit Kurhaus (im Innern Spielkasino mit prunkvollen Räumen), zu dem eine von Ladenkolonnaden gesäumte Straße hinführt, Trinkhalle, Theater, Kurpark (bemerkenswert vor allem die Lichtentaler Allee mit prachtvollen Bäumen) und Gönneranlage, ein Jugendstilgarten von Max Laeuger. Weitere Sehenswürdigkeiten sind die Russische Kirche, die Stourdza-Kapelle und das Zisterzienserinnenkloster im Stadtteil Lichtental.

Lichtental
Das frühere Dorf Beuern ist heute ein Stadtteil von Baden-Baden. Man erreicht ihn in wenigen Minuten Oosabwärts entlang der Lichtentaler Allee. An ihrem Ende steht das Zisterziensrinnenkloster Lichtental, das die Markgräfin Irmengart, eine Tochter Heinrichs des Löwen, 1245 gründete. Die dreieckige, von Mauern umgebene Anlage überstand alle Kriege und selbst die Säkularisation, nur der Klosterbesitz wurde vom Staat eingezogen. Bis ins 15. Jahrhundert hinein nahm das Kloster nur adlige Damen als Nonnen auf.
Man betritt den Klosterkomplex durch einen schönen Torbau von 1781. Hier am Eingang ehrt ein Denkmal die Gefallenen des Zweiten Weltkriegs. Den Mittelpunkt der Anlage bildet die gotische Kirche, die auf den Fundamenten eines romanischen Vorgängerbaus steht. Sehenswert im Innern sind der rippengewölbte Chor mit skulptierten Schlußsteinen und dem Grabmal der Stifterin (gestorben 1260), eine bemalte Steinkanzel (1606), die 1946 freigelegten Fresken – ein Kreuzigungsbild und Stifterfiguren von 1324 – und ein Kruzifix (15. Jahrhundert). An der Nordseite des Chors schließt sich die Fürstenkapelle an (1288 erbaut, 1830–1832 weitgehend restauriert). Hier wurden bis 1372 die Markgrafen beigesetzt, ihre Grabmäler sind kunstvolle plastische Arbeiten. Beachtenswert sind auch die Altäre, ein Kreuzigungsbild an der Westwand und einige Bildwerke. In mehreren Räumen der Abtei- und Konventgebäude, als schlichte dreigeschossige Dreiflügelanlage 1728–1734 nach Entwürfen von Peter Thumb erbaut, sind kunsthandwerkliche Arbeiten der Nonnen (vorwiegend aus dem Mittelalter) zu sehen. Im Hof verdient der Marienbrunnen aus dem Jahr 1602 Beachtung.

Bühlerhöhe

Bühlerhöhe
Diesen bekannten Aussichtspunkt erreicht man über Geroldsau, einem Ferienort inmitten von Obstwiesen, nach einer serpentinenreichen Fahrt durch schöne Tannenwälder. Am Weg steht der Helbingfelsen, von dessen Aussichtskanzel aus man einen wundervollen Blick genießen kann. Die Bühlerhöhe gilt als «Insel der Erholung« und besitzt mit dem repräsentativen Kurhaus Schloß Bühlerhöhe eine Anlage für gehobene Ansprüche. Nicht weit davon entfernt steht auf einem Felsen über dem Tal die Kapelle Maria Frieden, die 1965 geweiht wurde. Ihr Entstehen verdankt sie dem Höhenpfarrer Rudolf Hemberger (1912–1984), an den auch ein Denkmal erinnert.

Weiter auf der Höhe
Die Straße führt am Plättig-Hotel (777 m) und am Hotel-Kurhaus Sand (ca. 850 m) vorbei, umzieht den Mehliskopf (1009 m), passiert die Höhengaststätte Hundseck und erreicht am Hochkopf (1039 m) des Höhenhotel Unterstmatt.

Abstecher nach Hohritt
Kurz hinter Unterstmatt biegt rechts die Straße ab nach Hohritt. Das künstlerisch gestaltete Restaurant zeigt in vielen Räumen badisches Kunsthandwerk. (Es gibt auch einen Verkaufsraum.)

Baden-Baden, Kurhaus

Mummelsee

Wieder zurück auf der Schwarzwald-Hochstraße, erhebt sich bald rechts die Hornisgrinde – mit 1164 Metern der höchste Berg des Nordschwarzwalds. An seinem Südabhang liegt der malerische, sagenumwobene Mummelsee (1032 m). Seine Wasserfläche ist knapp vier Hektar groß. Neben dem großen Parkplatz gibt es mehrere Souvenirläden, Imbißstände und sogar einen Bootsverleih. Rechts davon steht ein Denkmal des Erzählers Grimmelshausen, den Verfasser des »Abenteuerlichen Simplicissimus« in dem ein Kapitel am Mummelsee handelt. Auch an den Chronisten Sutter (1884–1970), der sich für die Erhaltung der Mummelseelandschaft besonders eingesetzt hat, wird gedacht. Um den 17 Meter tiefen See führt ein Panoramaweg, auf dem man dem Touristenstrom entfliehen kann. Vielleicht wird einem dann der Zauber des Sees deutlich, der Dichter und Maler in seinen Bann gezogen hat – man denke nur an Eduard Mörikes Ballade «Die Geister vom Mummelsee«. Im Mittelalter war der See als «Lacus mirabilis«, als Wundersee bekannt. Sein Name geht zurück auf die Mummeln, Nixblumen oder Seerosen, aus denen dann im Volksmund die Nixen wurden. Von ihnen erzählt die Sage, sie kämen zum Singen an die Wasseroberfläche und würden nachts um ein Uhr vom Seekönig wieder in die Tiefe geholt.
Diese »Erscheinungen« beschäftigten im 17. Jahrhundert den Jesuiten und Universalgelehrten Athanasius Kircher (1602–1680). Seine Untersuchungsergebnisse hielt er in dem Buch »Die unterirdische Welt« (1678 erschienen) fest. Darin heißt es, der See gefährde jeden, der Steine hineinwerfe. Er beschreibt, wie ein Markgraf von Baden in Begleitung von Geistlichen an den See gekommen sei und geweihte Eicheln und andere heilige Gegenstände hineingeworfen habe. »Da tauchte plötzlich ein schauriges Ungetüm von noch nie gesehener Gestalt daraus hervor und verscheuchte die ganze Gesellschaft am Ufer.« Anschließend habe sieben Tage lang ein furchtbares Unwetter getobt.
Vom Mummelsee führt ein Weg zur Hornisgrinde (der Gipfel ist militärisches Sperrgebiet).

Ruhestein

Die Hochstraße verläuft jetzt bergab und bergauf, am Seibelseckle vorbei, um Schwarzenkopf und Altsteigerkopf herum, zum Erholungszentrum von Ruhestein. Der Paß in 910 Meter Höhe ist Ausgangspunkt für Wanderungen durch den Naturpark rund um den romantisch gelegenen Wildsee, den man in gut einer Stunde auf einem Fußweg erreicht.

Ferienhäuser am Kniebis

Bad Rippoldsau

Blick vom Schliffkopf nach Nordwesten

Schliffkopf

Die Straße führt in großem Bogen am Hang des Vogelskopfs (1053 m) bergauf und in aussichtsreichen Windungen über eine moorige Hochfläche zum Parkplatz Schliffkopf. Von hier aus kann man bequem den 1055 Meter hohen Gipfel besteigen.

Kniebis

Auf dem Weg dorthin kommt man an dem mitten in einem Naturschutzgebiet gelegenen Buhlbachsee vorbei, der sich in einer eiszeitlichen Karmulde hinter Bäumen versteckt. – Kniebis, so heißen die einstmals wichtige Paßhöhe und der Weiler, ist ein beliebtes Wander- und Wintersportgebiet. Jahrhundertelang galt die Gegend als unwirtlich und war nur von Mönchen, Soldaten und Holzhauern bewohnt. Von dem kleinen, im 13. Jahrhundert gegründeten Kloster blieb außer den Trümmern der gotischen Kirche nichts übrig.
Von der strategischen Bedeutung des Passes künden die vielfältigen Befestigungsanlagen wie Schwedenschanze, Schwabenschanze, Kleine Schanze und Alexanderschanze, bei der die Grenze zwischen Württemberg, Fürstenberg und dem Bistum Straßburg verlief – der »Dreiherrenstein« markierte sie. Im Zweiten Weltkrieg war auf dem Kniebis ein Hauptquartier Hitlers.

Bad Rippoldsau

Am Ortseingang von Kniebis verläßt die Route die Schwarzwald-Hochstraße. Sie zweigt rechts ab und führt in Serpentinen abwärts zu dem Kurort Bad Rippoldsau. An der Kurklinik vorbei erreicht man die Ortsmitte. Der Ort entwickelte sich aus einer Klosterzelle, seinen Namen erhielt er von dem sagenhaften Mönch Rippold. Lohnende Ziele sind das Kurviertel mit dem Kurhaus und die Wallfahrtskirche aus dem Jahr 1829, die ein Gnadenbild aus dem 14. oder 15. Jahrhundert birgt.

Tour 2:

Auf den Spuren der Murgschiffer

Das Murgtal hat durch die industrielle Entwicklung streckenweise viel von seiner ursprünglichen Schönheit verloren. Dennoch lohnt sich eine Fahrt durch diese abwechslungsreiche Landschaft, die über Jahrhunderte von der Flößerei mitgeprägt wurde.
Länge der Tour: 80 km

Baiersbronn
Ist ein bevorzugter Erholungsort an der Mündung des Forbachs in die Murg. Er wird überragt vom Rinkenberg. Dort oben, in der Nähe des Aussichtsturms, liegen unbehauene Steinblöcke, die vermutlich Teile einer mittelalterlichen Befestigung waren.

Abstecher nach Tonbach
In Baiersbronn biegt die B 462 rechts ab. Am Ortsende zweigt eine Straße links ab ins liebliche Tonbachtal. Das weithin bekannte Hotel war früher ein Schwarzwaldhaus.

Klosterreichenbach
Sehenswert ist die ehemalige Benediktinerklosterkirche St. Gregor, die zwischen 1082 und 1085 von Hirsauer Mönchen erbaut wurde. Aus dieser Frühzeit stammen das einschiffige Langhaus, die Umfassungsmauern der Vorhalle und Teile des östlichen Turmpaars. Um 1180 wurde der Chor – nach dem Vorbild der Ostseite von St. Peter und Paul in Hirsau – zu einer dreischiffigen basilikalen Anlage ausgebaut. Er wurde allerdings 1895 zusammen mit den Türmen abgetragen und neu errichtet (inzwischen sind die Stilwidrigkeiten dieser Zeit wieder entfernt worden). Vom Klostergebäude ist noch der romanische Westflügel erhalten, von Ost- und Südflügel wurden die Grundmauern freigelegt. Außerdem blieb ein viereckiger Turm erhalten.

Heselbach
Am rechten Murgtalhang steht hinter der Friedhofsmauer die im 12. Jahrhundert vom Kloster Reichenbach als Waldkapelle erbaute Kirche (Schiff 1791 stark verändert). Ihr größter Schatz sind zwei Turmglocken aus dem 13. Jahrhundert. Das Rundbogenportal enthält noch romanische Steinmetzarbeiten (Christus, Gotteslamm, Evangelistensymbole).

Schönmünzach
erreicht man über eine gut ausgebaute Straße, die an den malerisch am Hang gelegenen Kirchdorf Schwartenberg vorbeiführt. Der Kurpark von Schönmünzach lädt zum Verweilen ein.

Abstecher zum Schwarzenbach-Stausee
Hinter Kirschbaumwasen, wo ein großes Wehr die Murg staut, zweigt links von der Schwarzwald-Tälerstraße eine kleine Straße zum Schwarzenbach-Stausee ab. Sie führt – zunächst vorbei an einem Granitsteinbruch – in Serpentinen bergauf zu dem mehr als 260 Meter höher gelegenen Stausee. Die mächtige, zwei Kilometer lange Talsperre wurde zwischen 1922 und 1926 angelegt. Sehr beliebt sind die kleinen Seerundfahrten.

Forbach
besitzt eine technische Sehenswürdigkeit besonderer Art: eine überdachte Holzbrücke, allerdings eine originalgetreue Nachbildung (1955) der ursprünglichen, 778 erbauten Brücke. In einem einzigen, 40 Meter langen Bogen überspannt sie die Murg und ist damit die einzige freitragende Holzbrücke dieser Größe in Europa. Erstaunlich ist, daß sie bei einem Gewicht von nur 129 Tonnen eine Tragkraft von 65 Tonnen besitzt. Von der Brücke erblickt man auf der linken Murgseite das moderne Kurhaus mit dem Kurgarten.

Weisenbach
Auf einem Felsvorsprung steht die im Jahr 1404 erstmals erwähnte St. Wendelinskapelle. Bekannt wurde der Ort auch wegen seiner Papierfabrik, zugleich Europas größter Hersteller von Bieruntersetzern.

Schloß Eberstein
Die Ursprünge des Schlosses hoch über dem Murgtal (kurz vor Gernsbach) gehen ins 13. Jahrhundert zurück, als die Grafen von Eberstein sich hier eine Burg erbauten. Sie gehörte vom 17. Jahrhundert an den Markgrafen von Baden. Im Jahr 1803 beauftragte Markgraf Karl Friedrich seinen Baumeister Friedrich Weinbrenner mit dem Wiederaufbau der durch Brand (1691) zerstörten Anlage. In jüngerer Zeit wurde der Bergfried erneuert. Die im Burghof aufgestellte Kreuzigungsgruppe aus Sandstein ist eine bemerkenswerte Arbeit von 1464 und stammt aus dem Kloster Herrenalb.

Gernsbach
Die alte Murgschifferstadt erlebte ihre Blütezeit vom 15. bis 17. Jahrhundert. Neben den Flößern gab es dort die sogenannten Schiffsherren, die es zu großem Reichtum brachten. Eine der bedeutendsten Familien war die der Kasts, Ausdruck ihrer Macht das prächtige Wohnhaus, das sich Johann Jakob Kast 1617/18 erbauen ließ. Als er nach Straßburg übersiedelte, schenkte er es der Stadt, die es bis 1936 als Rathaus nutzte.

Von der Stadtbefestigung sind außer einigen Mauerresten nur noch der Storchenturm und der Turm der Liebfrauenkirche erhalten. Die Kirche selbst ersetzte die Kapelle der aufgegebenen Burg, vier Joche mit reichen Maßwerkfenstern stammen aus dieser Zeit (1388), die übrigen drei sind neugotisch (1833). Mehrere alte Ausstattungsstücke blieben erhalten, so ein Taufstein, ein Weihwasserbecken, kunstvoll gearbeitete Heiligenfiguren, zwei Grabplatten und eine Glasscheibe mit der Kreuzigungsgruppe. Den Marktplatz schmücken ein Brunnen von 1549 und mehrere Fachwerkhäuser des 18. Jahrhunderts. – Die evangelische Jakobskirche wurde zwischen 1461 und 1467 außerhalb des Mauerrings errichtet. Im Innern sind der netzgewölbte Chor und das Sakramentshaus sehenswert. Die bäuerlichen Malereien im Langhaus stammen von 1771.

Gaggenau
wurde 1288 als Besitz des badischen Markgrafen Rudolf I. erstmals erwähnt. Stadtprägend wirkte seit dem 17. Jahrhundert die eisenverarbeitende Industrie. Neben den Eisenwerken Gaggenau, 1888 gegründet, gehört ein Werk der Daimler-Benz AG zu den Hauptarbeitgebern. Sehenswerte Kulturdenkmäler sind die Wallfahrtskirche Maria Hilf (1746–1749) im Ortsteil Moosbronn, die Pfarrkirche in Michelbach (der Turm aus dem 14. Jahrhundert), die Barockkirche St. Laurentius (1762) und das schlichte markgräfliche Schlößchen in Bad Rotenfels. Dieser Kurort besitzt ein modernes Thermalbad. – Der Name Rotenfels verweist auf das hier vorkommende Gestein (»Rotliegendes«).

Kuppenheim
wurde im 12. Jahrhundert von den Grafen von Eberstein gegründet. Sie erbauten dort ein Schloß, das – nach einem Brand von 1270 – im 14. Jahrhundert wieder aufgebaut , aber dann 1688 abgerissen wurde. Von der Stadtbefestigung blieben nur Reste erhalten, doch in der historischen Altstadt mit ihren engen Gassen ist noch mancher malerische Winkel zu finden.

Schloß Favorite
ließ sich von 1710 bis 1712 die Markgrafenwitwe Sibylla Augusta als Sommerresidenz erbauen. Die Anlage ist dreiflügelig. An der Nordseite führt eine schöne doppelläufige Freitreppe zum Festsaal. Die Innenausstattung ist äußerst prunkvoll. Zu den vielen kostbaren Details zählen Porzellane und Fayencen, chinesische Seiden- und Papiertapeten, seltene japanische Figuren, böhmische Gläser und venezianische Spiegel mit feiner Malerei. Abseits in einem Wäldchen findet man die Magdalenenkapelle, in die sich die fromme Markgräfin zu Bußübungen zurückzuziehen pflegte.

Rastatt
wurde 1084 erstmals erwähnt und im Jahr 1700 zur Stadt erhoben. Wahrzeichen ist das große Barockschloß (1698–1707), das sich Markgraf Ludwig Wilhelm (der »Türkenlouis« und Mann Sybilla Augustas) errichten ließ. 1705 verlegte er seine Residenz von Baden-Baden hierher. Im Schloß erinnert das »Freiheitsmuseum« an die Freiheitsbewegungen in der deutschen Geschichte (1974 eröffnet), und das Wehrgeschichtliche Museum gibt einen Überblick über die Entwicklung des Wehrwesens seit dem Mittelalter. Die prunkvoll ausgestattete Schloßkirche Heiliges Kreuz (1719–1721) birgt die Grabstätte der Markgräfin Sibylla Augusta. Weitere Sehenswürdigkeiten sind die Pagodenburg, 1722 als Spielhaus für die markgräflichen Kinder erbaut, und das Rathaus mit seine Arkaden. Es wurde – wie auch die gegenüberliegende katholische Stadtkirche St. Alexander – um 1750 erbaut; zwischen beiden Bauten Alexiusbrunnen und Johannesbrunnen, beide ebenfalls aus dieser Zeit.

Tour 3:

Berühmte Badeorte zwischen Enz und Nagold

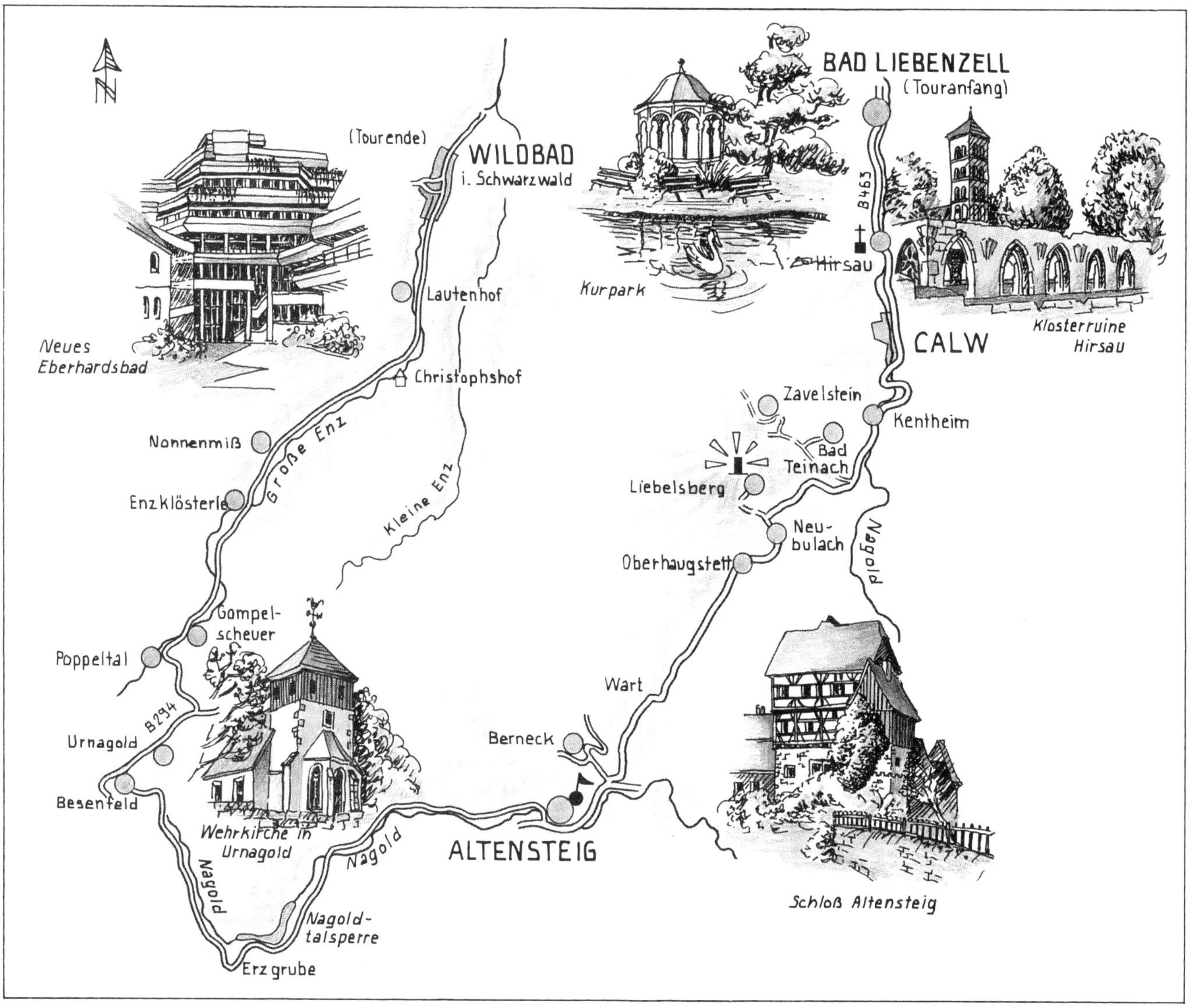

Die nordwärts eilenden Flüsse im nordöstlichen Schwarzwald haben tiefe Täler in den Buntsandstein gegraben, die Hänge sind von immergrünen Wäldern bedeckt. Auf dieser langen Route begegnet man vielen malerischen Orten, Klöstern und Kirchen.
Länge der Tour: 110 km

Bad Liebenzell
Wahrzeichen ist die Burg oberhalb des Ortes, die Grafen von Calw erbauten sie um 1200. Jahrhundertelang war sie die bedeutendste Burg im württembergischen Schwarzwald. Ältester Teil der fünfeckigen Anlage ist der beinahe 40 Meter hohe Bergfried, der unten in die mächtige Schildmauer übergeht. Der Palas mit seinen zierlichen Spitzbogenfenstern stammt aus dem 13. Jahrhundert. Heute sind in den Räumen ein Hotel und eine internationale Begegnungsstätte untergebracht. – Aus der Frühzeit der Badestadt stammt das Helenenbad, 1415 als zweite Badherberge erbaut.

Hirsau
Die Route führt weiter auf der B 463 durch das Nagoldtal, parallel zur Eisenbahnlinie und am Kurpark entlang. Über Ernstmühl wird Hirsau erreicht. Schon bei der Einfahrt in den Ort erblickt man rechts oben am Hang die spätgotische Marienkapelle (1508–1516 erbaut, 1888 verlängert und restauriert), sie war ein Teil der berühmten Klosteranlage der Benediktiner. Die Ende des 11. Jahrhunderts erbaute Basilika St. Peter und Paul ist heute eine malerische Ruine, zwischen deren Säulenstümpfen Gestrüpp wuchert. Der sogenannte Eulenturm ist einer der beiden Türme, die einige Jahrzehnte später der Westfassade vorangestellt wurden. Deutliche Reste sind noch von dem reichgeschmückten Kreuzgang vorhanden. Um 1590 ließ sich Herzog Ludwig innerhalb des Klosterbezirks ein Jagdschloß erbauen, das auch vielen nach Wildbad reisenden adligen Herrschaften als Quartier diente. Es wurde – ebenso wie das Kloster – 1692 von dem französischen General Mélac zerstört. Erhalten blieben die Umfassungsmauern, die noch die Renaissanceformen zeigen.

Calw
Im engen Tal der Nagold folgt als nächster Ort die Stadt Calw. Sie war im Mittelalter Sitz des bedeutenden gleichnamigen Grafengeschlechts, das auch das Kloster Hirsau stiftete. Im 13. Jahrhundert zur Stadt erhoben, entwickelte sich Calw zu einem wichtigen württembergischen Gerber- und Tuchmacherzentrum und wurde 1650 Sitz der wirtschaftlich sehr einflußreichen Calwer Zeughandelscompagnie. Ältestes Kulturdenkmal und zugleich Wahrzeichen der Stadt ist die Brückenkapelle St. Nikolaus (um 1400) auf der steinernen Nagoldbrücke. 1926 ersetzte man bei Renovierungsarbeiten die beidseits des Portals in Nischen stehenden Heiligenfiguren durch die steinernen Nachbildungen eines Flößers und eines Tuchmachers.
Calw ist bekannt für seine historische Altstadt mit dem langgestreckten Marktplatz. Schönster Bau ist hier das 1673 bis 1726 errichtete Rathaus, unter dessen Arkaden einst die Bäcker und Metzger ihre Waren anboten. Der Marktbrunnen stammt aus dem Jahr 1686, die evangelische Stadtkirche entstand – bis auf den älteren Chor (14. Jahrhundert) – im Jahr 1885. Unter den vielen Fachwerkbauten verdienten das Rau'sche Haus in der Ledergasse (1694) und das Geburtshaus Hermann Hesses besondere Beachtung.

Kentheim
Die B 493 biegt in Calw unterhalb des Eisenbahnviadukts nach rechts ab und führt am Bahnhof vorbei in wenigen Minuten nach Kentheim. Dort steht links der Straße die romanische Kirche St. Candidus (1075). Mit ihr war ein Nonnenkonvent verbunden, der Anfang des 13. Jahrhunderts aufgegeben wurde. Im Innern der Kirche sind die Fresken, so Szenen aus dem Leben Christi (spätes 13. oder frühes 14. Jahrhundert) im Langhaus und das Majestas-Bild (frühes 15. Jahrhundert) im Chor, bemerkenswert.

Bad Teinach
Hinter Kentheim biegt die Route an der Station Teinach nach rechts ab und führt durch das Teinachtal in den Kurort. Herrschaftshaus (Fürstenhaus), Trinkhalle und das klassizistische Badhotel, 1842 von Nikolaus Friedrich Thouret und Gottlob Georg Barth erbaut, bieten ein reizvolles Bild. Ein Teil dieses Ensembles wurde kürzlich unter Wahrung des alten Gesichts zu einem modernen Kurhaus umgestaltet. Die Schalen des Brunnens bei der Kirche stammen aus der Brunnenkapelle des Kreuzgangs zu Hirsau.

Zavelstein
Von Bad Teinach geht die Route in Serpentinen bergauf zum 100 Meter höher gelegenen Ortsteil Zavelstein. Bis zur Eingemeindung nach Bad Teinach war Zavelstein eine selbständige Gemeinde und zugleich die kleinste württembergische Stadt. Auf einem Felsvorsprung erbauten die reichbegüterten Grafen von Calw im 12. Jahrhundert eine Burg. Aus dieser Zeit stammt der Bergfried. Von der mittelalterlichen Ringmauer und dem Renaissanceschloß stehen noch Reste.

Abstecher nach Liebelsberg
Von Zavelstein fährt man wieder hinab in Richtung Station Teinach. Von dort geht es durch schönen Tannenwald auf der gegenüberliegenden Talseite wieder bergauf. Kurz vor Neubulach zweigt rechts eine kleine Straße nach Liebelsberg, einem schönen Aussichtspunkt, ab. In den Neubau der Kirche (1977/78) wurde geschickt der Chor der aus dem 15. Jahrhundert stammenden Vorgängerkirche einbezogen. Der Turm stammt aus dem 19. Jahrhundert.

Neubulach
Die Stadt verdankt ihr Entstehen dem Silber- und Kupfererzabbau, der 1322 erstmals erwähnt wird. Im Ort weisen Tafeln zum ehemaligen Bergwerk; Teile sind Besuchern zugänglich.

Berneck
Das kleine Burgstädtchen erreicht man über Oberhaugstett und Wart, das mehrere Ferienwohnanlagen besitzt, nach einer Fahrt über eine weite Hochfläche und einer kurzen Strecke im Nagoldtal. Die malerisch am Berghang gestaffelten Häuser Bernecks werden von zwei Schlössern der Freiherren von Gültlingen überragt. Das Untere Schloß entstand 1768, das Obere Schloß 1846/47. Das letztere steht auf den Grundmauern der mittelalterlichen Burg (um 1200), die 38 Meter hohe romanische Schildmauer wurde integriert. Die evangelische Stadtkirche, 1753 mit gotischen Resten erbaut, birgt die Grabmäler der Freiherren von Gültlingen.

Altensteig
Von Berneck führt die Route das kurze Stück wieder zurück auf die B 28 und durch das Nagoldtal nach Altensteig. Dieser an steilem Berghang gelegene Ort besitzt mit seiner altertümlichen Architektur eines der reizvollsten Kleinstadtbilder des Schwarzwalds. Sehenswert sind das Alte Schloß der Hohenberger mit spätromanischer Schildmauer und interessanter Innenraumgestaltung (seltener spätgotischer Holzeinbau mit Schnitzereien), das Neue Schloß von 1620 und die Stadtkirche von 1775.

Nagoldtalsperre
In Altensteig biegt die Route von der Bundesstraße ab und führt durch ein idyllisches Tal an einer Forellenzucht vorbei zur Talsperre. Dort tummeln sich Segler, Surfer und Ruderer.

Urnagold
Nach Verlassen des Sees bei Erzgrube wendet sich die Route nach rechts und folgt der Nagold flußaufwärts bis nach Besenfeld. Dort biegt sie rechts ab auf die B 294 in Richtung Wildbad. Kurz darauf erblickt man rechts in einer Waldlichtung das Wehrkirchlein Urnagold. Es wurde 1228 erstmals erwähnt und war einst die Mutterkirche von Besenfeld, Göttelfingen und Hochdorf. Der romanische Chor wurde zur Zeit der Spätgotik erweitert und zur Zeit der Renaissance ausgemalt.

Enzklösterle
Zwei Kilometer hinter dem Kirchlein biegt man links ab ins Poppeltal und fährt in Gompelscheuer am Enzursprung vorbei nach Enzklösterle. Der Name leitet sich von einem kleinen Kloster her, das 1323 erstmals erwähnt wird (im 15. Jahrhundert in einen Wirtschaftshof umgewandelt).

Wildbad
Der Schwarzwald-Bäderstraße folgend, erreicht man im Großen Enztal nach zwölf Kilometern den Kurort Wildbad. Der Sage nach soll die dortige heilende Quelle von einem angeschossenen Eber entdeckt worden sein, als er seine Wunde mit warmen Wasser reinigte. Seit der Mitte des 14. Jahrhunderts ist der Ort als Heilbad bekannt. Sehenswert sind unter anderem die Partie an der Enz, das Graf-Eberhards-Bad (1836/1847 von Thouret erbaut; im Innern der maurische Saal und Plastiken von Thorwaldsen), das König-Karls-Bad (1895), der Kurpark mit dem ganz aus Holz errichteten Kurtheater (Ende 19. Jahrhundert; heute ungenutzt), die Rokoko-Pfarrkirche und die Sommerbergbahn.

Tour 4:

Von Baden-Baden durch Rebland und Obstgärten

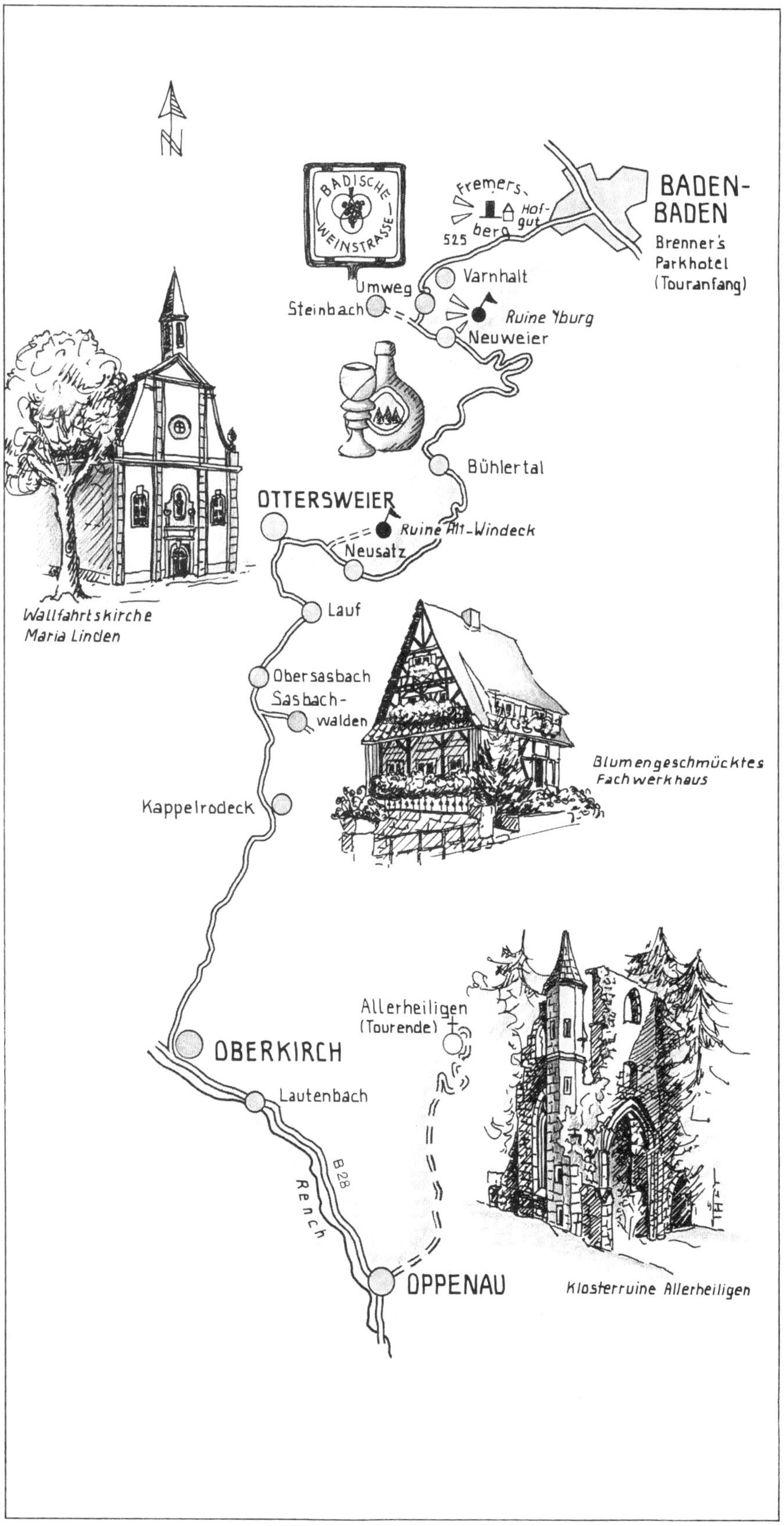

Weites hügeliges Rebland, burgenbesetzte Höhen, steile Berghänge, geruhsame Täler und viele kunsthistorische Kostbarkeiten sind die Akzente dieser Tour, die immer wieder auf die Badische Weinstraße stößt.
Länge der Tour: 95 km

Baden-Baden – Fremersberg
Ausgangspunkt dieser Tour ist Brenner's Park Hotel an der Lichtentaler Allee, eines der renomiertesten und traditionsreichsten Hotels in Europa. Hier beginnt die Fremersbergstraße (Fortsetzung der Bertholdstraße), die hügelaufwärts an zahlreichen Hotels, älteren und modernen Villen vorbeiführt – und links, nur wenig abseits der Straße, Studios und Verwaltung des Südwestfunks. Sie durchschneidet dann eine weite, von Nadelbäumen umstandene Wiesenmulde (Golfplatz) und wendet sich nach links in Richtung Varnhalt. An der Kreuzung, nur etwa 100 Meter nach der Kurve in Richtung Varnhalt, zweigt rechts eine schmale Fahrstraße ab, die auf den 525 Meter hohen Fremersberg führt (3 km; Waldgaststätte). Von der Aussichtsplattform des 50 Meter hohen Fernsehturms aus kann man einen herrlichen Blick auf die Stadt, die umgebenden Höhen und die Oberrheinebene genießen. – Auf der Weiterfahrt nach Varnhalt sieht man rechts auf einer Bergterrasse, die Gebäude des Klostergutes Fremersberg. Das jetzige Weingut ging aus einem 1426 erbauten Franziskanerkloster hervor.

Varnhalt
Hinter dem Wald öffnet sich das weite Weinland – rebbestandene Hänge und Bergkegel allenthalben. Links in die Klosterburgstraße einbiegend, gelangt man in den gastfreundlichen Ort.

Abstecher zur Yburg
Von der Klosterbergstraße zweigt links eine Straße ab, die um das große Weingut Nägelsförsterhof zur Yburg führt. Diese sehr alte, vielleicht schon im 11. Jahrhundert erbaute und zeitweise mächtige Feste, von der noch beträchtliche Reste auf dem steilen, 517 Meter hohen Bergkegel stehen, gehörte vom 13. bis 15. Jahrhundert den Markgrafen von Baden und hatte deren Territorium vor allem gegen Süden zu sichern.

Umweg
Die kleine Straße nach Umweg/Neuweier (von der Yburg kommend links abbiegen) führt mitten durchs Rebland und stößt unten auf den Steinbuch. Übrigens: »Stich den Buben«, der in Bocksbeutelflaschen abgefüllt wird, ist einer von Umwegs berühmten Weinen.

Abstecher nach Steinbach
Dieser sehr alte Ort mit seinem Blumenschmuck entlang des Steinbaches, mit den winkeligen Gassen und der stattlichen Kirche St. Jakobus mit sterngewölbtem Chor aus gotischer Zeit und mit romanischem Tympanon in der Vorhalle lohnt einen Besuch. Steinbach war vermutlich der Geburtsort Erwin von Steinbachs, des Erbauers des Straßburger Münsters – ein 1844 geschaffenes Denkmal auf einem Hügel außerhalb des Ortes erinnert an ihn –, und am Kirchplatz steht das Geburtshaus der Brüder Walterspiel, der weltbekannten Gastronomen (München, Hotel Vier Jahreszeiten).

Neuweier
Ein einladender Weinort ist Neuweier, wo man sogar in einer im Kern aus dem 13. Jahrhundert stammenden Ritterburg, dem Schloß Neuweier, zwischen Ritterrüstungen und alten Bildern Wein- und andere Gaumenfreuden genießen kann. Das Weingut Schloß Neuweier darf ebenfalls seinen berühmten Mauerwein nach fränkischer Art in Bocksbeuteln abfüllen.

Bühlertal
In Neuweier fährt man an der Kirche mit dem mächtigen Vierkantturm geradeaus weiter (Richtung Baden-Baden/Schwarzwaldhochstraße), zunächst durch das romantische Steinbachtal, später durch Wald, und biegt dann nach Bühlertal ab. Dieser reizvolle Luftkurort besteht aus den Ortsteilen Obertal und Untertal. Eine Naturschönheit sind die hohen Gertelbach-Wasserfälle.

Neusatz
Am Ortsende von Bühlertal (Untertal) biegt man nach links in Richtung Sand/Schwarzwaldhochstraße und dann bald rechts nach Neusatz. Die Straße windet sich am Hang aufwärts. Eine Werksternkirche, deren Turm einen Staffelgiebel trägt, ist der Mittelpunkt des Ortes. Das ehemalige Wasserschloß wird zur Zeit restauriert.

Abstecher zur Ruine der Burg Alt-Windeck
(ca. 4 km hin- und zurück)
Vom Stammschloß der Herren von Windeck, vermutlich im 12. Jahrhundert auf einem Bergvorsprung (400 m) oberhalb von Bühl erbaut, sind noch zwei Bergfriede, der hohe Palasgiebel und die Ringmauer erhalten.

Die Yburg

Ottersweier
Das Kleinod dieses beschaulichen Ortes, die weit über die Grenzen Badens hinaus bekannte Wallfahrtskirche Maria Linden, ist am nördlichen Stadtrand zu finden. Die Wallfahrt zu einem Mariabild, das in einer Linde stand, scheint noch viel älter zu sein als die ersten geschichtlichen Zeugnisse aus dem Jahr 1148. Das jetzige Gnadenbild, eine geschnitzte als Königin dargestellte Muttergottes mit dem gekrönten Sohn, stammt aus dem 14. Jahrhundert. Es steht im Hochaltar, umrahmt von einem barocken Aufbau. Die barocke Ausstattung der Kirche wurde vom Markgraf von Baden großzügig gefördert (Deckengemälde von 1884 nach alten Vorbildern). Auch das saalartige Langhaus stammt aus dieser Zeit, nur der Altarraum mit schöner netzgewölbter Decke, die Kerzenkapelle und der Dachreiter über der barock geschwungenen Fassade sind gotisch (1484). Neben der Kirche steht eine kleine Kapelle zum Gedenken an tödlich verunglückte Verkehrsteilnehmer (1752 erbaut. Im Kloster hinter der Kirche leben seit 1936 Kapuzinermönche.

Sasbachwalden
Die Route verläuft entlang der Badischen Weinstraße von Ottersweier über Lauf nach Obersasbach, gesäumt von weiten Obstgärten, die links von Höhenzügen begrenzt werden. In Obersasbach biegt man links ab nach Sasbachwalden. Häuser mit lebhafter Fachwerkzeichnung und reichem Blumenschmuck prägen das Ortsbild. Die Gaishöll-Wasserfälle (1 km vom Ort entfernt) bahnen sich ihren Weg durch enge Felsschluchten. Von der Burgruine Brigittenschloß (ehemals Burg Hohenrod; 4 km südöstlich) sind nur noch spärliche Reste vorhanden (1815 wurde die Ruine von Bauern gesprengt), doch von der Höhe (760 m) hat man einen großartigen Blick auf das Renchtal und weiter.

Kappelrodeck
ist das nächste Ziel: von Sasbachwalden in Richtung Obersasbach, vorher jedoch links abbiegen. Wahrzeichen des Ortes ist Burg Rodeck (1 km; Schloßbergstraße), keine Ruine, sondern ein wohlerhaltenes Schloß. Die aus dem 11. Jahrhundert stammende Burg wurde nie zerstört, sondern nur umgebaut, zuletzt seit 1819. Von der Höhe (rund 300 m) reicht der Blick bis zum Straßburger Münster.

Oberkirch
Am Ortseingang von Kappelrodeck zweigt die Straße ab nach Oberkirch. Sie windet sich am Berg hoch, ringsum Rebhänge; hier wachsen sehr geschätzte Rotweine. Unten in Ringelbach breiten sich dann wieder weite Obstgärten aus.
Die Stadt Oberkirch erstand im 18. Jahrhundert neu, nachdem sie 1689 von den Franzosen völlig zerstört worden war. Fachwerkhäuser und Steinbauten im französischen Mansardstil prägen Teile des Stadtkerns. Zu dem wenigen, was aus früherer Zeit blieb, gehören der heutige Gasthof »Sonne« (1624), vormals Sitz der Familie Rohart von Neuenstein, deren Wappen die Front ziert, und die Brunnensäule (1570) mit dem Wappen des Bischofs von Straßburg. Das jetzige Amtsgericht, ein schöner Bau von 1704, ließ sich der Oberamtmann Johann von Bodeck als Amtssitz erbauen. – Grimmelshausen lebte 17 Jahre in Oberkirch, als Schaffner (Verwalter) der Schauenberger in Gaisbach – nebenher und später ausschließlich betrieb er die Weinwirtschaft »Zum silbernen Stern« – und als Burgvogt auf der Ullenburg bei Tiergarten. – Die ehemals starke Schauenburg war eine der zahlreichen Burgen, die das Renchtal schützen sollten. Angelegt wurde sie im 11. Jahrhundert von den Zähringern. Die jetzt noch beträchtlichen Reste, die beiden – deutlich gotischen – Ganerbentürme und die mächtige Schildmauer (mit Burgkapelle), entstammen dem 14. Jahrhundert. Die Burg war Wohnsitz Uta von Ebersteins.

Lautenbach
Der freundliche Ort entstand um die Marienkapelle, die die Ortenauer Ritterschaft von 1471 bis 1488 erbauen ließ (die Wallfahrt zu einem Gnadenbild hat aber schon früher eingesetzt). Der äußerlich schlichte Bau besitzt eine reiche, qualitätsvolle Innenausstattung, wie sie in solcher Einheitlichkeit nur noch selten in diesem von vielen kriegerischen Zwischenfällen heimgesuchten Gebiet zu finden ist. Bemerkenswert sind vor allem die geschnitzten Figuren, die gemalten Tafeln (der junge Matthias Grünewald soll ihr Schöpfer sein), das filigrane Rankenwerk des Hochaltars und die 59 von ehemals 81 Bildscheiben.

Oppenau
Die B 28 nach Oppenau verläuft durch das landschaftlich reizvolle Tal der Rench. Der Schärtenkopf kurz hinter Lauterbach (rechts der Straße) ist 601 Meter hoch. – Oppenau, an der Mündung des Lierbachs in die Rench, verdankt sein Entstehen der Lage an der alten Renchtalstraße kurz vor dem Aufstieg zum Kniebispaß. Oppenau besaß eine Burg und eine Mauerumwallung mit zwei Toren. Erhalten ist das Obere oder Lierbacher Tor mit dem Wappen des Fürstbischofs von Rohan, erhalten hat sich auch der ländlich-romantische Charakter der im 17. Jahrhundert nach einem Brand im Regelmaß neu angelegten Stadt.

Ruinen des ehemaligen Prämonstratenserklosters Allerheiligen.
Die Straße dorthin führt durch's stille, beiderseits von Waldhängen gesäumte Lierbachtal und gewinnt bald mehrere hundert Meter an Höhe. In der Waldeinsamkeit der Wiesenau gründete Herzogin Uta von Schauenburg um 1195 eine Propstei zu Ehren aller Heiligen, in die bald Prämonstratensermönche einzogen. Dank ihres Einsatzes und der großzügigen finanziellen Unterstützung des Adels erblühte das Kloster im 13. Jahrhundert. Brände und Plünderungen suchten es wiederholt heim, und 1803, als es bereits säkularisiert war, schlug der Blitz ein. Dann wurde es zum Abbruch freigegeben.

Tour 5:

Freudenstadt und das obere Kinzigtal

Diese Route folgt der von hohen Bergen gesäumten Schwarzwald-Tälerstraße und führt in eine herrliche Landschaft mit vielen stillen Flecken und zu kunstvollen Sehenswürdigkeiten. Im südlichen Teil der Strecke trifft man da und dort auf Sägewerke und holzverarbeitende Betriebe. Sie erinnern an die Zeit, als hier die Flößerei das Leben bestimmte.
Länge der Tour: 55 km

Freudenstadt
Wurde 1599 von dem prunkliebenden Herzog Friedrich I. von Württemberg gegründet, um die Bergleute im weltabgelegenen St. Christophstal festzuhalten und um die Paßhöhe zwischen dem zur Murg führenden Forbach und der in den Neckar mündenden Glatt zu sichern. Er beauftragte seinen Baumeister Heinrich Schickhardt mit der Stadtplanung, der hier die erste seiner regelmäßigen Anlagen nach dem idealistischen Vorbild der Spätrenaissancestädte entwarf. Der Grundriß gleicht einem Mühlbrettspiel: In der Mitte ein quadratischer Platz mit einer Seitenlänge von 250 Metern – das Zentrum sollte ein Schloß bilden, das aber nie gebaut wurde –, und parallel zu den Linien des Quadrats verlaufen die Straßenzüge. Die Platzecken sollten von vier, jeweils auf rechtwinkligem Grundriß errichteten Gebäuden betont werden: Kirche, Rathaus, Kaufhaus und Spital. Jedoch nur die beiden ersten wurden gebaut.

Die ersten Siedler der »neuen Stadt ob St. Christophstal«, wie Freudenstadt zunächst hieß, stammten aus der näheren und weiteren Umgebung, aber bald diente der Ort auch vertriebenen Protestanten aus Österreich als Zuflucht. Als nach dem Tod des Herzogs die Geldmittel spärlicher flossen, eine erste Pestwelle einsetzte und die Ausbeute der Bergwerke rasch abnahm, verließen viele die Stadt. Ein Grund dafür war nicht zuletzt die fehlende Befestigung, nur ein einfacher Plankenzaun umschloß sie. Der im Jahre 1670 begonnene Ausbau zur Grenzfestung wurde vier Jahre später schon wieder als nicht zweckmäßig eingestellt. Die vier Stadttore mußten vor etwa hundert Jahren dem Verkehr weichen. Bei der Eroberung durch die Franzosen gegen Ende des Zweiten Weltkriegs fiel die Altstadt in Schutt und Asche. Nun ist sie wieder erstanden, mit einigen Veränderungen allerdings. Die Häuser am Marktplatz waren ursprünglich zweistöckig und wandten ihre Giebelseiten dem Marktplatz zu, heute sind sie dreistöckig und traufständig. Dadurch ergibt sich ein geschlossenes, aber auch leicht monotones Bild. Wiedererstanden sind auch – wenngleich in vereinfachter Form – die Arkadengänge im Erdgeschoß, die den gesamten Platz umziehen. Eine weitere Zierde dieses Platzes sind die drei Rokokobrunnen: Neptunbrunnen, Gerechtigkeitsbrunnen mit der Statue der Justitia und Herzog-Eugen-Brunnen, alle aus der zweiten Hälfte des 18. Jahrhunderts. Ein markantes Bauwerk ist die evangelische Stadtkirche, bei deren Grundsteinlegung 1601 die Stadt ihren heutigen Namen erhielt. Heinrich Schickardt paßte den Bau dem Winkelmaß des Stadtplans an: Die zwei Schiffe stehen in rechtem Winkel zueinander – eine einmalige Bauform in Deutschland –, jedes mit einem Turm an den Schmalseiten. Kanzel und Altar standen im ausspringenden Winkel. Die Kostbarkeiten im Innern sind ein romanischer Taufstein (um 1100) mit phantastischen Tierornamenten, ein hölzernes Lesepult (um 1150), das von vier Evangelistenfiguren getragen wird, und ein geschnitzter Kruzifixus (um 1500). All diese Stücke stammen aus anderen Schwarzwaldorten.

Auf dem Marktplatz in Freudenstadt

Kreuzgang des Klosters Alpirsbach

Loßburg
Die Tour beginnt beim Kurhaus von Freudenstadt und führt zunächst unter einem Eisenbahnviadukt hindurch, dann an Gut Lauterbad vorbei – ehemals ein Jagdschloß (1721) Herzog Eberhard Ludwigs von Württemberg (das heutige Gästehaus enthält noch Möbel aus dieser Zeit). – Der Ortsname »Loßburg« erinnert an die »Loseburch«, die 1252 von den Grafen von Sulz an die von Geroldseck überging. Diese Wasserburg stand mitten im Ort auf dem »Schloßbuckel«. Dorthin wurde das Wasser von der über einen Kilometer weit entfernten Kinzigquelle geführt. In dem ehemaligen Kornspeicher von 1822 ist heute das Schwarzwälder Heimatmuseum untergebracht. – Einen Kilometer südlich des Ortes, am Weg ins Kinzigtal (an der Straße nach Vierundzwanzig Höfe), erinnert ein fast zwei Meter hohes Bärenkreuz (1650) vermutlich an einen Jagdunfall.

Alpirsbach
Von Loßburg führt die B 294 hinunter zur Kinzig. Das junge Bächlein schlängelt sich durch ein Wiesental, vorbei an drei alten Mühlen. Parallel zur Straße verläuft eine Eisenbahnlinie, die man am Ortseingang kreuzt. – Alpirsbach wird beherrscht von der ehemaligen Benediktinerklosterkirche St. Benedikt, eines der bedeutendsten Beispiele des Hirsauer Bautyps. Das Kloster wurde 1095 von drei Adligen aus den Geschlechtern von Sulz, Zollern und Neckarhausen gegründet. Von der kleinen, 1099 geweihten Steinkirche ist noch die Turmhalle erhalten – im Nordwesten der heutigen Klosterkirche, mit deren Bau erst Anfang des 12. Jahrhunderts begonnen wurde. Um 1125 war die Kirche vollendet (1879 und 1957 renoviert). Diese eindrucksvolle schlichte Kirche, kreuzförmig in ihrem Grundriß, ist eine der am besten erhaltenen Flachdeckenbasiliken. Von der romanischen Ausstattung sind noch die Malereien in den Altarnischen und der Löwenkopf-Türklopfer an der Westtür erhalten. Das Chorgestühl (im Langhaus) stammt von 1493, der frühere Hochaltar entstand um 1530. Den Kreuzgang (1481–1494) zieren schöne Rippengewölbe und Maßwerkfenster. Hier finden alljährlich die bekannten Alpirsbacher Kreuzgangkonzerte statt. In der Nähe der Kirche steht die von Mönchen gegründete Klosterbrauerei und auf dem Marktplatz das Rathaus aus dem Jahr 1566.

Schenkenzell wird als Hof »Pincerna de Celle« um 1244 erstmals genannt. Südlich des Ortes erhebt sich auf einem Felsen hoch über dem Kinzigtal die Ruine Schenkenburg, einst Lehen der Herren von Geroldseck. Um 1500 übernahm das Haus Fürstenberg Siedlung und Burg, die 1534 zerstört wurde. Übrig geblieben sind der Bergfried und Teile des fünfgeschossigen Palas.

Abstecher zum Kloster Wittichen
Die B 254 führt weiter nach Schiltach. Im Ort zweigt rechts die Straße nach Wittichen ab, das 1091 als »Wittichivilare« erstmals erwähnt wird. Um 1293 taucht in den Annalen eine Burg auf (1344 zerstört). Sie befand sich 1312 im Besitz der Herren von Sulz, gehörte aber wenige Jahre später bereits den Herzögen von Teck. Zur selben Zeit – um 1324 – gründete die Mystikerin Luitgard, vermutlich mit Unterstützung der Geroldsecker und der Herzöge von Teck, ein Kloster, das vom 14. Jahrhundert an als Klarissenkloster geführt wurde. 1681 erfolgte ein Neubau. Die Innenausstattung entstammt diesem und dem folgenden Jahrhundert. Bemerkenswert sind der Klosterschatz, mehrere Grabreliefs (darunter auch das der Gründerin), der Hochaltar und die Kanzel mit der Figur der Stifterin. Das Klostergebäude (17. Jahrhundert) besitzt ein schönes Renaissanceportal.

Schiltach
Die Stadt liegt an der Stelle, wo die alte römische Militärstraße von Straßburg nach Rottweil das Kinzigtal verließ. Auf dem Schloßberg hoch über dem Tal stand eine Burg, die um 1277 im Besitz der Geroldsecker war und 1643 gesprengt wurde. Beim Wiederaufbau erweiterte man die Anlage zur »Feste Hohe Landesehre«, die 1829/30 bis auf die Grundmauern abgetragen wurde.
Die Stadt selbst war wirtschaftlicher Mittelpunkt des Kinzigtals und verdankte ihre Bedeutung dem Holzhandel und der Flößerei. Von dieser Zeit geben die Wandmalereien am Rathaus ein eindrucksvolles Zeugnis. Der Marktplatz liegt steil am Hang und wird von schönen Fachwerkhäusern aus dem 18. Jahrhundert umrahmt.

Tour 6:

Durch das obere Neckartal und zum Tal der Nagold

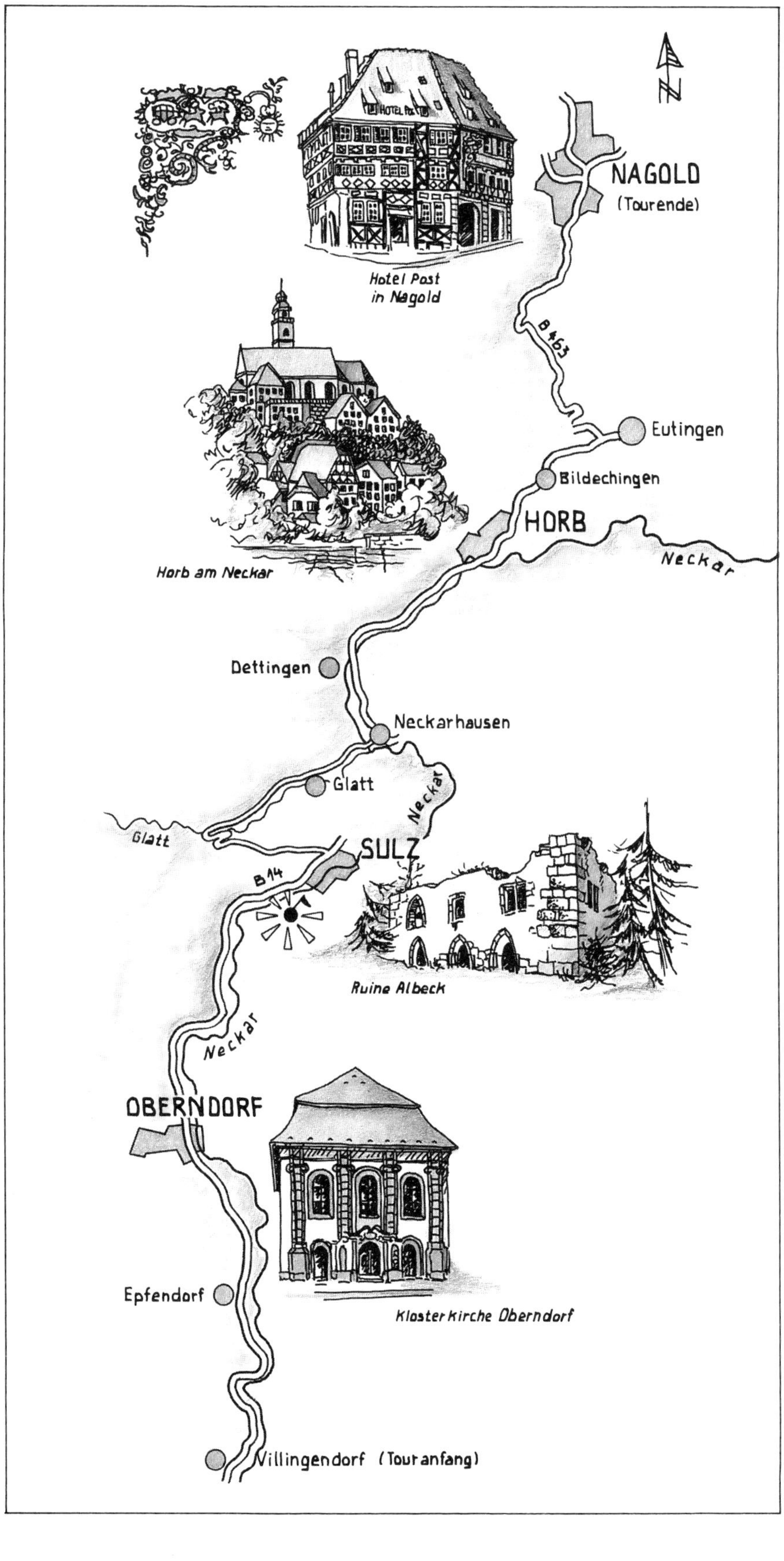

Die Tour läuft am Rand der östlichen Schwarzwaldausläufer entlang, die hier immerhin noch Höhen von 600 Metern erreichen. Zahlreiche Burgen – heute malerische Ruinen – sicherten einst diesen strategisch wichtigen Talweg.
Länge der Tour: 72 km

Villingendorf
Ausgangspunkt der Tour ist die Kirche in Villingendorf. Hier zweigt die Straße nach Oberndorf/Horb ab. Sie verläuft zunächst durch einen schmalen Waldstreifen oberhalb des Neckartals (B 14). Auf der anderen Seite des Neckars stehen auf einem Umlaufberg im Tal die Ruinen der Burg Hohenstein und weiter oben das 1925 erbaute Schloß Hohenstein der Grafen von Bissingen.

Epfendorf
Bei Talhausen senkt sich die Straße ins Tal und gibt den Blick frei auf den Fluß und die Talauen, während links Steilwände hochragen. Sie durchquert den Ort Epfendorf, einen Siedlungsplatz schon der Römer (Funde unter der alten Wehrkirche St. Remigius). Etwa zwei Kilometer hinter dem Ort erblickt man auf einem Hügel am anderen Neckarufer die Reste der Burg Schenkenzell (589 m).

Altoberndorf
Die auf steilem Bergsporn in über 600 Meter Höhe errichtete Burg Waseneck (1,5 km östlich des Ortes) beschützte hier das Neckartal. Beträchtliche Mauerreste und die Gräben sind noch erhalten.

Oberndorf
Die alte Oberstadt mit ihren Winkeln und Gassen liegt sehr reizvoll auf einer Anhöhe, eingeklemmt zwischen Schutzhalde und Mühlberg. Sie entstand im Schutz der Burg Waseneck zu Beginn des 12. Jahrhunderts mit festem Mauerring, Toren und Türmen. Wichtigstes Zeugnis dieser frühen Zeit ist der klotzige viereckige Werksteinturm (Ostturm) der Stadtkirche St. Michael, der – wie auch Teile der Langhausmauern – früher zur Stadtbefestigung gehörte. Das Kameralamt hinter dem alten Rathaus war früher die Pfalz der Herzöge von Teck (1766 umgebaut), der Stadtgründer. Unten im Tal (Talvorstadt) gründeten sie im 13. Jahrhundert ein Augustinerinnenkloster, das 1559 ein Männerkloster wurde. Die jetzige vierflügelige Anlage, in die nach der Säkularisation 1806 eine Waffenfabrik des württembergischen Königs einzog (1874 von den Brüdern Mauser übernommen, entstand 1772 bis 1774. Die Klosterkirche diente übrigens als Kohlen- und Materiallager. Seit der jüngsten Renovierung 1974 erstrahlt sie wieder in altem Glanz. Das saalartige Innere besticht durch die festliche Ausschmückung – Stuck und Fresken – in feinem Rokokostil.
Die Holzbrücke über den Neckar ist ein malerisches Bauwerk des 17. Jahrhunderts. Am Fluß entlang haben sich mehrere Industriebetriebe angesiedelt, am anderen Ufer entstand die Neckarvorstadt. Bis Aistaig sind beide Flußufer ziemlich dicht besiedelt.

Marktbrunnen in Sulz

Bergkapelle in Oberndorf a. Neckar

Sulz
Hinter Aistaig beginnt wieder eine schöne einsame Strecke durch das von Fichtenwald gesäumte Neckartal. Der alte Stadtkern von Sulz liegt auf der anderen Seite des Neckars, eine behäbige Bogenbrücke aus wohlgesetzten Steinen führt hinüber. Das älteste Bauwerk der Stadt, die durch ihre Salzquellen (daher ihr Name) reich geworden war, aber 1794 niederbrannte, ist die wehrhafte Pfarrkirche, die, von Häusern dicht umdrängt, auf einer Anhöhe steht. Das Untergeschoß des Westturms ist noch romanisch, der Aufbau 14. Jahrhundert, der übrige Bau spätgotisch (frühes 16. Jahrhundert). Sehenswert ist das Innere mit seinen Rippengewölben im Chor und den figürlich skulptierten Schlußsteinen sowie Kanzel, Taufstein, schnitzereiverzierter Sakristeitür, Glasfenstern und dem Epitaph der Anna von Hohengeroldseck (im Chor), ein Bronzerelief in Stein.
Auf dem Marktplatz wurde bis 1571 in Hallen das Salz gesiedelt.
Oberhalb des Städtchens thront auf der Spitze eines Bergkegels (549 m) die Burgruine Albeck, einst Stammsitz der Grafen Sulz, nach den späteren Besitzern auch Burg Geroldseck genannt. Die Burg wurde 1688 von den Franzosen zerstört. Von der Hauptburg stehen noch zwei Geschosse, Eingänge und Fenster zeigen frühgotische Formen. Ein Wanderweg führt zur Burg hinauf, am Fuße des Berges, beim Kurhaus, ist ein Wanderparkplatz.

Glatt
Aus der Stadtmitte von Sulz geht es zurück auf die B 14. Man überquert sie, fährt weiter in Richtung Niederdobel, vorbei an einsam gelegenen Höfen. Kurz vor dem Ort zweigt eine Straße nach Neunthausen ab. Nach Überqueren der Glatt zweigt rechts die Straße nach Glatt ab. Sie führt durch das schöne Glatt-Tal, das beiderseits von bewaldeten Höhen gesäumt wird. Glatt war von Ende des 13. Jahrhunderts bis 1678 Hauptsitz der Ritter von Neuneck. Sie erbauten um 1513 das wuchtige Renaissance-Wasserschloß, dessen Eckpunkte von vier Rundtürmen markiert werden. Die Schloßkapelle ziert schöner Wessobrunner Stuck. Älter noch ist das ehemalige Schlößchen am Gießen auf dem anderen Ufer der Glatt, heute ein Bauernhaus. Auch das jetzige Pfarrhaus, 1560 mit Rundturm erbaut, diente den Rittern als Schloß. Die spätgotische Pfarrkirche St. Gallus birgt ein schönes

Vesperbild, eine Pietà (16. Jahrhundert) aus der früheren Wallfahrtskirche Allerheiligen (Ortsteil von Glatt), ein Sakramentshaus in Renaissanceformen und die Grabmäler der Ritterfamilie aus dem 16. und 17. Jahrhundert.

Neckarhausen
Die Straße führt weiter durch das Glatt-Tal und stößt bei Neckarhausen, einem alten, früher ebenfalls burgbewehrten Ort, wieder auf das Neckartal und die B 14. Die Kapelle von Nekkarhausen (1890) bewahrt übrigens einen steinernen Brotlaib, zur Erinnerung an die Hartherzigkeit eines mittelalterlichen Edelfräuleins, das einem Bettler die milde Gabe eines Stückes Brot verweigerte.

Dettingen
Das malerisch in einer Mulde gelegene Dorf Dettingen (Einfahrt hinter dem Ort) gehörte im 18. Jahrhundert – wie auch Glatt – zum schweizerischen Stift Muri. Das frühere Amtshaus des Verwalters (heute teils Schule, teils Rathaus) bei der Kirche ist ein schloßartiger Vierflügelbau in französischem Mansardstil. Aus dieser Zeit stammt auch die stattliche Pfarrkirche St. Peter, deren Turm eine glockenförmige Haube krönt. Im Innern sind einige qualitätsvolle spätgotische Schnitzfiguren zu bewundern.

Ihlingen
besitzt eine alte Wehrkirche, deren Turm – mit gedecktem Holzaufgang – ein Satteldach krönt.

Horb
Das Städtchen zieht sich, malerisch gestaffelt, vom Neckarufer aus einen Bergrücken hoch und wendet die Giebel seiner Häuser zumeist dem Fluß zu. Auf dem höchsten Punkt der Stadt erhebt sich der sogenannte Schurkenturm, der früher zu einer der beiden Burgen gehörte. Die Stadtsilhouette wird noch durch einen weiteren Turm bestimmt. Er gehört zu der Heiligkreuzkirche, deren breit hingelagertes, nach dem Stadtbrand von 1725 neuerbautes Langhaus er überragt. Der Chor und zwei Portale stammen noch von dem gotischen Vorgängerbau. Das Innere des Langhauses ziert barocker Bandwerkstuck. Die berühmte »Horber Madonna« ist eine oberrheinische Steinmetzarbeit von etwa 1420. Einheitlich spätgotisch ist die Spitalkirche mit ihrer kostbaren Innenausstattung und dem reichverzierten Portal an der Nordwand.

Von den neun Toren der einst mächtigen Stadtbefestigung sind noch vier erhalten. Aus den Fachwerkbauten der Stadt sticht besonders das 1622 erbaute Heimathaus »Hoher Giebel« (Heimatmuseum) nahe dem Ihlinger Tor hervor. Die Fassade des Rathauses, eines schlichten Barockbaus von 1765, schmücken gemalte Porträts von Persönlichkeiten der Stadtgeschichte.

Bildechingen
Hinter Horb verläßt die B 14 das Nekkartal und steigt kurz an. Vom Aussichtspunkt Rauschbart auf der Höhe ergibt sich ein wundervoller Blick auf das Tal des nun ostwärts fließenden Neckars und die Stadt Horb. – Nun beginnt die weitgehend baumlose Gäulandschaft. In der Pfarrkirche von Bildechingen sind ein spätgotisches Vesperbild aus Marmor und an der äußeren Südwand eine gotische Madonna unter einem Baldachin zu bewundern. Von der Ortsmitte aus führt ein schöner Wanderweg ostwärts quer durch das Eutinger Tal zu der gleichnamigen Burgruine (ca. 4 km).

Brunnen in Nagold

Burg Hohennagold

Eutingen im Gäu
Auf der B 14 (Richtung Herrenberg) wird bald Eutingen erreicht. Der ländliche Ort besitzt eine stattliche Kirche, deren Inneres sehenswert ist, vor allem die spätgotischen Fresken. Das Deckengemälde entstand um 1800.

Nagold
Man verläßt Eutingen auf derselben Straße, die man gekommen ist. Etwa einen Kilometer hinter dem Ort zweigt rechts eine kleine Stichstraße ab, die bald auf die B 463 stößt. Hier biegt man rechts ab, gelangt über Hochdorf in das schöne waldgesäumte Tal der Steinach, die, gespeist durch die Waldach, bei Nagold in den Fluß gleichen Namens mündet. Am Ortseingang überspannt ein langer, bogenreicher Viadukt das Steinachtal.
Die fast ganz von bewaldeten Bergen umschlossene Stadt in 400 bis 600 Meter Höhe hat sich – vor allem auch dank vorbildlicher Altstadtsanierung – größtenteils ihr altertümliches Gesicht bewahrt. Das schönste und größte aller Fachwerkhäuser ist das weithin bekannte Hotel »Post«, das zudem noch ein prächtiges goldblinkendes Wirtshausschild ziert. Daß die Stadt auf altem Siedlungsboden steht, beweist der sogenannte Fürstenhügel im Tal der Nagold zu Füßen des Schloßbergs; sein Durchmesser beträgt 50 Meter, seine jetzige Höhe 4,50 Meter. Der Legende nach soll hier ein Feldherr der Hallstattzeit (ca. 750–500 v. Chr.) bestattet sein. Die älteste Kirche der Stadt, die Remigiuskirche, jetzt Friedhofskirche, steht auf den Fundamenten eines römischen Gutshofs. Ihr guterhaltener Turm aus dem frühen 12. Jahrhundert, und die Wandmalereien, die Jugend und Passion Christi darstellen, entstanden um 1300. Viele Mauerteile sind mehr als ein Jahrtausend älter, so die im Gewände des Chorbogens vermauerten Halbsäulen. Von der alten Liebfrauenkirche blieb nur der Turm stehen, das Langhaus wurde abgebrochen. Ins Mittelalter, in die Zeit um 1200, weist auch die Burg Hohennagold, einst Sitz der Grafen des Nagoldgaus: ihr Bergfried wurde in jüngerer Zeit zu einem Aussichtsturm ausgebaut.

Tour 7:

Im Kinzigtal von Wolfach nach Offenburg

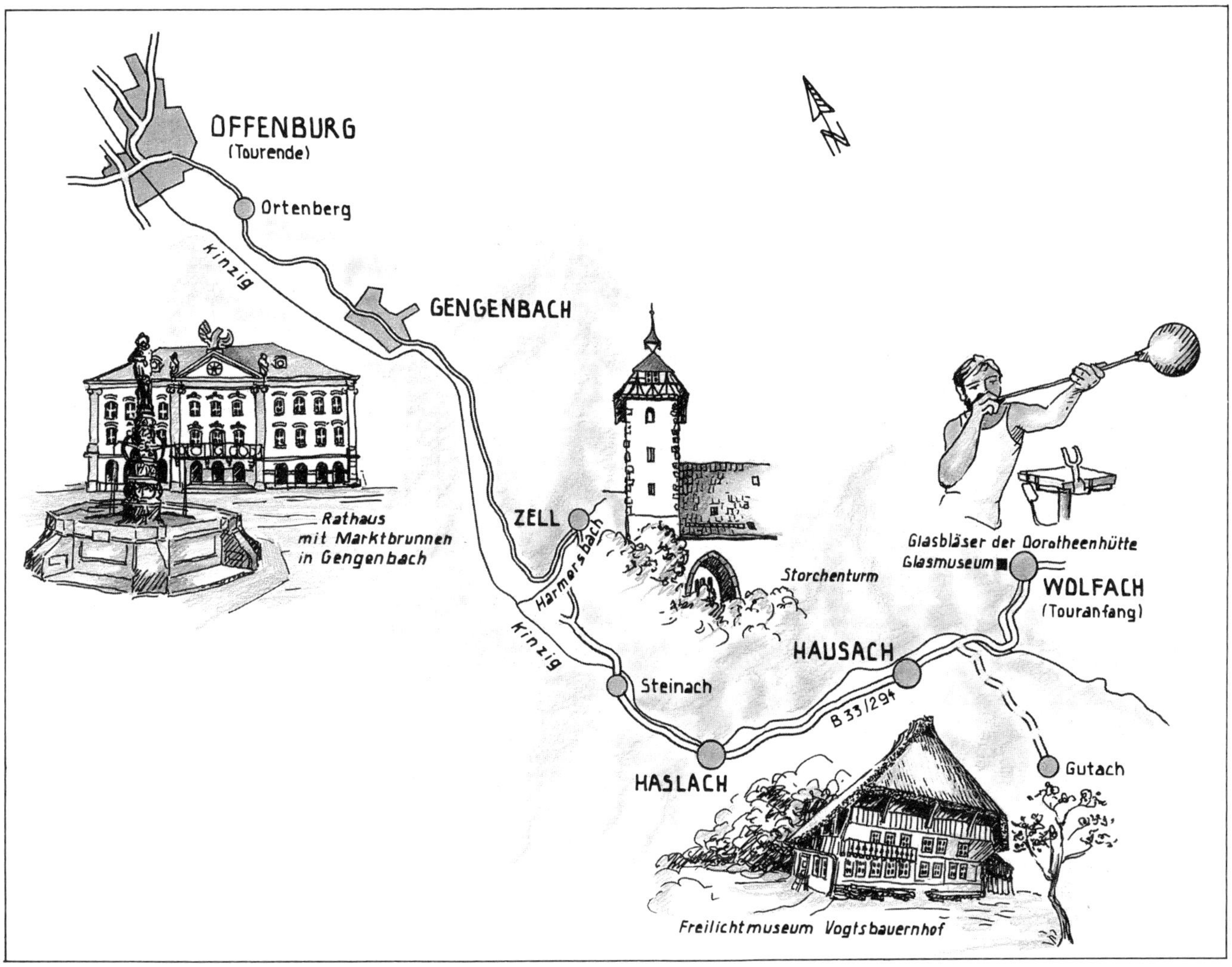

Die Route führt durch das breite und liebliche Tal der Kinzig, durch die »simplicianische« Landschaft der Ortenau, so genannt nach den treffenden Beschreibungen von Grimmelshausen in seinem »Simplicissimus«. Und damit ist das sonnige Wein-, Obst- und Waldland gemeint, das von zahlreichen historisch bedeutenden Orten besetzt ist.
Länge der Tour: 75 km

Wolfach
Wurde im letzten Viertel des 13. Jahrhunderts gegründet, doch die Geschichte der nördlichen Umgebung reicht weiter zurück. Oberhalb von Oberwolfach stand zu Anfang des 12. Jahrhunderts die Burg der Herren von Wolfach, deren Besitz nur den kleinen Bereich der südlichen Wolf umfaßte. Als das Geschlecht der Wolfacher in männlicher Linie ausstarb, trat Graf Friedrich von Fürstenberg, Gemahl der Wolfacher Erbtochter, deren Nachfolge an, baute sich nahe der Mündung der Wolf in die Kinzig eine kleines Schloß und legte eine Stadt an, die er stark befestigen ließ. Reste der Stadtmauer und einige Wehrtürme sind erhalten geblieben. Unverändert blieb auch die mittelalterliche Stadtanlage: die breite Marktstraße als Hauptachse, in die alle Nebenstraßen einmünden, und das Schloß als südlicher Abschluß. Das jetzige Schloß löste zwei Vorgängerbauten ab und wurde 1631 als großzügige barocke Vierflügelanlage um einen Binnenhof errichtet, durch den jetzt die Marktstraße hindurchführt und den Schloßbereich teilt. Die Bauten sind schlicht, die im ganzen sechs mit Rollwerk und kleinen Obelisken besetzten Giebel ihre einzige Zier. Im Innern sind der stukkierte Rittersaal, die Hofkapelle und der Schöffensaal, den eine Kassettendecke schmückt, beachtenswert (Heimatmuseum). Die prächtigen Bürgerhäuser, die sich an der Marktstraße aufreihen, künden noch von dem früheren Wohlstand der Stadt, den sie aus der Flößerei auf der Kinzig bezog. In die Häuserfront gliedert sich das Rathaus ein; der hübsch verzierte Bau stammt größtenteils von 1892.

Dorotheenhütte
Man verläßt Wolfach durch das Bogentor beim Schloß. Nach einigen hundert Metern zweigt die Straße zur Dorotheenhütte ab. Sie ist die einzige Glashütte im Schwarzwald, in der die traditionsreiche Kunst des Glasblasens mit dem Mund noch ausgeübt wird. Glasbläser und Glasschleifer lassen sich bei der Arbeit zuschauen. Angegliedert ist

ein Glasmuseum. Es gibt einen guten Überblick über das Schaffen der Glashütte und enthält eine große Anzahl wunderschöner Gläser.

Abstecher zum Freilichtmuseum Vogtsbauernhof in Gutach

Die B 294 führt weiter nach Hausach. Bevor man den Ort erreicht, zweigt links die B 33 nach Gutach/Hornberg ab. Nach etwa einem Kilometer taucht rechts das Freilichtmuseum auf, dessen Mittelpunkt der Vogtsbauernhof von 1570 ist, ein überwiegend aus Holz gebautes Haus nach Gutacher Art mit strohgedecktem Dach. Darum herum gruppieren sich vier weitere alte Bauernhöfe; der nachgebaute Reesenhof (Schauinslandhaus), der Hippenseppenhof (Schwarzwälder Heidenhaus von 1599), der nachgebaute Klausenhof (Hotzenhaus aus Groß-Herrischwand, von 1505) und der Lorenzenhof (Kinzigtäler Haus), dazu zahlreiche Nebengebäude wie Speicher, Back- und Brennhäusle, Klopf-Sägemühle, Bienenhäuschen, Hausmahlmühle mit Stampfe, Backhütte, Hanfreibe, Hammerschmiede und Ölmühle. Alle Gebäude sind mit originalen Gerätschaften ausgestattet.

Gutach

Der Ort selbst besitzt noch einige schöne Fachwerkhäuser. In der evangelischen Pfarrkirche sind die spätgotischen Wandmalereien des Turmchors (2. Hälfte des 15. Jahrhundert) und die Architekturmalerei in der Sakramentsnische sehenswert.

Hausach

Von Gutach aus nordwärts, also den Weg zurück, ist nach etwa sieben Kilometern wieder das Kinzigtal und – links abbiegend – bald Hausach erreicht. Der Felsen, auf dem sich die Herren von Hausach im 11. Jahrhundert eine Burg bauten, bestimmte die mehreckige Anlage der Stadt, die ihre Entstehung in der zweiten Hälfte des 13. Jahrhunderts vermutlich dem Silberabbau verdankt. Die Kinzigtalstraße, auf der man den Ort durchfährt, bildet ihre Achse. Von der 1643 zerstörten Burg, die auch den Wolfacher Fürstenbergern als Wohnsitz diente, sind noch der mächtige runde Bergfried und einige Mauerreste erhalten. Die jetzige Friedhofskirche ist die ehemalige Pfarrkirche St. Mauritius, ein spätgotischer Bau (Anfang 16. Jahrhundert) mit schönem netzgewölbtem Chor, den Erhart, der Meister des Freiburger Münsterchors, errichtete. Im Mauerwerk ist außen ein Tympanon des romanischen Vorgängerbaus eingelassen, das die Kreuzigung darstellt. Die Ausstattung der Kirche – Altäre und Kanzel – entstammt dem 18. Jahrhundert. – Das Kaplaneihaus, gegenüber der neugotischen heutigen Pfarrkirche, besitzt ein schönes Portal in ländlichem Rokoko.

»Gemeindehaus« im Museum Gutach

Haslach i. Kinzigtal, Rathaus

Zell a. H., Wachturm der Stadtbefestigung

Haslach im Kinzigtal

Die Kinzigtalstraße führt an dem Ort, der schon zur Römerzeit besiedelt war, vorbei. Vom 13. bis 16. Jahrhundert blühte hier der Bergbau. 1505 leitete Graf Wolfgang von Fürstenberg eine Straße in die Stadt, so erhielt die Hauptstraße ihre doppelte Brechung. Von der zweiten Mauerumfassung sind noch Teile erhalten, doch das Schloß der Fürstenberger gibt es seit 1704 nicht mehr.

Einige schöne Fachwerkhäuser beleben das Stadtbild. Das Erdgeschoß des steinernen Rathauses mit seinem Laubengang stammt noch aus dem 16. Jahrhundert, die Obergeschosse wurden 200 Jahre später nach altem Vorbild erneuert und die Bemalungen in jüngerer Zeit hinzugefügt. Das ehemalige, von den Fürstenbergern gestiftete Kapuzinerkloster, ein schlichter Bau von 1630, beherbergt heute das Trachtenmuseum; die zugehörige Loretokapelle war die Grablege der Fürstenberger. Die wuchtige, von Wohnhäusern engumdrängte Pfarrkirche St. Arbogast entstand 1490, aber aus dieser Zeit stammt nur noch der spätgotische Westturm, Langhaus und Ostturm sind barock, ebenso die Stukkierung im Innern. Sehenswert sind die prächtigen Grabdenkmäler des Grafen von Fürstenberg und seiner Gemahlin (Mitte 14. Jahrhundert). – Dem Dichter-Pfarrer Heinrich Hansjakob ist sein Alterssitz »Freihof« als Erinnerungsstätte gewidmet.

Steinach

Sehenswert sind hier einige prachtvolle Fachwerkhäuser – der Gasthof »Schwarzer Adler« gilt als das schönste des ganzen Schwarzwalds – und die katholische Pfarrkirche, ein Barockbau aus der Mitte des 18. Jahrhunderts, dessen Turm eine schöne Zwiebelhaube krönt. Auch die Altäre sind hervorragende Arbeiten aus dieser Zeit.

Zell am Harmersbach

Kurz hinter Steinach überquert eine Brücke die Kinzig und ihr idyllisches Tal, danach zweigt links die Straße nach Biberach ab. Über Unterentersbach gelangt man dann nach Zell am Harmersbach. Dieser kleine, 1139 als Cella (Zelle) vermutlich von Kloster Gengenbach gegründete Ort am Zusammenfluß von Nordrach und Harmersbach hat eine bewegte Geschichte. Die Besitzer wechselten häufig, im Bauerkrieg hatte es diese kleinste aller freien Reichsstädte schwer, sich gegen die nach Selbst-

ständigkeit strebenden Bauern zu behaupten, und schließlich suchten wiederholt schwere Brände die Stadt heim, so daß von dem alten Bestand nur wenig blieb. Die ältesten Häuser sind das Mesnerhaus von 1643 bei der Kirche und ein Wohnhaus in der Kirchgasse, das die Jahreszahl 1659 trägt. Die Alte Kanzlei ist ein stattlicher Bau von 1760. Von der einst doppelten Umwallung blieben Reste der Stadtmauer mit Wehrgang (Grabenstraße), der runde Hirschturm und der lange Storchenturm (Heimatmuseum). Auf einer kleinen Anhöhe beim Friedhof steht die anstelle eines alten Vorgängerbaus Ende des 18. Jahrhunderts errichtete Pfarrkirche St. Symphorion. In einer Mauer neben der Kirche sind mehrere reliefgeschmückte (inzwischen zum Teil verwitterte) alte Grabplatten eingelassen.
Zwei Firmen, die 1794 gegründete und für ihr Bildergeschirr berühmte Keramische Fabrik und die Papierfabrik zeugen von dem unternehmerischen Geist der Stadt. – Der Fürstenberghof beim Kurgarten, ein typischer Bauernhof des Harmersbachtals (Mitte 17. Jahrhundert), von dem es noch eine ganze Reihe in dieser Gegend gibt, ist als Museum eingerichtet. – In Unterharmersbach ist die spätgotische, später erweiterte Wallfahrtskirche Maria zur Ketten sehenswert.

Gengenbach
Von Unterharmersbach geht es zurück in Richtung Biberach und auf einer Straße diesseits der Kinzig, der Badischen Weinstraße, die die Orte Bruch, Fröschbach, Schönberg und Dantersbach berührt, nach Gengenbach. Diese einst freie Reichsstadt konnte sich die wesentlichen Züge eines mittelalterlichen und altdeutschen Stadtbildes bewahren: Fachwerkhäuser (bemerkenswert das Haus des Klosterschaffners Magnus Scheffel, Höllgasse 11), Teile der Befestigungsanlagen mit mehreren Türmen (Schwedenturm, Prälatenturm, Niklasturm) und den beiden Toren (Kinzigtor aus dem 14. Jahrhundert mit barockem Dach und Erker sowie Obertor oder Haigeracher Tor des 16. Jahrhundert). Das Stadtbild wird aber auch geprägt von Steinbauten aus späterer Zeit wie dem Pfaffschen Haus (Alte Kanzlei) von 1699, dem Löwenbergpalais (Ende 18. Jahrhundert), dem Haus der Thurn- und Taxisschen Post, vor allem aber dem stattlichen klassizistischen Rathaus, das den Marktplatz beherrscht.

Das bedeutendste Baudenkmal Gengenbachs ist jedoch die nach Benediktinerart großzügig angelegte ehemalige Klosterkirche (heute Stadtpfarrkirche) des 12. Jahrhunderts, die 1716 einen prachtvollen barocken Turm erhielt. Das wuchtige und strenge Innere enthält einige kostbare Ausstattungsstücke. Die Klosterbauten (heute Pädagogisches Seminar) entwarf Franz Beer um 1700. Prunkstück ist das Treppenhaus mit anmutigem Rokokoschmuck. Das Kloster und damit auch die Siedlung geht auf die Gründung iroschottischer Mönche im 8. Jahrhundert zurück. Schon kurze Zeit später zog hier der heilige Pirmin mit seinen Benediktinern ein. Kloster- und Stadtbezirk waren durch eine Mauer (heute noch teilweise erhalten) voneinander getrennt, die Stadtmauer umschloß aber beide Teile. – Sehenswert ist auch die gotische, später erweiterte Friedhofskirche St. Martin (die frühere Leutkirche des Kirchspiels) mit angeschlossenem Beinhaus.

Offenburg
Hier kreuzten sich zwei wichtige Römerstraßen: die Rheintalstraße und die Kinzigtalstraße. Einige Relikte römischer Bauten und zahlreiche Funde wie Grabsteine, Meilensteine und Keramiken wurden inzwischen zutage gefördert. Von der mittelalterlichen freien Reichsstadt ist nach den Kriegen im 17. Jahrhundert fast nichts geblieben. Prächtige Bauten entstanden zur Zeit des Barock, so die Stadtpfarrkirche Heiliges Kreuz von Franz Beer (nur der Chor ist gotisch; die zum Teil vorzüglichen Grabsteine an der Außenseite entstammen der Frührenaissance), das Rathaus mit schönen Fenster- und Portalformen, der ehemalige Amtshof der Landvogtei Ortenau (jetzt Landratsamt) und das ehemalige Ritterschaftshaus (Ritterstraße 10). Die Kirche des ehemaligen Franziskanerklosters ist schlichter, besitzt aber eine aufwendige Altarausstattung. – Um den Fischmarkt gruppiert sich ein Ensemble reizvoller Wohnhäuser.

Blick auf Gengenbach

Ortenberg
Der Ort selbst ist 500 Jahre alt, die Burg auf einem vorspringenden Fels noch 250 Jahre älter – sie gab der Landschaft ihren Namen: Ortenau. Der Sokkel des Bergfrieds mit seinen kräftigen Buckelquadern stammt noch aus dieser Zeit, das jetzige Schloß wurde als romatische Ritterburg 1840 im Stil der Neugotik errichtet (Jugendherberge). – Die Wallfahrtskapelle Mariä Ruh (Bühlwegkapelle) inmitten von Weinbergen im Ortsteil Käfersberg (auf dem Weg nach Offenburg) birgt reiche spätgotische Malereien.

Interessant ist auch das Judenbad (Glaserstr. 6, Hinterhaus) aus dem späten 13. Jahrhundert. – Egon Eiermann, einer der bedeutendsten modernen Architekten, entwarf das Verlagshaus Burda (1954) und das Verwaltungsgebäude des Stahlbauwerks G. Müller (1961).

Tour 8:

Von Freiburg in den Hochschwarzwald

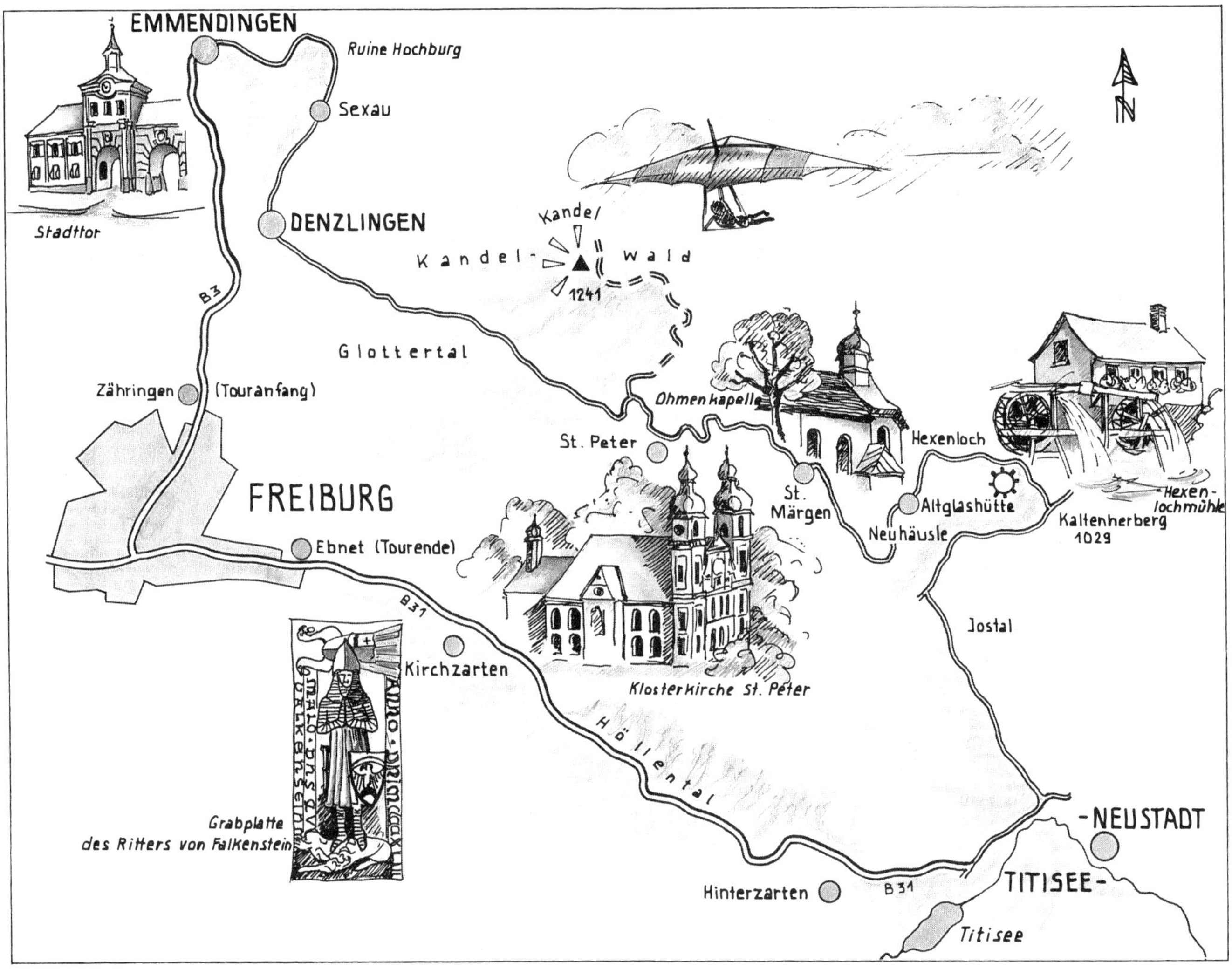

Nicht nur Naturschönheiten – Kandel, Hexenloch und Titisee –, sondern auch hohen Kunstgenuß im ehemaligen Kloster St. Peter bietet diese lange und abwechslungsreiche Rundtour, die zu vielen idyllischen Flecken führt.
Länge der Tour: 156 km

Emmendingen
Die B 3 (hier Badische Weinstraße) führt durch die Oberrheinebene, am Fuß der Berge entlang, nach Emmendingen. Ein Hauch von Residenz ist in dieser freundlichen Stadt vor der Kulisse des hochaufragenden Kandel immer noch zu spüren. 1588 kaufte Markgraf Jakob III. von Baden und Hachberg dem damaligen Landvogt dessen Wohn- und Verwaltungsgebäude ab und ließ es schloßartig umbauen. Doch erst hundert Jahre später, nach der Zerstörung ihrer Burg Hachberg (Hochburg), zogen die Markgrafen in das heute noch so genannte Markgrafenschloß (Städtisches Heimatmuseum) an der Kirchstraße ein. Die ursprünglichen spätgotischen Züge bewahrt aber nur noch der kantige Spindelturm mit aufgesetztem Fachwerkgeschoß. Das Rathaus von 1738 mit seinem formschönen Mansardwalmdach ist ein stattlicher Barockbau mit klaren Linien. Die einzige Zier: der kleine Säulenportikus, das kunstvolle schmiedeeiserne Balkongitter und eine sorgfältige Anordnung der Bossenquader im Erdgeschoß.
Die ehemalige neue Landvogtei (jetzt Landratsamt), ein Bau des 16. Jahrhunderts, bewohnten einst Johann Georg Schlosser und seine Frau Cornelia, geborene Goethe, die Schwester des Dichters. Schlosser war 13 Jahre lang als Oberamtsrat in Emmendingen tätig. Cornelia Schlosser starb 1777 im Alter von 27 Jahren und ist auf dem alten Friedhof begraben. Ihr berühmter Bruder nahm Emmendingen mit seinem Gasthof »Zum Löwen« als Vorbild für das Städtchen, das er in »Hermann und Dorothea« beschrieb.
Das heutige Amtsgericht, 1789 erbaut, war früher Wohnsitz der zweiten Gemahlin des Markgrafen Karl Friedrich. Von den vier Stadttoren blieb nur noch das Niedere Tor (frühes 18. Jahrhundert) übrig, es ist das Wahrzeichen der Stadt. In der evangelischen Pfarrkirche sind der netzgewölbte Chor und das Grabrelief des Markgrafen Karl II. von 1554, in der katholischen Kirche St. Bonifatius die Tafeln eines großartigen spätgotischen Altars sehenswert.

Burgruine Hochburg (Hachberg)
Der Weg dorthin (5 km) führt durch den Emmendinger Stadtteil Windenreute. Die Ruinen der größten und stärksten Burg des badischen Oberlandes steht auf steiler Höhe (346 m). Die Markgrafen von Hachberg und Baden bauten im frühen 13. Jahrhundert die wohl 300 Jahre zuvor angelegte Felsenfestung zum ersten mal und später noch mehrmals aus, zuletzt im 17. Jahrhundert. Doch schon 1681 ließ der Markgraf die Bastion schleifen, um den Franzosen jeden Grund für einen Angriff zu nehmen. Dennoch ließen diese einige Jahre später das Schloß sprengen.

Denzlingen
Die Straße führt weiter nach Eberbächle und, hier rechts abzweigend, über Sexau nach Denzlingen. Der Mauracher Berg, kurz vor dem Ort links, trägt die Ruinen der zum Mauracher Hof gehörenden St. Severinskapelle – ein jahrhundertelang berühmter Wallfahrtsort. In Denzlingen selbst ist der Turm der evangelischen Pfarrkirche bemerkenswert, der an den des Freiburger Münsters erinnert.

Glottertal
In Denzlingen zweigt kurz hinter der Eisenbahnlinie links die Straße ins Glottertal ab (Badische Weinstraße). An den sanften Hängen dieses weiten, hellen Tals wächst ein berühmter, aber heimtückischer Wein – man spürt ihn eher in den Beinen als im Kopf, und zwar erst, wenn man sich nach dem Trunk zu erheben versucht. Zahlreiche gediegene historische Gasthäuser am Weg laden zur Einkehr ein. Die schmucke Pfarrkirche der langgezogenen Ortschaft Glottertal, eine Basilika mit steilem Dach und einem maßwerkverzierten Turmobergeschoß, besitzt eine sehenswerte Innenausstattung.

Abstecher zum Kandel
Am Ausgang des Glottertals zweigt links die Straße zum 1241 Meter hohen Kandel ab. Er erhebt sich als gerundeter kahler Gipfel aus einem Plateau, das von drei tiefen Tälern umfangen wird. Der Blick einerseits auf Waldkirch, das Freiburger Becken, auf Kaiserstuhl und Vogesen, andererseits auf die Höhenzüge des Schwarzwalds ist grandios. Bei gutem Wetter üben sich hier oben die Drachenflieger in ihrem waghalsigen Sport. Schräg gegenüber ihrer Absprungrampe beginnt eines der wenigen Hochmoore Deutschlands (Naturschutzgebiet). Berghotel, Gaststätten und eine Kapelle laden zur Rast ein.

Drachenfliegen am Kandel

St. Peter
Vom Kandel aus fährt man dieselbe Straße wieder abwärts und biegt dann unten ab nach St. Peter. Die Straße windet sich in Serpentinen aufwärts und gewährt zauberhafte Ausblicke bis hin zum Feldbergmassiv.
Breit hingelagert und sich nach allen Seiten entfaltend, steht auf einem Plateau am Südabhang des Kandels die ehemalige Benediktinerabtei St. Peter, die seit der kürzlichen Renovierung wieder in frischem Glanz erstrahlt. Der Zähringer Herzog Berthold II. stiftete 1093 eine kleine Abtei für eine Gruppe Hirsauer Benediktiner aus Weilheim a. d. Teck in Schwaben. Vor allem als Grablege der Zähringer, deren Schutz es genoß, war das Kloster bis ins 13. Jahrhundert von Bedeutung. Eine weitere Blütezeit erlebte es im 18. Jahrhundert. Damals entstand die jetzige Klosteranlage. Die Kirche mit ihrer klargegliederten Fassade aus warmen Rotsandstein und den zwei von doppelten Zwiebelhauben gekrönten Türmen ist ein Gesamtkunstwerk: die übersichtliche, lichte Architektur (von Peter Thumb), die von vergoldeten Stuckleisten umzogenen Deckengemälde (von F. J. Spiegler), die szenischen Altarbilder, der zurückhaltende Bandwerkstuck und die Plastik an den Altären, so die anmutigen Putten, vor allem aber die bewegt und lebensvoll gestalteten Stifterfiguren (von Joseph Anton Feuchtmayer) an den Pfeilern, vereinen sich zu einem Bild inniger Harmonie. Ähnlich kunstvoll sind auch verschiedene Innenräume der Klosterbauten (jetzt Priesterseminar der Erzdiözese Freiburg) gestaltet. Das Treppenhaus mit quellendem Rokokostuck, der mit Fresken geschmückte Fürstensaal (Fest- und Gastsaal), der als Kapelle eingerichtete Kapitelsaal mit seinem kostbaren Silberaltärchen aus Meersburg, vor allem aber die weitgewölbte, duftige Bibliothek in den schwingenden Formen des Hochbarock, die zu den schönsten ihrer Art gehört. St. Peter ist die einzige noch erhaltene vollständige Klosteranlage des Breisgaus.

Stiftsfigur im Kloster St. Peter

St. Märgen
An der Straße von St. Peter nach St. Märgen bieten mehrere Aussichtspunkte wundervolle Blicke auf bewaldete Höhenzüge und das Feldbergmassiv. Der kleine ländliche Ort St. Märgen besaß vom 12. bis zum 15. Jahrhundert ein bescheidenes Augustinerkloster, das häufig in die Machtkämpfe verschiedener Herrschergeschlechter hineingezogen wurde und stets im Schatten des weit mächtigeren Klosters St. Peter stand. Nach einem Großbrand und verzögertem Wiederaufbau gaben die Mönche 1460 das Kloster auf und zogen nach Freiburg. Erst 1678 kehrten sie zurück und bauten um 1720 die jetzige schlichte Kirche, deren von Glockenhauben gekrönte Türme merkwürdigerweise neben dem Chor stehen. Der saalartige Innenraum wurde neubarock überarbeitet, aber die Altäre sind qualitätsvolle Werke in ländlichem Barock. Das Gnadenbild, eine holzgeschnitzte Muttergottes, sollen im 12. Jahrhundert die ersten Mönche mitgebracht haben. Auf einer Anhöhe, dem Ohmen, abseits der Ortschaft steht die dem Heiligen Judas Thaddäus (als Helfer der Verzweifelten) geweihte Wallfahrtskapelle von 1735 mit schöner Innenausstattung in ländlichem Barock.

Hexenloch
Von der Straße nach Titisee-Neustadt (Aussichtspunkte!) zweigt kurz hinter Erlenbach links die Straße zum Hexenloch ab. Sie führt bergabwärts durch ein schluchtartig enges, wildromantisches Tal, vorbei an der kleinen Ortschaft Glashütte. Die Glashütte, die auf der Wiese vor der Kapelle stand, gibt es jedoch schon seit 150 Jahren nicht mehr. – Das Hexenloch ist eine von Hängen engbegrenzte Talsenke. Hier steht eine alte Sägemühle, die sich die Kraft des reichlich von den Bergen kommenden Wassers zunutze macht.

Jostal
Bald gabelt sich die Straße; der rechte Zweig führt steil und in Schlingen aufwärts zur Kaltenherberg (1029 m) und stößt auf die B 500. Rechts abbiegend folgt man ihr bis zur großen Kreuzung (auf halber Strecke ein Aussichtspunkt mit herrlichem Blick über die Höhen bis hin zu Kandel, Hornkopf und Brend). An der großen Kreuzung biegt man links ab (Richtung Neustadt). Die Straße führt durch das weite, liebliche Jostal mit seinen verstreut liegenden Gehöften.

Titisee
Der B 31 nach rechts folgend, gelangt man zum 848 Meter hoch gelegenen Titisee. Mit 1,1 Quadratkilometern Wasserfläche ist er der größte natürliche See aller deutschen Mittelgebirge und bis zu 40 Meter tief (Seeumwanderung etwa 1 1/2 Stunden). Seine landschaftlichen Schönheiten sind berühmt. Von dem gepflegten Luftkurort an seinem Ufer blickt man auf die mit dunklem Wald bedeckten Berghänge gegenüber.

Der Titisee

Hinterzarten
Die B 31 führt weiter nach Hinterzarten, das schon mehrmals als schönster Ort Baden-Württembergs ausgezeichnet wurde. Seine Ausläufer reichen bis zu den Abhängen des Feldbergs fast bis zum Titisee und bis ins Höllental hinunter. Bei einem Spaziergang kann man auf eines der seltenen Hochmoore mit ihrer typischen Vegetation treffen.
Die Kirche Maria in der Zarten in der Ortsmitte war Ziel von Wallfahrten. Aus dem 15. Jahrhundert stammt noch der Sockel des Turms, Oktogon mit Zwiebelhaube wurde 1732 aufgesetzt. Der Kirchenraum, ebenfalls ein Oktogon, ist ein überraschend gestalteter und von einem Zeltdach gedeckter moderner Bau (1962).

Höllental
An der serpentinenreichen (kürzlich entschärften) Strecke zu Beginn des Höllentals sollte man beim Aufgang zur Ravennaschlucht anhalten. Es lohnt sich die Mühe, dieses urtümliche Stück Natur mit dem herrlichen Wasserfall zu besuchen. – Nur wenige hundert Meter weiter steht rechts der Straße die vorwiegend gotische Kapelle St. Oswald, mit ihren bäuerlich derb, aber voller Innigkeit gestalteten Heiligen und der Sakristei von 1148 – sie ist das älteste erhaltene Bauwerk des Hochschwarzwalds. – Nahebei, ebenfalls rechts der Straße, trifft man auf eine kleine Glashütte, in der ein Glasbläser Proben seines Könnens gibt. – Weiter unten verengt sich das Tal, das sich die obere Dreisam (Rotbach) geschaffen hat, zu einem schmalen Spalt. Bis auf wenige Meter, nur einen Hirschsprung weit, nähern sich hier die Felswände. Ein goldfarbener Hirsch auf dem rechten Felsen markiert diese Stelle. – Von der einst mächtigen Burg Falkenstein auf steilem Fels kurz vor dem Ausgang des Höllentals (rechts der Straße) sind nur noch wenige Reste vorhanden.

Kirchzarten
Hier, im Zartener Becken, wo Wagensteigbach und Rotbach sich zur Dreisam vereinen, war keltisches Siedlungsgebiet – es haben sich Reste des sogenannten Heidengrabens mit Wall und steinernen Befestigungsanlagen sowie Keramiken gefunden. Von der Bedeutung des Ortes im Mittelalter künden die Pfarrkirche St. Gallus, die bis ins 11. Jahrhundert zurückreicht – der jetzige Bau ist teils gotisch, teils barock und besitzt kunstvolle Altäre, vor allem aber den meisterhaft gemeißelten gotischen Grabstein mit dem Bild des Ritters Kuno von Falkenstein (1343) – und die burgartige ehemalige Talvogtei (13.–16. Jahrhundert). – Ein recht idyllischer Ort ist die kleine Wallfahrtskirche auf dem Giersberg, ein um 1700 begründetes Marienheiligtum (jetziger Bau von 1737), dem bald eine Eremitenklause (jetzt Gaststätte) hinzugefügt wurde. Die Altarfiguren (1742) stehen der Volkskunst nahe, reizend-naiv ist eine bemalte Plastik der Anna Selbdritt (um 1500) an der Seitenwand. Vom Giersberg aus fällt der Blick auf die Höhenzüge östlich von Freiburg mit Schloßberg, Roßkopf, Flaunser und Brombeerkopf (Informationstafel).

Schloß Ebnet
Die B 31 führt an Schloß Ebnet (links der Straße) vorbei – ein Herrenhaus mit Englischem Park, das sich der Reichsfreiherr von Sickingen um 1750 erbauen ließ.

Freiburg, Musikhochschule
Auf dem Weg in die Freiburger Innenstadt passiert man (rechts der Schwarzwaldstraße) die kürzlich erbaute Musikhochschule mit den berühmten Bronzestatuen der »Lauscher«.

Tour 9:

Aus dem Elztal ins Schiltachtal nach Hornberg

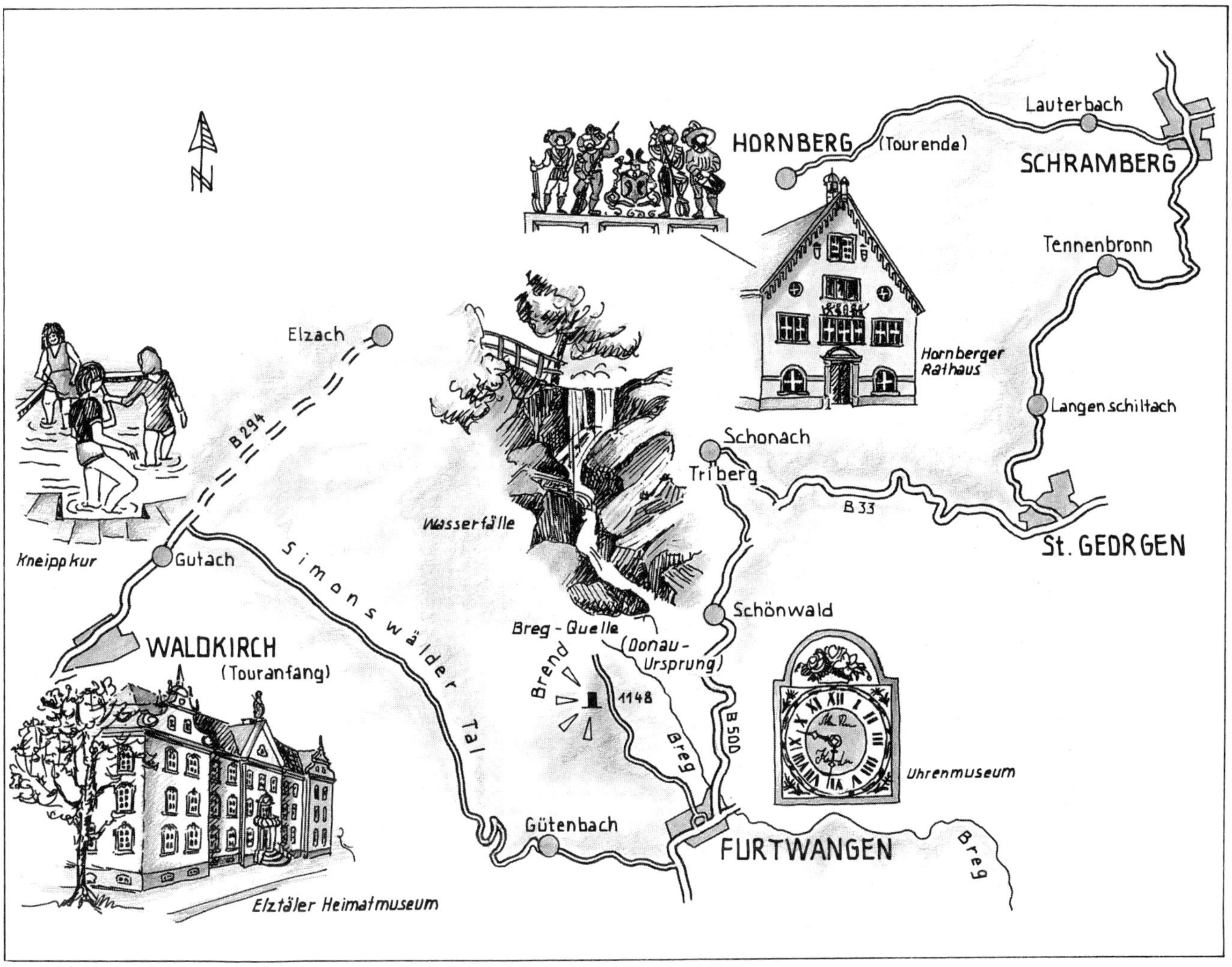

Charakteristisch für den mittleren Schwarzwald, den diese Route von West nach Ost fast durchquert, sind anmutige Täler mit sanftgewellten Wiesen und schluchtartige Einschnitte mit steilen bewaldeten Berghängen, malerische Orte im Talgrund und auf Hochflächen und die vielen alten, verstreut liegenden Schwarzwaldhöfe. Länge der Tour: 115 km.

Waldkirch

Die Stadt am Eingang zum Elztal und am Fuße des Kandels verdankt Entstehung und Namen einer oder mehreren wohl im 9. Jahrhundert im Wald erbauten Kirchen. Die Herren von Waldkirch sicherten ihren Besitz durch zwei Burgen auf den Anhöhen südlich und nördlich der Elz: die Burg Schwarzenberg (nur noch wenige Reste vorhanden), nach der sie sich bald benannten, und die Kastelburg (heute eine eindrucksvolle Ruine mit kantigem Bergfried, großen Teilen des Palas, Zwinger und Graben). Die Stadt ist eine regelmäßige Anlage des späten 13. Jahrhunderts mit zwei sich kreuzenden Achsen, gesäumt von stattlichen Bürgerhäusern, deren Zier repräsentative Portale, schmiedeeiserne Geländer und in Stein gehauene Familienwappen sind. Im Viertel am Gewerbebach sind seit dem 15. Jahrhundert die Edelsteinschleifer zu Hause. Baulicher Mittelpunkt der Stadt ist die traditionsreiche ehemalige Stiftskirche St. Margaretha, ein harmonischer Barockbau des Vorarlberger Meisters Peter Thumb mit einer Ausstattung in ländlichem Rokoko. Von den Klosterbauten ist die Propstei mit ihren Giebeln und Rokokostukkaturen im Innern einer der schönsten.

Waldkircher Drehorgelfiguren

Abstecher nach Elzach

Der nächste Ort an der Route entlang der Elz (B 294) ist Gutach. Von hier aus ist ein Abstecher nach Elzach (16 km hin und zurück) zu empfehlen. Die alte, vermutlich von den Schwarzenbergern gegründete Stadt am Eingang zum Prechtal verlor wie Waldkirch durch Brandschatzung im frühen 17. Jahrhundert viel von ihrem mittelalterlichen Gesicht. Dennoch zeigt sie malerische Bilder, die vor allem durch gepflegte Bürgerhäuser und das alte Rathaus (17. Jahrhundert; Heimatkundliche Sammlung) geprägt werden. Von der Pfarrkirche St. Nikolaus entstammen nur der vieleckige Chor, acht Glasgemälde und das zierliche Sakramentshäuschen der Spätgotik; das Langhaus und die prunkvollen Altäre sind barock, der Turm ist klassizistisch. In der neugotischen Wallfahrtskapelle Maria zu den neun Linden ist ein geschnitztes Madonnenbild des 16. Jahrhunderts zu bewundern.

Durch das Simonswälder Tal

Am östlichen Ortsausgang von Gutach biegt die Straße nach Gütenbach und Furtwangen ab. Sie führt entlang der Wilden Gutach durch das enge Simonswälder Tal, flankiert von sanftgewölbten Wiesen- und bewaldeten Berghängen, steigt bald in Schlingen steil aufwärts, vorbei an einzeln stehenden alten, schindelverkleideten Höfen mit herabgezogenem Dach. Einzigartig schön ist der Blick zurück in das tiefeingeschnittene Tal mit dem schillernden Band des Flusses. Bei der Dorfschaft Neuenberg erhebt sich rechts der 1152 Meter hohe Hornkopf. Hinter Gütenbach ist der höchste Punkt der Strecke (1008 m) erreicht. Es geht nun leicht abwärts nach Furtwangen.

Furtwangen

Die Stadt im oberen Bregtal ist erst knapp 115 Jahre alt. Bis um 1600 lebten die Menschen hier ausschließlich von der Landwirtschaft, viele der Höfe im Umkreis sind rund 500 Jahre alt. Dann erst kamen Handwerksbetriebe auf, bald auch Glashütten und schließlich, nach 1640, Uhrmacherwerkstätten. Noch immer betreiben hier zahlreiche Uhrmacher und Zifferblattmaler ihr althergebrachtes Gewerbe. Seit 1850 besitzt Furtwangen eine staatliche Uhrmacherschule (heute Fachhochschule). – Am Ortsausgang zweigt links eine Straße zur Breg-Donauquelle ab (7 km), Brend (1148 m) und Roßeck (1154 m) bilden die Kulisse; nahebei die kleine Martinskapelle.

Schönwald

Von Furtwangen geht es auf der B 500 weiter in Richtung Triberg. Auf halber Strecke breitet sich in einer weiten Talmulde der Erholungsort Schönwald aus. Den Mittelpunkt bildet die auf einem Hügel errichtete Kirche.

Schonach

Auch Schonach ist ein reizvoll gelegener Erholungsort in waldreicher bergiger Umgebung.

Tennenbronn, Schwarzwaldmühle

Triberg

Hinter Schonach stürzt die Straße etwa 300 Meter tief hinunter in ein enges, T-förmiges, von drei Bergen (daher der Ortsname Triberg) – Kapellenberg, Kroneck und Sterenberg – begrenztes Tal, in dem nahe einer Burg im frühen 13. Jahrhundert eine Siedlung entstand. Die Burg wurde 1642 endgültig zerstört (das Gelände wird heute von Kurhaus und Kurpark eingenommen), die Stadt erhielt nach einem verheerenden Brand 1826 einen neuen Grundriß und ihr heutiges liebenswürdiges Gesicht. Berühmt sind Deutschlands höchste Wasserfälle: In sieben Stufen stürzen die Wasser der Gutach 162 Meter tief zu Tal, die mächtigen Granitblöcke in der Mitte haben sie inzwischen glattgeschliffen.

Von Schonach kommend, erblickt man rechts kurz vor dem Ort die Zwiebelhaube der Wallfahrtskirche Maria in der Tannen. Ihre Geschichte geht auf ein geschnitztes Mariengnadenbild zurück, das man 1645 an einer Tanne angeheftet fand. An dieser Stelle wurde zunächst eine Holzkapelle, dann um 1700 die jetzige einfache Steinkirche errichtet. Wertvoll ist die Ausstattung: Die Altäre und die Kanzel sind Werke des Villinger Bildhauers Anton Schupp – im Hochaltar das Gnadenbild –, die Tafeln der Seitenaltäre malte der Rottweiler Johann Georg Glyckher, und das kostbare silbergetriebene Antependium stiftete Markgraf Ludwig Wilhelm von Baden, der »Türkenlouis«. Sehenswert ist auch das Schwarzwaldmuseum. – Kurz hinter der Abzweigung nach Villingen-Schwenningen/St. Georgen steht ein großes rundum bemaltes Haus.

St. Georgen

Die B 33 windet sich hinauf nach St. Georgen. Der Ort ist eine Gründung der Benediktiner von 1084. Die Klosterbauten wurden 1633 von den Villingern zerstört, die Stadt ging 1865 in einem Brand unter. Alle Bauten, so auch die katholische Kirche, stammen aus der Zeit danach. St. Georgen ist heute mit den ihm zugeordneten Gemeinden ein Zentrum der Schwarzwälder Uhren- und der metallverarbeitenden Industrie. Tradition hat auch die Phonoindustrie.

Tennenbronn

Die Fahrt geht weiter in Richtung Schramberg – eine ebenfalls landschaftlich schöne Strecke. Der Ort Tennebronn zieht sich beiderseits einer engen Talsenke entlang und bestand von 1560 bis 1902 aus zwei voneinander getrennten Gemeinden, einer evangelischen und einer katholischen. Die letztere unterstand, wie auch Schramberg und andere Herrschaften, zeitweise österreichischer Oberhoheit, ihre Kirche wurde 1787 auf Geheiß von Kaiser Joseph II., Sohn der Maria Theresia, errichtet. In den Kuranlagen steht eine als Museum eingerichtete Schwarzwaldmühle. – Die um 1190 erbaute Burg Ramstein auf einem Berggipfel östlich von Tennenbronn liegt seit 1415 in Trümmern.

Schramberg

Die Straße windet sich entlang der Schiltach, die sich hier ein schluchtartig enges Tal geschaffen hat. Stellenweise tritt das Gestein mächtig zutage. Schramberg liegt am Zusammenstoß von fünf Tälern. Sie ist eine gleichermaßen gemütliche wie geschäftige Stadt. Hier ist ebenfalls die Uhrenfabrikation zu Hause, die Firma Junghans, seit 1860 ansässig, genießt Weltruf. Die Stadt selbst bietet keine bedeutenden Sehenswürdigkeiten, sieht man einmal von dem stattlichen Rathaus mit seiner astronomischen Uhr von 1913 ab. Von den Bergen ringsum grüßen die Ruinen dreier historisch und baugeschichtlich wichtiger Burgen herab. Die Burg Falkenstein auf steilem Fels über dem kluftartigen Bernecktal besteht aus zwei zusammengewachsenen Burgen: Oberfalkenstein, die um 1000 angelegt wurde und von der noch beträchtliche Reste – romanischer Turm, mächtige Umfassungsmauern – zu sehen sind, und Unterfalkenstein, von der nur noch Grundmauern vorhanden sind. Oberfalkenstein bot Herzog Ernst II. von Schwaben, der gegen Kaiser Konrad II., seinen Stiefvater revoltierte, 1030 die letzte Zuflucht.

Hornberg

Auf dem Weg von Schramberg über Lauterbach nach Hornberg kommt man über die Paßhöhe Fohrenbühl (Gedächtnishaus des Schwarzwaldvereins in 879 m Höhe mit Aussichtsturm). Auf der weiten Schwanenwiese findet alljährlich zu Pfingsten der traditionelle Schellenmarkt mit großem Volksfest statt: Kurz vor dem Viehauftrieb tauschen und verkaufen hier Hirtenbuben Glocken und Schellen für das Vieh.
Hornberg im Tal der Gutach, vor allem bekannt durch das sprichwörtlich gewordene »Hornberger Schießen«, steht auf felsigem Grund, umfangen von fast 1000 Meter hohen Bergen. Einer von ihnen erhebt sich steil über der Stadt. Er trägt die obere Burg, die 1689 von den Franzosen zerstört wurde. Nur der viereckige Bergfried, das Pulverhaus und einige Mauerreste sind noch zu sehen. Die untere Burg hatten Schweden und Franzosen schon 1641 verbrannt. An ihrem Fuß war im 13. Jahrhundert die Stadt entstanden, die als Zwischenhalt für den Durchgangsverkehr und Poststation jahrhundertelang Bedeutung hatte (das Hotel Löwen/Post war eine Station der Thurn- und Taxisschen Post). Sehenswert in dieser während des Zweiten Weltkriegs stark zerstörten Stadt ist die schiefergedeckte Johanneskirche: Dem hochgotischen Chor, der Fresken zu Themen des Alten Testaments birgt, fügte der württembergische Hof- und Landbaumeister Heinrich Schickardt ein hohes Langhaus hinzu. Das Rathaus ist ein schlichter Bau von 1661, einziger Schmuck ein Bogenfries am Giebel, ein winziger Giebelreiter und eine Malerei aus jüngster Zeit, die vier Landknechtsgestalten, wohl Hornberger Schützen, zeigt.

Tour 10:

Weinfreuden im Kaiserstuhl

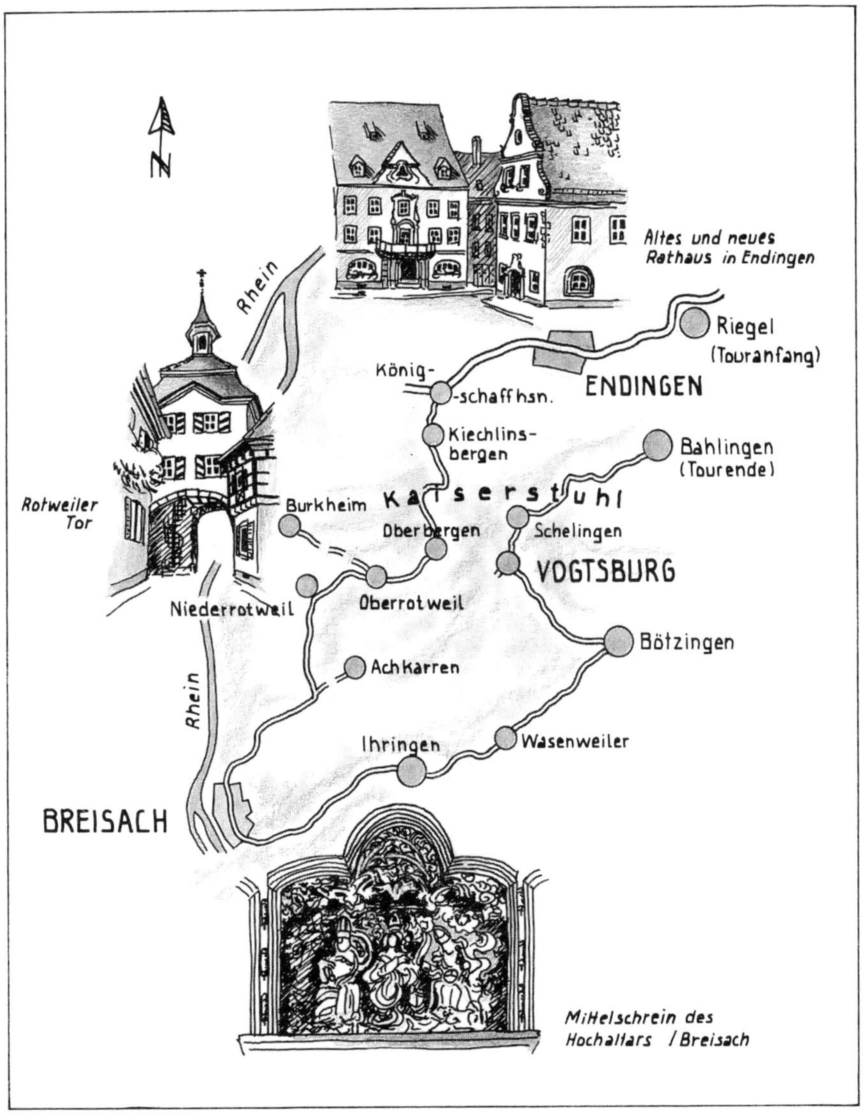

Für die Freunde badischen Weins und solche, die eine außergewöhnliche Landschaft kennenlernen wollen, ist dieser Tour gedacht. Als mächtige Vulkanruine erhebt sich der Kaiserstuhl aus der Rheinebene. Auf den sonnigen Terrassen dieser lößbedeckten Wärmeinsel gedeihen nicht nur ausgezeichnete Tropfen, sondern auch verschiedene Pflanzen, die in sonst nur südlicheren Klimata heimisch sind.
Länge der Tour: 80 km

Riegel

Der Ort liegt am Fuß des Michelsbergs, der schon im Mittelalter befestigt war. Im 12. Jahrhundert stand dort oben eine Burg, die 1356 im Besitz der Üsenberger war und 1399 letztmals erwähnt wurde. Heute krönt den Berg die Michaelskapelle, deren Chor vermutlich einst zur alten Burgkapelle gehörte. Im Innern ist eine Madonna aus dem Jahr 1465 bemerkenswert. Wie Münzfunde belegen, hatte der Ort selbst schon in römischer Zeit größere Bedeutung. Einen Kilometer südwestlich der Stadt, im Hagelstein, wurden Reste eines römischen Gutshofs entdeckt. Im malerischen Ortskern fällt das Rathaus von 1784 mit seinem schönen Tor ins Auge. Die Kirche St. Martin wurde 1743 bis 1748 im Barockstil erbaut und nach ihrer Zerstörung im Zweiten Weltkrieg wiedererrichtet. Ihre Vorgängerin war eine der vier schon im 12. Jahrhundert bestehenden Kirchen.

Endingen
Vier Kilometer westlich liegt dieser ehemalige Hauptort der Üsenberger, die Oberendingen um 1290 zur Stadt erhoben. Fünfzig Jahre später wurde es mit Niederendingen vereinigt. Mittelpunkt des Städtchens ist der Marktplatz mit dem Kornhaus (1617; heutiges Rathaus). Das alte Rathaus von 1527 beherbergt eine Sammlung kostbarer Kunstschätze (Heimatmuseum). Berühmt sind die aus dem Jahr 1528 stammenden Standesscheiben an den Fenstern des Rathaussaals, der eine sehr schöne Stuckdecke (Louis-XVI.-Stil) besitzt. Das neue Rathaus entstand Mitte des 18. Jahrhunderts. Bemerkenswert sind hier ein breiter Balkon mit elegant gerahmter Tür und im Innern die Rokokostukkaturen. Sehenswert in Endingen ist auch das Kaufhaus, das 1617 im Stil des Freiburger Kornhauses erbaut wurde. Die katholische Pfarrkirche St. Petrus entstand 1772 bis 1775. Das Untergeschoß des Westturms ist vermutlich romanisch. Im Innern sind die reichen Deckenmalereien von Johann Pfunner aus dem Jahr 1775 besonders hervorzuheben. Den Giebel des südlichen Querschiffs schmückt eine steinerne Muttergottes (um 1480). Von der alten Stadtbefestigung sind nur noch Reste erhalten. Bemerkenswert ist das Königschaffhauser Tor, das wahrscheinlich Ende des 13. Jahrhunderts entstand (1581 erneuert), auf seinem Dach ein Reiter aus dem 18. Jahrhundert. Im Tor ist das Museum der 1782 gegründeten Narrenzunft untergebracht. – Im Mai feiert man in Endingen das traditionsreiche »Rugili«-Fest, das bis zum Jahr 1648 zurückreicht: Beim Würfelspiel gilt es, eine große Brezel zu gewinnen.

Abstecher nach Burkheim
Man verläßt Endingen durch das Königschaffhauser Tor und fährt am Fuß des Kaiserstuhls – parallel zur Museumsbahnlinie – nach Königsschaffhausen. Dort biegt die Route links ab und führt bergauf durch Kiechlinsbergen nach Oberbergen, einem Erholungsort inmitten von Rebterrassen und Obstwiesen. Weiter geht es nach Oberrotweil, wo am Ortsende die Straße nach Burkheim abbiegt. Schon von weitem ist die Ruine des Schlosses zu erkennen. Es wurde ab 1561 von dem kaiserlichen Feldobristen Lazarus von Schwendi auf den Resten einer Burg erbaut. Im historischen Stadtkern von Burkheim steht das Rotweiler Tor.

Rathaus und Haus Krebs in Endingen

Niederrotweil
Im Vogtsburger Ortsteil Niederrotweil ist die Michaeliskirche bemerkenswert. Sie birgt einen spätgotischen Marienaltar (um 1518), den, ebenso wie den berühmten Hochaltar im Breisacher St. Stephansmünster, der unbekannte Meister HL schuf.

Abstecher nach Achkarren
Bei der Michaeliskirche biegt die Route links ab und führt in der Rheinebene – entlang der Museumsbahnlinie – zu einer Kreuzung. Hier biegt man links ab und erreicht nach zwei Kilometern den berühmten Kaiserstühler Winzerort Achkarren. Interessierten sei der geologische Weinlehrpfad empfohlen.

Breisach
Von Achkarren strebt nun die Route wieder hinaus in die Rheinebene. Nächstes Ziel ist die alte Stadt Breisach, die hoch über dem Rhein auf einem Basaltfelsen steht. Dieser »mons brisiacus« war zu Cäsars Zeit befestigt (369 erwähnt), aber schon in vorgeschichtlicher Zeit besiedelt. 1185 gründeten die Staufer die Stadt, die sie wegen ihrer Grenzlage zu einer wichtigen Festung ausbauten. Ihr berühmtes Bauwerk ist das Münster St. Stephan, das als Stiftkirche 1139 erstmals genannt wurde.
Vermutlich um 1200 wurde mit dem Neubau der dreischiffigen Basilika begonnen. Aus dieser Frühzeit stammen Langhaus, Querschiff und die beiden Osttürme. Chor, Westjoch und Südturm sind gotisch und entstanden wahrscheinlich in den Jahren 1300 bis 1330. Vollendet wurde das Münster im 15. Jahrhundert mit dem Bau der Sakristei und der Ausgestaltung des Innenraums. Einer der kostbarsten Schätze im Innern ist der aus Lindenholz geschnitzte Hochaltar. Dieses über 11 Meter hohe Kunstwerk schuf wieder der Meister »HL« um 1525. In den Seitenflügeln sind Stadt- und Kirchenpatrone verewigt. Ein bedeutendes Werk ist auch das »Weltgericht«, ein monumentales Gemälde des Colmarer Malers Martin Schongauer. Es zeigt im nördlichen Wandfeld eine Darstellung der Hölle, im westlichen Majestas und das Gericht und im südlichen den Lohn der Seligen. Der figurenreiche steinerne Lettner (1496) ist ein weiterer künstlerischer Höhepunkt der Innenausstattung. Sehenswert sind in Breisach auch das alte Rathaus von 1536 und das Portal am ehemaligen Kloster »Notre Dame« (1736). An die mittelalterliche Befestigung der Oberstadt erinnern an der Südauffahrt zum Münster das Speck- und Hagenbachtor.

Ihringen
Im Süden des beschaulichen Winzerorts am Fuß des Kaiserstuhls entdeckte man ein ausgedehntes Grabhügelfeld aus der Hallstattzeit (750 bis 500 v. Chr.); die Hügel haben einen Durchmesser von 20 bis 60 Meter. Die bedeutendsten Fundstücke waren Bronzearmringe und Bronzegeschirr. Am Wochenende nach Fronleichnam werden in dem berühmten Winzerort alljährlich die Ihringer Weintage gefeiert.

Bötzingen
Über Wasenweiler erreicht man Bötzingen. Diese Weinbaugemeinde besitzt ein altes Badehaus und eine sehenswerte Kirche. Chor und Turm sind mittelalterlich, das Langhaus stammt aus dem Ende des 18. Jahrhunderts. Beachtenswert ist die spätgotische Madonna (um 1490) im Barockaltar.

Bahlingen
In Bötzingen biegt die Route links ab und führt, an einem Steinbruch vorbei, wieder in den Kaiserstuhl hinein. Von der ansteigenden Straße bieten sich schöne Ausblicke auf Totenkopf (557 m), Eichelspitze (520 m) und Badberg (435 m), den »Hausberg« von Oberbergen. Dort biegt die Route am Ortsanfang nach rechts ab und führt über Schelingen durch schönen Mischwald hinab nach Bahlingen. Hoch über dem Ort steht in einem ummauerten Friedhof eine der ältesten Kirchen des Kaiserstuhls; Details des Turms stammen noch aus romanischer Zeit. Im 17. und 20. Jahrhundert wurde die Pfarrkirche umgestaltet. Im Ortskern sind das Rathaus von 1550 und einige Fachwerkhäuser aus dem 18. Jahrhundert bemerkenswert.

Tour 11:

Auf die höchsten Gipfel des Schwarzwalds

Feldberg, Belchen und Schluchsee sind nur einige Ziele dieser Tour, die zu Plätzen führt, die zu den schönsten des Südschwarzwalds gehören. Doch auch kunsthistorisch Interessierte kommen nicht zu kurz: Das Benediktinerkloster St. Blasien mit seinem kuppelgekrönten Dom liegt am Weg.
Länge der Tour: 180 km

Bad Krozingen
Der moderne Kurort besitzt das wohl älteste Gebäude des Breisgaus, die St. Ulrichskapelle (Glöcklehofkapelle). Im Chor wurden 1936 Wandmalereien freigelegt, die in der zweiten Hälfte des 9. Jahrhunderts entstanden sein dürften. Mittelpunkt das Ortes war die Propstei des Klosters St. Blasien, die seit 1383 belegt ist. 1579 wurde ein neues Propsteigebäude errichtet, von dem aus sämtliche Lehensgüter St. Blasiens im Breisgau verwaltet wurden. Der Treppenturm an der Hofseite stammt noch aus dieser Zeit, das übrige Gebäude wurde 1748 barock umgestaltet. Heute ist in den Räumen eine wertvolle Sammlung von mehr als 50 verschiedenen Tasteninstrumenten untergebracht. Sehenswert ist auch die reich mit Stuck geschmückte Schloßkapelle St. Blasius (1608) im Schloßgarten.

Staufen
Über die B 31 erreicht man nach sechs Kilometern das historische Städtchen Staufen. Es wird überragt vom Staufener Schloßberg, der die Ruine der mittelalterlichen Staufenburg trägt. Ein ebenfalls sehenswertes Bauwerk ist das Alte Schloß, 1566 von den Freiherren von Staufen erbaut. Am Marktplatz steht das eindrucksvolle Rathaus aus dem 16. Jahrhundert und nahebei eines der vielen schönen alten Häuser Staufens: das berühmte Gasthaus zum Löwen. Hier wohnte Doktor Faustus,

der 1539 bei dem Versuch, Gold herzustellen, ums Leben kam, eine Begebenheit, die Goethe in seinem »Faust« dichterisch bearbeitete. In der spätgotischen St. Martinskirche ist vor allem das Altarkruzifix (um 1520) bemerkenswert.

Münstertal
Sechs Kilometer hinter Staufen erreicht man das Rathaus von Münstertal. Von hier ist es nicht weit bis zum Besuchsbergwerk »Teufelsgrund«, das versteckt in einem Seitental liegt. Um es zu erreichen, biegt man Richtung Badenweiler rechts ab und fährt bis zum Gasthaus Neumühle, dort links und – in wenigen Minuten – zum Bergwerk. Die Route führt dann wieder zurück zum Gasthaus. Hier links abbiegend, erreicht man wenig später den vermutlich letzten Kohlenmeiler des Schwarzwalds.
Von dort geht die Fahrt wieder zurück zum Rathaus und weiter talaufwärts, bis rechts die ehemalige Benediktinerabtei St. Trudpert zu sehen ist. Dieses älteste Kloster auf der rechten Seite des Rheins lohnt eine Besichtigung. Die Anlage geht auf eine Zellengründung des Mönchs Trudpert zurück, der im 6. Jahrhundert vermutlich aus einem Vogesenkloster mit irischer Mönchstradition kam. Trudpert soll 643 beim Bau der Zelle ermordet worden sein. Ihm zu Ehren wurde diese Stelle von einer Kapelle überbaut. Die jetzige Trudpertkapelle wurde 1698 auf kreuzförmigem Grundriß errichtet und erhielt später eine Zwiebelkuppel; das Innere birgt prächtige Altäre und in der Gruft einen heilkräftigen Brunnen. Die heutige Klosteranlage (1710–1738) ist ein Werk des Vorarlberger Baumeisters Peter Thumb. Die Kirche St. Peter und Paul (1715) hat den gotischen Chor des Vorgängerbaus aufgenommen. Das Innere ist im Stil des Rokoko gestaltet, bewahrt aber auch eine in Stein gehauene Muttergottes aus dem Mittelalter.

Münstertal, Rathaus

Eingang zum Besuchsbergwerk »Teufelsgrund«

Belchen
Bei der Weiterfahrt kommt man – kurz hinter St. Trudpert – am Bienenkundemuseum vorbei (auf der linken Seite). Bald steigt die Straße steil bergan und führt in Serpentinen zum Wiedener Eck (unterwegs schöne Aussichtspunkte). Hier biegt die Route rechts ab und führt über ein schmales Sträßchen zum 1414 Meter hohen Belchen, von dem aus sich bei gutem Wetter ein herrlicher Rundblick mit Sicht auf die Vogesen bietet.

Abstecher nach Schönau
Vom Gipfel führt eine kurvenreiche Straße hinab ins Wiesental. Dort biegt man rechts ab auf die B 317 und erreicht nach wenigen Minuten Schönau. Dort errichtete 1154 das Kloster St. Blasien die Marienkirche. Um 1300 entstand der Kirchturm, der 1907 in den Neubau der Pfarrkirche Mariä Himmelfahrt einbezogen und mit einer neuen Haube gedeckt wurde. Bemerkenswert ist der zum Teil mit gotischen Schnitzfiguren geschmückte, im übrigen aber vorwiegend neugotische Marienaltar.

Todtmoos
Von Schönau geht es wieder zurück durch das Tal der Wiese, die bei Utzenfeld überquert wird. Bei Gschwend steigt die Straße erneut an und führt über Präg, das ebenso wie Gschwend schöne alte Schwarzwaldhäuser besitzt, steil bergauf zum Wirtshaus Hochkopf. Unterwegs bieten sich schöne Blicke auf Präg, das wie in einer Spielzeuglandschaft, tief unten im Tal zu erkennen ist. Ist der Hochkopf erreicht, geht es auf der anderen Seite des Berges steil bergab, bis nach fünf Kilometern der bekannte Wintersportort Todtmoos erreicht ist. Hier findet alljährlich am letzten Januarwochenende ein internationales Schlittenhunderennen statt. Kulturhistorisch bedeutend ist die barocke Wallfahrtskirche Mariä Himmelfahrt. Sie wurde im Mittelalter von St. Blasien aus errichtet und bei der Umgestaltung 1770 bis 1778 mit Fresken und Stuck geschmückt. 1927 wurde der Bau verlängert und erhielt zwei Seitenschiffe. Die Unterkirche birgt ein spätgotisches Beweinungsrelief.

St. Blasien
Den heilklimatischen Kneippkurort erreicht man nach 18 Kilometern. Die Straße führt von Todtmoos bergauf zu einer freien Hochfläche. Bei Mutterslehen kommt man an einem kleinen Weiher vorbei (rechts der Straße).
Bei der Einfahrt nach St. Blasien sieht man schon von Ferne die mächtige Kuppel der Benediktinerklosterkirche – sie ist die drittgrößte Kuppelkirche Europas. Das Kloster geht in seinen Anfängen auf eine im 9. Jahrhundert von Rheinau aus gegründeten Mönchssiedlung zurück. 983 wurde diese »Cella Alba« selbständig und kam 1361 unter die Herrschaft der Habsburger. Im Jahr 1613 wurde die Abtei reichsunmittelbar. Die heutige Anlage entstand – nach einem Brand – im 18. Jahrhundert. Michel d'Ixnard und Nicolas de Pigage waren die Architekten der Kuppelkirche. Seitdem haben zwei schwere Brände die Klosteranlage heimgesucht, zuletzt 1977. Die Restaurierungen sind inzwischen abgeschlossen: Beeindruckend ist die einheitliche weiße Farbgebung. Von der alten Ausstattung blieb nur wenig, immerhin drei Malereien von Christian Wenzinger.

St. Blasien, Kuppelkirche

Schluchsee

Der größte, weil künstlich erweiterte Schwarzwaldsee wird über Häusern erreicht; am Ortsanfang sieht man rechts unten im Tal zwischen Tannen den Albsee blinken. Nach rund acht Kilometern auf der B 500 steht man an der Staumauer. Sie wurde 1929/30 gebaut und erweitert den ursprünglich nur einen Quadratkilometer großen See um das Fünffache. Die hier eingerichtete Kraftwerkanlage nutzt das Gefälle zwischen See und Hochrhein (620 m) zur Elektrizitätsgewinnung. Heute ist der Schluchsee ein Paradies für Wassersportler.

Bei Unteraha verläßt die B 500 den See und führt, am Windgfällweier (Bootsverleih) vorbei, nach Altglashütten. In der Blütezeit der Glasherstellung an diesem Ort gab es 9 Glasbläser; seit etwa 1705 wird dieses Handwerk hier nicht mehr gewerblich ausgeübt. An der Kreuzung Bärental biegt die Route nach links und führt auf der B 317 nach Feldberg. Kurz vor dem Ort zweigt rechts eine Straße ab, die zum 1493 Meter hohen Gipfel führt.

Todtnau

Auf der Westseite des Feldbergs läuft die Bundesstraße über Fahl und Brandenberg – beide ehemalige Bergbausiedlungen – nach Todtnau. Der reizvoll gelegene Ort ist heute als Austragungsort nationaler und internationaler Skiwettkämpfe bekannt.

Sonnenuhr am Gericht in St. Blasien

Altglashütten, Glasbläser

Schauinsland

Der 1284 Meter hohe »Hausberg« Freiburgs wird auf kurvenreicher Strecke über Aftersteg, Muggenbrunn und Notschrei erreicht. Unterwegs sollte man oberhalb von Muggenbrunn bei Deutschlands größtem Naturwasserfall, dem Todtnauer Wasserfall, verweilen. Das Wasser stürzt hier über 95 Meter in die Tiefe. – Nahe der Bergstation der Schauinslandbahn (Talstation in Horben) steht ein Observatorium.

Freiburg

Vom Gipfel führt die kurvenreiche Schauinslandstraße in gut zwanzig Minuten nach Freiburg. Wahrzeichen der Stadt ist das Münster Unserer Lieben Frau. Es wurde als einziger gotischer Dombau im Mittelalter vollendet. Seine Anfänge reichen ins 12. Jahrhundert zurück. Das Querschiff und die Untergeschosse der Hahnentürme entstanden in romanischer Zeit (um 1200). Nach 1220 setzten sich gotische Stilelemente durch. Einzigartig schön ist der Westturm mit seinem achtseitigen filigrandurchlichteten Helm. Sehenswert im Innern sind u. a. die 36 Glasfenster des Hochchors, der Hochaltar von Hans Baldung Grien (1512), die von Jörg Kempf geschaffene Kanzel, das Bild des Schmerzensmanns von Lucas Cranach d. Ä. und die steinerne Muttergottes in der Vorhalle.

Den Münsterplatz umstehen zahlreiche sehenswerte Gebäude, so das Kornhaus (1498), das 1522 eröffnete Kaufhaus, das Erzbischöfliche Palais und das »Haus zum schönen Eck« (beide 18. Jahrhundert). Bemerkenswert ist auch der figurenreiche Fischbrunnen (1483). Das Alte Rathaus (1556–1559) auf dem Rathausplatz zieren ein schöner Renaissancegiebel und ein kunstvoll gemeißelter Erker. – Mittelpunkt des geistigen Lebens ist die 1457 gegründete Albert-Ludwigs-Universität.

Eine Besonderheit im Stadtbild Freiburgs sind die Bächle. Sie wurden im Mittelalter angelegt und waren damals die modernste Form der Kanalisation. Den Besucher zwingen sie, immer mal wieder auf den Boden zu schauen. Dabei wird er dann häufig schöne Mosaikpflasterbilder aus Rheinkieseln entdecken.

Museen im Schwarzwald

Bad Krozingen, Sammlung historischer Tasteninstrumente

Achern
Sensen- und Heimatmuseum (Berliner Straße 31): Das Sensenmuseum zeigt ein vollständig eingerichtetes Sensenwerk, das von 1850 bis 1965 in Achern arbeitete, mit allen zugehörigen Werkzeugen und Maschinen. Die Bibliothek, die dieses Handwerk zum Thema hat, umfaßt etwa 200 Bände.

Bad Dürrheim
Narrenschopf Schwäbisch-Alemannisches Narrenmuseum (am Kurpark): Ein ehemaliger, der Rottweiler Saline Wilhelmshall zugehöriger Solebehälter, ein ungewöhnlicher Kuppelbau von 1825, beherbergt eine der umfassendsten Sammlungen schwäbisch-alemannischer Fastnachtsgestalten: wohl an die 350 Figuren in ihren typischen Kostümen, holzgeschnitzten Larven, lebensgroß und nach Narrenzünften gruppiert, 64 Gruppen aus acht baden-württembergischen Fastnachtslandschaften und vier aus der Schweiz. Manche Figuren sind mehr als 200 Jahre alt, und die Tradition vieler Typen reicht bis in heidnische Zeiten zurück.
Tier- und Jagdmuseum sowie Professor-Fritz-Behn-Museum: Das heutige »Haus des Gastes«, ein ehemaliges Salinengebäude, beherbergt beide Sammlungen: erstens Jagdtrophäen, präparierte Tiere aus aller Welt und Waidgerät; zweitens Werke des Tierbildhauers und -malers Professor Fritz Behn (1878–1970). Weitere Tierplastiken dieses Künstlers stehen im Kurpark.

Bad Herrenalb
Heimatstube (Rathausplatz): Gezeigt werden u. a. historische handgeformte Dachziegel, gußeiserne Ofenplatten und Steinmetzarbeiten.

Bad Krozingen
Sammlung historischer Tasteninstrumente Fritz Neumeyer (Schloß): Etwa 50 Tasteninstrumente aus der Zeit von 1600 bis gegen Ende des 19. Jahrhunderts umfaßt diese einzigartige Sammlung: Cembali, Spinette, Orgelpositiv, Clavichorde, Hammerklaviere, Tangentenflügel und Tafelklaviere, zumeist Originale. Andere Stücke wurden originaltreu nachgearbeitet, so daß sich die Entwicklung bis hin zum Tafelklavier lückenlos verfolgen läßt.

Bad Säckingen
Hochrheinmuseum (Schloß): Von den vor- und frühgeschichtlichen Funden aus der Hochrheinregion sind der Schädelrest eines Cro-Magnon-Menschen, der hier vor einigen hunderttausend Jahren gleichzeitig mit dem Neandertaler lebte und ein direkter Vorfahr des heutigen Homo sapiens, des vernunftbegabten Menschen ist, und die Beigaben aus alemannischen Gräbern wohl die interessantesten Stücke. Außerdem sind zu sehen: eine Hotzenstube und eine Sammlung Schwarzwälder Uhren, einige Gemälde und Zeichnungen von Hans Thoma und Stücke, die an den Schriftsteller Joseph Victor von Scheffel erinnern.
Münsterschatzkammer: Sie enthält kostbare Werke sakraler Kunst, darunter den sechs Zentner schweren Silberschrein, der die Gebeine des heiligen Fridolin enthält; eine Augsburger Arbeit von 1764.

Baden-Baden
Brahmshaus (gegenüber von Kloster Lichtenthal): Die Zimmer, die Johannes Brahms häufig in den Sommermonaten der Jahre 1862 bis 1880 bewohnte, erhielten inzwischen wieder ihr damaliges Aussehen. Zahlreiche Stücke erinnern an den berühmten Komponisten und seinen Freundeskreis.
Heimatmuseum (Stadtmuseum): im Baldreit (Küferstraße 3): Als »Gasthaus zum Baldreit« war dieses Haus einst als Badherberge berühmt. Das heutige Museum gibt einen Überblick über die Badekultur vergangener Zeiten, die stadtgeschichtliche Entwicklung und die Geschichte der Spielbank. Hinzu kommen Stücke aus der Baden-Badener Porzellanmanufaktur.
Museum für mechanische Musikinstrumente (Sophienstraße 40): Mehr als 200 Stücke zählt die Sammlung: Orgeln, Drehorgeln, Musikdosen, Grammophone, Orchestrien verschiedenster Art, Kinoorgeln, deren Klang die Stummfilme begleiteten, und schließlich sogenannte Vogelorgeln, deren Stimmen Zeisige zum Singen anregen sollten.
Stadtgeschichtliche Sammlungen (Neues Schloß): Daß Baden-Baden schon zur Römerzeit eine geschätzte Badestadt war, wird hier durch zahlreiche Fundstücke belegt. Ofenplatten und Skulpturen dokumentieren mittelalterliche Kultur, eine bedeutende Sammlung böhmischer Gläser mit Stadtansichten, die man Badegästen als Geschenk überreichte, die Bedeutung des Kurorts vom 17. bis 19. Jahrhundert.
Staatliche Kunsthalle (Lichtentaler Allee): Sie verfügt nicht über einen eigenen Bestand an Kunstwerken, sondern bietet dem Besucher jährlich sechs bis zehn Ausstellungen vorwiegend moderner Kunst.
Museum der Zisterzienserinnenabtei Lichtenthal: Die Sammlung enthält zahlreiche von den Zisterzienserinnen angefertigte kunsthandwerkliche Arbeiten, vor allem Stickereien, liturgische Gewänder aus mehreren Jahrhunderten, außerdem Strickteppiche

aus Colmar von 1765, Kleinplastiken aus Holz, Alabaster und Elfenbein, Tafelbilder und Altarblätter vom 15. bis zum 18. Jahrhundert, Uhren, Fayencen und Zinngeschirr.

Bernau ▷

Hans-Thoma-Museum (Rathaus): Mit etwa 80 Werken, vor allem Gemälden, aber auch Graphiken, Glasmalereien, Schnitzereien und Keramiken, ehrt dieses Museum den großen Sohn des Ortes. Im Wechsel stellen hier auch andere Maler, so vor allem Hans-Thoma-Preisträger, aus.
Resenhof: Die Inneneinrichtung dieses stilechten, 1789 erbauten Hochschwarzwälder Bauernhauses gewährt einen Einblick in die Lebens- und Arbeitsweise von Bauern und Handwerkern vor allem der Schnefler in früherer Zeit.

Biberach Ortenaukreis

Kettererhaus Volks- und Heimatmuseum: Thema der volkskundlichen Sammlung sind die – zum Teil bereits ausgestorbenen – Handwerke der Ofensetzer, Seiler, Zigarrenmacher, Sattler, Drechsler, Küfer und Wagner. Andere Abteilungen stellen Narrentypen der Region, einheimische Tiere, Pflanzen und Mineralien vor. – Das kleine eingegliederte Feuerwehrmuseum zeigt Geräte und Dokumente zur Entwicklung des Feuerwehrwesens.

Blumberg-Riedböhringen

Kardinal-Bea-Museum: Zahlreiche Stücke erinnern an Leben und Wirken des bedeutenden Kirchenfürsten und Bibelwissenschaftlers, der die Einheit der Christen förderte. Er wurde 1881 in Riedböhringen geboren und starb 1968.

Calw

Heimatmuseum und Hermann-Hesse-Gedenkstätte (Bischofstraße 48): Das Patrizierhaus, das früher einem Mitglied der Calwer Zeughandelscompagnie gehörte, ist mit Möbeln aus Bürger- und Bauernhäusern und Zunftgeräten ausgestattet. Die Hermann-Hesse-Gedenkstätte bewahrt Erstausgaben von Hesses Werken, darüber hinaus Zeichnungen des Dichters, Fotos und vieles mehr.

Donaueschingen ▷

Fürstlich Fürstenbergische Sammlungen: Bedeutend ist die Gemäldegalerie im Karlsbau (Karlsplatz 7), die hervorragende Werke Oberdeutscher Meister des 15. und 16. Jahrhunderts enthält, so von Hans Holbein d. Ä., Lucas Cranach d. Ä., Matthias Grünewald, Bartholomäus Zeitblom, Hans Schäufelein und dem Meister von Meßkirch, dazu eine größere Anzahl plastischer Werke der Spätgotik wie die »Madonna des Schwäbischen Meisters« (Umkreis Gregor Erhart). In anderen Abteilungen sind volkskundliche Stücke aus dem Bereich der Geologie, Zoologie und der Vor- und Frühgeschichte zu sehen.– Sehenswert ist auch die Sammlung alter Möbel mit feinen Schnitzarbeiten, kostbarer Gobelins, kunstvollen Porzellans und gediegener Goldschmiedearbeiten im Schloß. – Die Hofbibliothek (Haldenstraße 3) besitzt einen umfangreichen Bestand an alten Handschriften. Das wohl kostbarste Stück ist eine der zahlreichen Fassungen des Nibelungenliedes, die sogenannte Handschrift C, auch Hohenems-Laßbergsche genannt, verfaßt in der zweiten Hälfte des 13. Jahrhunderts.

H. Thoma, »Die Hühnerfütterung«

Bernau, Resenhof: Stube mit Herrgottswinkel

H. Holbein d. Ä., »Judaskuß«

Dornstetten

Heimatmuseum – Das lebendige Volksmuseum (Marktplatz): Es beherbergt Bauernmöbel, landwirtschaftliche Geräte, Handwerkszeug der Sattler, Kupferschmiede, Ziegler, Weber, Holzdreher und anderer zum Teil bereits ausgestorbener Gewerbezweige, informiert über den geologischen Aufbau Südwestdeutschlands und über die Verarbeitung von Pflanzenfasern bis zum fertigen Kleidungsstück.

Elzach
Heimatkundliche Sammlungen der Stadt (Rathaus): Einen Schwerpunkt bildet die Elzacher Fasnet mit den typischen Schuttig-Larven. Hinzu kommen Trachten und Stücke der Volkskunst aus der Region sowie Dokumentationen zur Stadtgeschichte und zur Entwicklung des Zunftwesens.

Emmendingen
Betriebswerkstätte des MECF Eisenbahnfreunde Breisgau e.V. (Kollmarsreuter Straße 7): Freunde alter Eisenbahnen kommen hier auf ihre Kosten: Sie können nicht nur Dampflokomotiven, Reisezugwagen, Post- und Packwagen sowie Kühlwagen aus der Zeit zwischen 1900 und 1930 besichtigen, sondern auch mit einem alten Eisenbahnzug fahren. Die Strecke dieses Museumszugs ist 42 Kilometer lang.
Städtisches Heimatmuseum (ehem. Markgrafenschloß): Außer Dokumenten zur Stadtgeschichte, Entwicklung des Handwerks und Zunftwesens umfaßt es Erinnerungsstücke an Goethes Schwester Cornelia, die als Frau des Amtsrats Johann Georg Schlosser in Emmendingen lebte, und damit auch an den Dichter selbst und seinen Freundeskreis sowie Gemälden und Graphiken des Emmendinger Bürgers Fritz Boehle (1873–1916).

Endingen
Kaiserstühler Heimatmuseum (Altes Rathaus): Es beherbergt Dokumente zur Stadtgeschichte, Werkzeuge der 43 Handwerkszünfte des Ortes, Wappenschilder, Folterwerkzeuge und nicht zuletzt Werke kirchlicher Kunst des Mittelalters. – Reichhaltig ist auch die Sammlung historischer Fasnetskostüme und -larven (neben dem alten Stadttor »Törli«), zusammengetragen von der 1782 gegründeten Endinger Narrenzunft.

Ettlingen
Städtische Sammlungen, Albgaumuseum, Karl-Albiker-Museum (Schloß): Das Albgaumuseum zeigt Funde aus der frühen Besiedlungszeit des Albtals und der Römerzeit sowie Geräte der Handwerker im 18. und 19. Jahrhundert und gibt einen Überblick über die Geschichte der Stadt – angeschlossen ist ein Museum, das Werken des Ettlinger Bildhauers Karl Albiker (1878–1961) und einigen seiner Künstlerfreunde wie Hans Meid, Laeuger, Albert Haueisen gewidmet ist.

Freiburg ▽
Augustinermuseum: Im ehemaligen Klosterkomplex der Augustiner-Eremiten ist eine der bedeutendsten Sammlungen oberrheinischer Kunst

Palmesel; Anfang 14. Jh.

Furtwangen, Deutsches Uhrenmuseum

vom Mittelalter bis zur Gegenwart zu sehen: Altarbilder, so von Hans Baldung Grien und Matthias Grünewald, Wandteppiche, so der bilderreiche, von Nonnen des Klosters Adelhausen um 1280 gewirkte Wollteppich, Kultgeräte – eines der schönsten Stücke ist das Adelhauser Kreuz, eine juwelenbesetzte Goldschmiedearbeit von 1340 –, Glasmalereien, so sechs frühgotische, für das Münster angefertigte Glasfenster, Handschriften, barocke Schnitzfiguren bekannter einheimischer Meister, Malereien und Plastiken des 19. und 20. Jahrhunderts. Aber auch Stücke Schwarzwälder Volkskunst wie Möbel, Trachten, Uhren und Schilder sind hier ausgestellt.
Deutsches Volksliedarchiv (Silberbachstraße 13): 36000 Bände enthalten deutsche und internationale Volkslieder, hinzu kommen wissenschaftliche und populäre Arbeiten zum deutschen Volkslied.
Fasnachtsmuseum der Breisgauer Narrenzunft (Turmstraße 17): Das Museum widmet sich vor allem der Geschichte der Freiburger Fasnet. Zu sehen sind Narrengestalten, Dokumente, historische Photos und Embleme.
Museum für Naturkunde (Gerberau 32): Es umfaßt die Abteilungen Geologie, Mineralogie, Edelsteine, Fluoreszenz mit interessanten Stücken aus Schwarzwald und Kaiserstuhl, Botanik sowie Zoologie mit einer Sonderabteilung »Biene und Bienenstaat«.
Museum für Völkerkunde (Gerberau 32): Es zeigt Masken, Figuren, Waffen, Geräte und Schmuck aus Afrika, Arabien, Ägypten, Altamerika, Australien und der Südsee sowie der Indianer Nordamerikas.
Zinnfigurenklause im Schwabentor: Mehrere tausend Zinnfiguren, größtenteils von dem Leiter des Museums, Artur-Andreas Lehmann, selbst angefertigt, erzählen in szenischen Darstellungen aus der Geschichte des Bauernkriegs. Kleidung und Ausrüstung der Krieger, Bauern, Ritter, Kaufleute, die Kulissen und alle anderen Details sind historisch getreu nachgebildet.
Museum für Ur- und Frühgeschichte (Colombischlößle): Zu sehen sind Funde aus dem keltisch-alemannischen Raum.

Freudenstadt
Heimatmuseum (Stadthaus): Die Ausstellungsstücke illustrieren die Geschichte der Stadt und der Region: Bodenfunde von der Königswart und der Burg Mantelberg, Dokumente zu Silberabbau und Flößerei, bäuerlicher Hausrat, Geräte der Handwerker, Trachten sowie Werke einheimischer Künstler. Hinzu kommen Mineralien und Fossilien.

Furtwangen
Deutsches Uhrenmuseum (Gerwigstraße 11): Dieses weltbekannte Museum im Zentrum der Schwarzwälder Uhrenindustrie verfügt über eine

Sammlung von etwa 1000 Uhren, an denen sich die 600jährige Entwicklungsgeschichte der Uhrmacherei ablesen läßt. Die Spannweite reicht von den einfachsten hölzernen Gestellen bis zu modernsten Präzisionsuhren und Modellen und Prototypen von Quarz- und Atomuhren. Historische Prunkstücke sind die kunstvoll verzierten Uhren aus herrschaftlichen Häusern und Klöstern wie die astronomische Uhr aus St. Peter, die nicht nur die Viertelstunden schlägt, sondern auch die 31 Monatstage, die Tierkreiszeichen und die Planeten anzeigt, die den Tag beherrschen.

Gengenbach
Reichsstädtische Sammlungen (Löwenbergpalais): Sie dokumentieren mit einigen Funden die römische Ansiedlung, die Geschichte der ehemaligen freien Reichsstadt und des ehemaligen Benediktinerklosters Gengenbach. Handwerkliches Gerät und Werke kirchlicher Kunst sind hier vor allem zu nennen.

Gernsbach
Barthold-Museum (Schloßstraße 37–39): Es ist dem Werk des Malers Oskar Barthold gewidmet und enthält dessen Bühnenbildentwürfe, von ihm gefertigte Marionetten sowie Unterlagen zur Arbeit der Puppenbühne Barthold.

Grafenhausen
Heimatmuseum »Hüsli« (Ortsteil Rothaus): Das nachgebildete Schwarzwälder Bauernhaus beherbergt eine reiche Sammlung an Gegenständen der Volks- und Handwerkskunst: bemalte Wiegen, mit Schnitzereien verzierte Truhen und anderes Mobiliar, einen barocken Kachelofen, Heiligenfiguren, Votivbilder, Hafnerwaren, einige schöne Hinterglasmalereien u.v.m.

Gutach Schwarzwaldbahn
Schwarzwälder Freilichtmuseum »Vogtsbauernhof«: Der 1570 erbaute Vogtsbauernhof bildet den Mittelpunkt des Freilichtmuseums. Um ihn herum sind Bauernhäuser aus anderen Schwarzwaldregionen gruppiert, so das Hotzenhaus, das Schauinslandhaus, das Heidenhaus aus dem Hochschwarzwald, ein Haus aus dem unteren Gutachund eines aus dem Kinzigtal sowie zahlreiche Nebengebäude: Hausmahlmühle mit Kleieklotzer und Stampfe, Hanfreibe, Sägemühle, Hammerschmiede und Hauskapelle, alle mit originalem, der Zeit entsprechenden Hausrat und Wirtschaftsgerät ausgestattet.

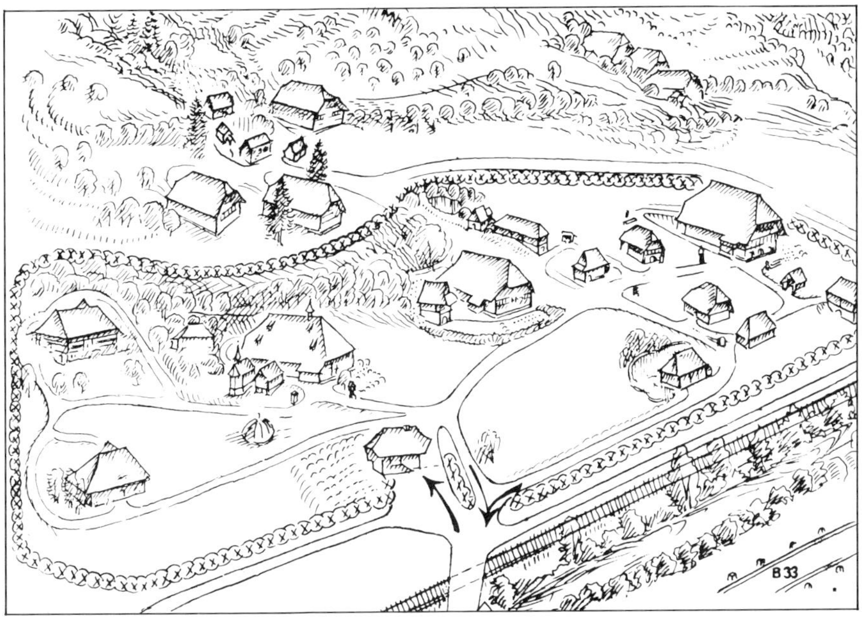

Gutach Schwarzwaldbahn, Freilichtmuseum »Vogtsbauernhof«

Haslach, Hansjakob-Museum »Freihof«

Haslach, Trachtenmuseum

Haslach im Kinzigtal
Hansjakob-Museum »Freihof« mit Hansjakob-Archiv (Hansjakob-Straße 13): Neben zahlreichen Erinnerungsstücken und Photos des 1837 in Haslach geborenen und 1916 dort gestorbenen religiösen Volksschriftstellers, Priesters und Kulturphilosophen Dr. Heinrich Hansjakob bewahrt das Museum alle seine Werke und Briefe auf.
Trachtenmuseum: Es ist in dem schlichten ehemaligen Kapuzinerkloster untergebracht und zeigt alle Volkstrachten des Schwarzwalds.

Hausen im Wiesental
Dorfmuseum – Heimathaus Johann Peter Hebels (Bahnhofstraße 1): Das Haus, in dem der alemannische Dichter Johann Peter Hebel (1760–1826) seine Kindheit und Jugend verbrachte, dient heute als Museum und birgt zahlreiche persönliche Erinnerungsstücke an den Dichter sowie bäuerliches und bürgerliches Mobiliar seiner Zeit, darunter auch Kachelöfen und einen Leinweberstuhl.

Herrischried-Großherrischried
Klausenhof: Das vor mehr als 400 Jahren erbaute strohgedeckte Hotzenhaus ist das älteste Schwarzwaldhaus. Mit seiner einfachen Einrichtung ist es ein Zeugnis für das ärmliche Leben der Leute des Hotzenwaldes in früherer Zeit.

Hinterzarten-Breitnau
Großjockenmühle: Diese Schwarzwälder Hofmühle wurde 1870 erbaut und ist noch voll funktionsfähig.
Klingenhofsäge (Löffeltal): Aus dem Jahr 1828 stammt diese originale Schwarzwälder Klopfmühle. Eine Ausstellung informiert über die Entwicklung Schwarzwälder Hofsägen im Verlauf von drei Jahrhunderten.

Hirsau
Staatliche Altertümersammlung in der Marienkapelle (Klosterhof):
Die Sammlung im ehemaligen Bibliothekssaal der Marienkapelle enthält mit reichem Schnitzwerk verzierte Bücherschränke, gotische Bodenfliesen, Ofenplatten und Dachziegel, Schlußsteine und Brunnenaufsätze, barocke Ofenkacheln und glasierte Ofenwandplättchen.

Horb am Neckar
Bauernmuseum des Vereins landwirtschaftlicher Fachschulabsolventen des Kreises Freudenstadt (Ihlinger Straße 79): Neben Wagen, Schlitten, Kutschen und landwirtschaftlichem Arbeitsgerät zeigt das Museum auch Trachten sowie Urkunden und andere Schriften, die über die landwirtschaftliche Entwicklung der Region informieren.

Hornberg
Mineralienmuseum (Werderstraße 17): Zu sehen sind hier sowohl die häufig vorkommenden Mineralien wie Calcit, Orthoklas, Fluorit und Quarz als auch Aquamarin, Turmalin, Aragonit und Malachit sowie verkieselte Pflanzen und Holzteile. Auch Musketen- und Kanonenkugeln, wie man sie beim »Hornberger Schießen« verpulverte, und am Ort hergestellte Glas- und Steingutwaren werden gezeigt.
Schwarzwälder Pilzlehrschau (Werderstraße 17): Hier kann der Pilzefreund seine Kenntnisse erweitern.

Hausen i. Wiesental, Dorfmuseum; Heimathaus J. P. Hebels (1703)

Kandern
Heimat- und Keramikmuseum (Ziegelstraße 21): Von der langen Tradition des Töpferhandwerks in Kandern zeugen die Feierabendziegel mit eingeritzten bildlichen Darstellungen, die verzierten Kacheln und formschönen Gebrauchsgegenstände.
Schloß Bürglen: Sehenswert sind die mit Stuck, Malereien und Intarsien reich geschmückten Innenräume des Schlosses (2. Hälfte 18. Jahrhundert), die Kachelöfen und das zusammengetragene zeittypische Mobiliar sowie die Kapelle.

Karlsruhe
Alte Dorfmühle (Grötzingen): Die vom Abbruch bedrohte Diedelsheimer Mühle (18. Jahrhundert) wurde hier wieder aufgebaut. Sie enthält das Mahlwerk und Ölschlagwerk einer Öl-, Hanf-, Reib- und Schlagmühle.
Badisches Landesmuseum (Schloß): Die reichhaltigen Sammlungen geben einen eindrucksvollen Überblick über das Kulturschaffen von der Frühzeit bis ins 20. Jahrhundert. Wesentliche Stücke der Vor- und Frühgeschichte sind Gefäße der jüngeren Steinzeit, Schmuck aus Fürstengräbern der Hallstattzeit, Waffen, Schmuck und Keramik aus der Völkerwanderungs- und Merowingerzeit. – Die Antike ist u. a. vertreten mit Vasen, Skulpturen (z. B. zahlreiche Marmorstatuetten und einige große Statuen), Bronzen und altägyptischen Kalksteinreliefs. – Eine weitere Skulpturensammlung umfaßt Werke in Holz, Ton, Stein, Bronze und Elfenbein vom frühen Mittelalter bis zum Klassizismus von vorwiegend süddeutschen Meistern. – Die kunstgewerbliche Abteilung enthält Möbel aus verschiedenen Epochen, Keramiken, Gläser, Metallarbeiten, Waffen, Glasmalereien und Textilien. – Das Münzkabinett zeigt griechische, römische, mittelalterliche Münzen und

Prägungen der Karlsruher Münze. – Zu den Stücken der badischen Volkskunst zählen u. a. Trachten, Textilien, Schwarzwälder Uhren, bäuerliches Gerät und sakrale Werke. – Zu den interessantesten Beständen des Museums gehört auch die »Türkenbeute« des Markgrafen Ludwig Wilhelm von Baden mit Prunkdolchen, Krummsäbeln, Rundschilden, Sätteln, Panzerhemden und vielen anderen Stücken.

Karpatendeutsches Heimatmuseum (Durlach, Schloß): Es enthält Gegenstände der Handwerks- und Volkskunst der Karpatendeutschen.
Museum am Friedrichsplatz (Landessammlungen für Naturkunde): Keimzelle des Museums war einmal das 1750 entstandene Großherzogliche Naturalienkabinett. Die inzwischen beträchtlich erweiterte Sammlung enthält eine umfangreiche Mineraliensammlung, Versteinerungen, darunter das einzig vollständig erhaltene Skelett eines dreizehigen Urpferds, eine zoologische Abteilung mit einer Darstellung der heimischen Tierwelt, ein Vivarium mit einheimischen und exotischen Fischen, Amphibien und Reptilien.
Oberrheinisches Dichtermuseum (Röntgenstraße 6): Es ist Leben und Werk badischer Dichter, vor allem Grimmelshausen, Hebel und Hansjakob gewidmet.
Pfinzgaumuseum (Durlach, Schloß): Es umfaßt Fayencen der Durlacher Manufaktur (1723–1840), mittelalterliche Holzplastiken, eine Durlacher Bibel von 1529, Dokumente zur Badischen Revolution, Werke des in Durlach geborenen Malers Karl Weysser (1833–1904) sowie Darstellungen und Gegenstände aus der Geschichte Durlachs und des Pfinzgaus. △
Staatliche Kunsthalle (Hans-Thoma-Straße 2): Diese umfangreiche Gemäldesammlung gibt einen repräsentativen Überblick über die Entwicklung der Malerei vom 14. Jahrhundert bis zur Gegenwart und enthält Werke bedeutender alter Meister und Maler der Moderne. △
Stadtgeschichte im Prinz-Max-Palais (Karlstraße 10): Das Museum befaßt sich vor allem mit Geschichte und Planung der Stadt und ihrer Bauten, zeigt Pläne, Aufrisse und Urkunden.
Städtische Galerie im Prinz-Max-Palais: In der umfangreichen Sammlung europäischer Druckgraphik befinden sich u. a. auch Blätter von Dürer, Rembrandt und Canaletto. Auch die Sammlung japanischer Farbenholzschnitte enthält Werke bedeutender Meister. Außerdem sind zu sehen: Werke des Durlacher Malers Karl Weysser und verschiedener Karlsruher Maler sowie bedeutender Künstler der Moderne wie Max Ackermann, Willi Baumeister, Fritz Winter, Georg Meistermann, Ernst Wilhelm Nay, Günther Uecker, Horst Antes.
Verkehrsmuseum Karlsruhe e.V. (Werderstraße 63): Der Besucher erhält einen Überblick über die Verkehrsgeschichte und die Entwicklung von Fahrzeugen. Zu sehen sind Kutschen, Schlitten, frühe Fahrzeuge der Firmen Daimler-Benz, Opel, BMW, VW und Rolls Royce sowie Großmodelle der Badischen Staatseisenbahn und eine große Modelleisenbahn mit 150 Loks und etwa 250 Wagen.

Durlacher Bibel von 1529

L. Cranach d. Ä., »Maria mit dem Kinde«

Kenzingen

Oberrheinische Narrenschau (Alte Schulstraße 20): Hier sieht man sie alle beieinander, die Narrengestalten der schwäbisch-alemannischen Fastnacht, nach Vogteien geordnet: mehr als 200 holzgeschnitzte Larven und typische Häser (Kostüme).

Lahr

Geroldsecker Museum im Storchenturm: Das kleine Museum enthält Bilder und Dokumente zur Stadtgeschichte sowie frühgeschichtliche Funde.
Museum für Ur- und Frühgeschichte (Dinglinger Hauptstraße 54): Es zeigt u. a. Funde aus der römischen Siedlung in Lahr, vor allem Teller, Krüge und Töpfe, aus Gräbern der Hallstattzeit und Schmuck des 7. und 8. Jahrhunderts.

Kenzingen, Oberrheinische Narrenschau

Museum im Stadtpark: Die als Museum eingerichtete Villa des Großkaufmanns Jamm, der den Stadtpark stiftete, birgt Mobiliar des ehemaligen Besitzers aus dem 19. Jahrhundert, Dokumente und Gegenstände zur Stadtgeschichte, Mineralien, Fossilien und eine vogelkundliche Sammlung.

Lörrach
Museum am Burghof (Basler Straße 143): Außer Dokumenten zur Geschichte der Stadt sind hier u. a. steinzeitliche Funde aus der Umgebung, Keramiken der Urnenfelderkultur, Funde aus der Römerzeit und aus alemannischen Gräbern, sakrale Holzbildwerke sowie Werke Schwarzwälder Maler des 17. bis 20. Jahrhunderts zu sehen.

Loßburg
Schwarzwaldmuseum Loßburg (Hauptstraße): Hauptattraktionen sind die vollständig eingerichtete Küferwerkstatt des 18. Jahrhunderts und das riesige 7000-Liter-Faß; hinzu kommen altes handwerkliches und bäuerliches Arbeitsgerät sowie eine Uhrensammlung, die einen Überblick über die Entwicklung der Uhrmacherei vermittelt.

Marxzell
Fahrzeugmuseum: Mehr als 1000 Exponate, darunter etwa 70 Automobile aus aller Welt, 200 Motorräder, Fahrräder und Laufmaschinen sowie Pferdebahnen, Kutschen, Straßenbahnen und Lokomotiven geben einen guten Überblick über die Entwicklung des Fahrzeugbaus.

Meßkirch
Heimatmuseum (Schloßstraße 1): Funde und Grabungen erlaubten die Rekonstruktion einer keltischen Siedlung und einer römischen Kleinstadtanlage. Andere Funde stammen vor allem von dem alemannischen Friedhof in Buchheim. Handwerksgerät, Mobiliar, Gegenstände der Volkskunst machen einen weiteren Teil der Sammlung aus. Ein Zimmer ist dem in Meßkirch geborenen Komponisten Konradin Kreutzer (1780–1849) gewidmet.

Müllheim
Markgräfler Wein- und Heimatmuseum (Wilhelmstraße): Es umfaßt Kellereigerät, reliefgeschmückte Holzfässer und Faßriegel, Zunftpokale sowie Dokumente und Darstellungen zur Stadtgeschichte.

Müllheim, Markgräfler Wein- und Heimatmuseum

Münstertal Schwarzwald, Bienenkunde-Museum

Münstertal Schwarzwald
Besuchsbergwerk Teufelsgrund: Im »Schinderstollen« wurde vom frühen Mittelalter bis in die jüngste Zeit Silber abgebaut. Zu sehen sind Werkzeuge und Fördermaschinen sowie Erzgänge, die im Gneis- und Granitgestein angeschnitten wurden.
Bienenkunde-Museum: Anhand von Abbildungen, Schautafeln und Geräten werden hier die Entwicklung der Imkerei von vorgeschichtlicher Zeit bis heute sowie der Bienenzucht gezeigt.

Nagold
Heimatmuseum Nagold (Rotes Schulhaus): Es vereinigt vor- und frühgeschichtliche Funde, Ansichten und Modelle zur Stadtgeschichte mit Produkten einheimischer Handwerkskunst.

Neubulach
Historisches Silberbergwerk: Hella-glücksstollen. Der im späten Mittelalter angelegte Stollen ist 400 Meter tief begehbar. Dargestellt sind Abbaumethoden des Mittelalters, und ausgestellt Werkzeuge dieser Zeit.
Mineralien-Museum (ehemalige Vogtei): Es umfaßt Stücke aus der an Mineralien reichen Umgebung von Neubulach sowie solche aus aller Welt.

Neuweiler
Heimatmuseum (Altes Rathaus): Es gibt Einblicke in die Lebensweise der Waldbevölkerung. Zu sehen sind u.a. Haushalts- und Handwerksgerät, ein »Schwörstab«, der bei der Rechtsprechung benutzt wurde, alte Grenzsteine, Flachsbrecher und bemalte Truhen.

Oberndorf am Neckar
Waffen- und Heimatmuseum (Klosterstraße 14): Im Waffenmuseum werden Waffen der einheimischen Firmen Mauser und Heckler & Koch – Hand- und Faustfeuerwaffen, Revolver, Pistolen, Gewehre, Kanonen, Luftdruckwaffen –, aber auch Schneidmaschinen und Präzisionsmeßwerkzeuge, im Heimatmuseum vor- und frühgeschichtliche Funde, Stücke bäuerlicher Kultur, darunter auch Trachten, Fastnachtskostüme, sowie Werke sakraler Kunst aus der Gegend gezeigt.

Oberried
Bauernmuseum »Schniederlihof« (Ortsteil Schauinsland): Das Gebäude selbst ist ein schönes Beispiel für den Typ des Schauinslandhauses mit schindelgedecktem Dach. Wohnstube mit Kachelofen und keramischer Sitzbank von 1839, Schlafkammer mit altem Bauernbett, Rauchküche sowie das in Scheune und Heuboden geteilte Dachgeschoß geben einen guten Einblick in die bäuerliche Lebens- und Arbeitswelt.

Offenburg
Ritterhausmuseum (Ritterstraße 10): Die reichhaltige Sammlung umfaßt vor- und frühgeschichtliche Funde aus der Umgebung Offenburgs sowie aus der Pfahlbausiedlung am Bodensee, Funde aus der Römerzeit und aus alemannischen Gräbern, Stücke der Volks- und Handwerkskunst wie Ofenkacheln, Zinngeschirr, Porzellan, Tonfiguren, Hinterglasbilder, Krippen und Trachten, dazu Jagdtrophäen, Werke kirchlicher Kunst und Dokumente zur Badischen Revolution.

Oppenau
Regionales Heimatmuseum für das Renchtal (Rathaus): Das kleine Museum zeigt Stücke bäuerlicher Kultur, Funde aus alemannischen Gräbern und Werke sakraler Kunst, u.a. aus dem Kloster Allerheiligen.

Pforzheim
Edelsteinausstellung Schütt (Goldschmiedeschulstraße 6): Zu sehen sind Edelsteine aus aller Welt in roher und geschliffener Form oder als Schmuck verarbeitete.
Schmuckmuseum (Jahrnstraße 42, Reuchlinhaus): Es umfaßt eine einzigartige Sammlung historischer Schmuckstücke der alten Ägypter, Griechen, Römer, Germanen und aus allen europäischen Kunstepochen bis zur Gegenwart.

Pforzheim-Brötzingen
Heimatmuseum Pforzheim (Westl. Karl-Friedrich-Straße): Neben Funden aus Stein- und Bronzezeit, einem römischen Lapidarium und Dokumenten zur Stadtgeschichte sind hier u.a. Zimmer der Biedermeierzeit, eine Schwarzwälder Stube, eine Goldschmiedwerkstatt sowie Gerätschaften der Flößer und Schindelmacher zu sehen.

Rastatt
Erinnerungsstätte für die Freiheitsbewegungen in der deutschen Geschichte (Herrenstraße, Schloß): Die Ausstellungsstücke beziehen sich vor allem auf die Freiheitsbewegungen seit dem Ende des 18. Jahrhunderts und die Revolution von 1848, geben aber auch einen Überblick über die Freiheitsbestrebungen des Mittelalters.

Oberndorf a. Neckar, Waffen- und Heimatmuseum

Oberried, Bauernmuseum (1766)

Heimatmuseum der Stadt Rastatt (Herrenstraße 11): Die Badische Revolution sowie die Festungs- und Garnisonsstadt Rastatt sind die Hauptthemen der Sammlung.
Wehrgeschichtliches Museum Schloß Rastatt: Es gibt in etwa 30 Schauräumen einen Überblick über die deutsche Wehrgeschichte vom späten Mittelalter bis zum 20. Jahrhundert. Zu sehen sind u.a. Rüstungen, Waffen, Geschütze, Uniformen, Fahnen, Orden, Bilder und Landkarten.

Rastatt-Förch
Schloß Favorite: Die Sommerresidenz der Markgräfin Sybilla Augusta enthält neben einer prächtigen Innenausstattung mit Stuckmarmor, Intarsien, Seiden- und Papiertapeten und Rokokomöbeln Sammlungen ostasiatischer und europäischer Porzellane, von Fayencen, böhmischen und deutschen Gläsern.

St. Georgen im Schwarzwald
Heimat- und Phonomuseum (Rathaus): Ein bemerkenswerter Fund war der sogenannte Keltenstein mit einem Bild der keltischen Quellgöttin Brigia. Weitere Ausstellungsstücke sind Funde aus der ehemaligen Benediktinerabtei des Ortes, eine Uhrmacherwerkstatt, Schwarzwälder Uhren und Trachten aus St. Georgen. – Das Phonomuseum enthält etwa 35 Phonogeräte von den ersten Edisonschen Sprechmaschinen bis zu modernsten Plattenspielern.

St. Märgen
Heimatsammlung (Rathaus): Uhren mit handgemalten Zifferblättern, Hinterglasbilder und Bauernschränke umfaßt diese liebevoll zusammengetragene Sammlung.

Schiltach
Museum Flößerstube (Gerbergasse): Gezeigt werden Dokumente und Bilder zur Ortsgeschichte und Geräte der Flößer.

Schömberg
Wurzel-Impressionen und Aphorismen (Schillerstraße 11): Karl Kugele formt aus Schrott-Teilen, Holz und unbearbeiteten Wurzeln plastische Werke, die in abstrakter oder imaginativ konkreter Form bestimmte Themen versinnbildlichen und Figuren darstellen.

Schopfheim
Heimatmuseum (Wallstraße 6): Das spätgotische, 1586 erbaute Hirtenhaus birgt nun Dokumente und Bilder zur Stadtgeschichte, Porzellane und Briefe von Johann Peter Hebel.

Schramberg
Stadtmuseum (Schloß; Bahnhofstr.): Intention. Das Museum zeigt die Wechselwirkung zwischen handwerklicher und industrieller Entwicklung, insbesondere der Steingut-, Strohwaren- und Industrieuhrenherstellung sowie die Stadtentwicklung.

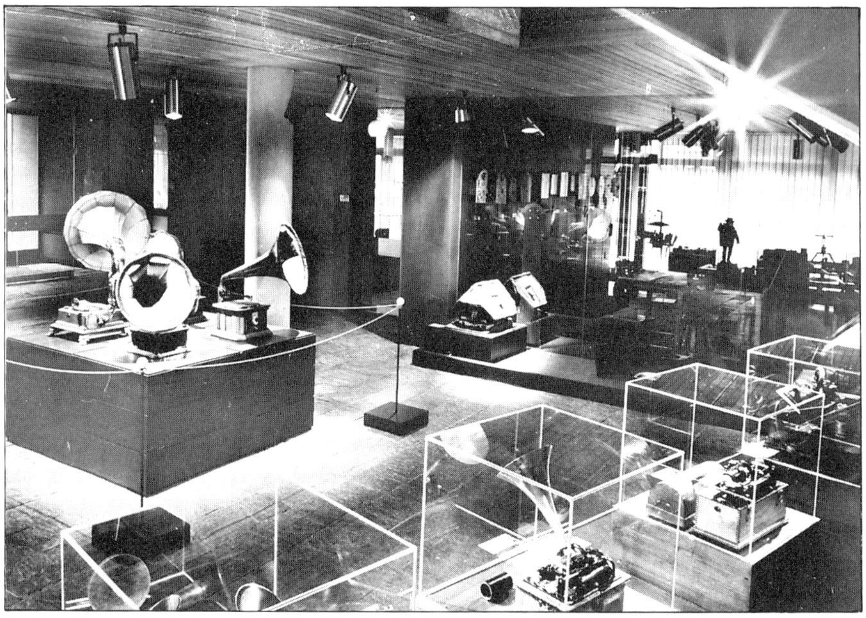
St. Georgen, Heimat- und Phonomuseum

Schömberg, Wurzelimpressionen und ...

Sulzburg, Landesbergbaumuseum

... Aphorismen von Karl Kugele

Sulzburg
Landesbergbaumuseum Baden-Württemberg (Marktplatz): Mit einer Übersicht über die Entwicklung des Bergbaus in Baden-Württemberg verbindet sich ein bergbaugeschichtlicher Wanderweg.

Tennenbronn
Schwarzwaldmühle (Kuranlagen): Diese alte Mühle ist noch betriebsbereit, und ein Müller läßt sich zu bestimmten Zeiten in der Woche bei der Arbeit über die Schulter schauen.

Titisee-Neustadt
Heimatstuben der Stadt (Neustadt, Scheuerlenstraße 31): Außer einer kompletten Uhrmacherwerkstatt mit Schwarzwälder Uhren und einer Schindelmacherwerkstatt beherbergt das Museum eine Bauernküche, ein Biedermeierzimmer, Möbel, Heiligenfiguren, Hinterglasbilder, Stroharbeiten, Trachten und Gläser aus Schwarzwälder Produktion.

Triberg
Heimatmuseum (Wallfahrtstraße 4): Eine Uhrmacherwerkstatt aus alter Zeit mit einer Uhrensammlung, die Nachbildung eines Bergwerkstollens mit Mineralien des Schwarzwalds, automatische Musikinstrumente und volkskundliche Arbeiten wie Strohfiguren und Schnitzereien werden in diesem Schwarzwälder Museum gezeigt.

Villingen-Schwenningen
Museum Altes Rathaus Villingen: Neben Stichen und Landkarten zur Stadtgeschichte, Wappen und Waffen, enthält das Museum Arbeiten der Hafnerei, Kunstschlosserei, Schreinerei, Goldschmiedekunst (Objekte aus dem Münsterschatz), Zinngeschirr und gußeiserne Ofenplatten sowie sakrale Stein- und Holzskulpturen einheimischer Künstler (12.–19. Jahrhundert), darunter solche des bedeutenden Bildhauers Joseph Anton Schupp, Gemälde (15.–20. Jahrhundert), Wirk- und Stickteppiche von Klosterdamen (14./15.Jahrhundert).
Bauernmuseum Mühlhausen: Das in der ehemaligen Zehntscheuer eingerichtete Museum erläutert die Arbeitsweise auf einem Bauernhof vor der Industrialisierung, als dieser noch ein reiner Selbstversorgungsbetrieb war.
Franziskaner-Museum Villingen (Rietstraße 39): Das Museum im ehemaligen Franziskanerkloster birgt eine außerordentlich reichhaltige volkskundliche Sammlung. Erwähnt seien die Uhren- und Schildermalerwerkstatt, alte Schwarzwalduhren und Uhrenschilder, Möbel, Trachten, Fastnachtskostüme und -masken, Keramik, Hinterglasbilder, Schwarzwälder Grabkreuze, eine Schwarzwälder Wirts- und Jägerstube, Wohn- und Schlafstube und schließlich noch die bedeutenden Funde aus dem Fürstengrab am Magdalenenberg, das aus der Hallstattzeit stammt.
Heimatmuseum/Stadtchronik (Kronenstraße 16): Schwerpunkte der vor- und frühgeschichtlichen Sammlung sind die Rekonstruktionen eines keltischen Fürstengrabes sowie die Erläuterungen zu merowingischer und römischer Wohnkultur. – Die stadtgeschichtliche Abteilung zeigt u. a. verschiedene Uhrtypen und Werkzeuge der Uhrmacher, darüber hinaus Stücke bäuerlicher Wohnkultur. Die naturgeschichtliche Abteilung birgt ein geologisches Profil der Baar und Reste eiszeitlicher Tiere. – Die Abteilung Stadtchronik widmet sich vor allem der stadtgeschichtlichen Dokumentation.
Heimatstube Herzogenweiler (Glaserstraße 4): Zu sehen sind u. a. Gegenstände bäuerlicher Wohn- und Arbeitskultur, des Handwerks, vor allem der früher hier einheimischen Glasmacherei, sowie vor- und frühgeschichtliche Funde.
Heimatstube Mühlhausen (Tuninger Straße 9): Der ehemalige Schulraum des Rathauses beherbergt vor allem Gegenstände bäuerlicher Wohnkultur.

Waldkirch
Elztäler Heimatmuseum (ehem. Propstei): Neben Dokumenten zur Stadt- und Herrschaftsgeschichte, Möbeln und anderen Einrichtungsgegenständen aus Bürgerhäusern, Zeugnissen handwerklicher Arbeit sind hier auch sakrale Plastiken der Gotik und barocke Werke Schwarzwälder Bildhauer zu sehen.
Sammlung mechanischer Musikinstrumente (Langestraße 72:): In vier Räumen sind mechanisch-automatische Musikinstrumente aufgestellt.

Waldshut-Tiengen
Heimatmuseum (Haus Alte Metzig, Kaiserstraße 62): Einen breiten Raum nehmen Dokumente zur Stadtgeschichte, Möbel, alte Waffen, Gegenstände des Handwerks wie Hafnerwaren und Uhren sowie der Volkskunst wie Keramiken und Trachten ein. Fossilien und Mineralien ergänzen die Sammlung.

Wildberg
Heimatmuseum Wildberg (Kloster Reutin, Fruchtkasten): Frühgeschichte, Stadtgeschichte, bäuerliche Lebens- und Arbeitsweise sowie handwerkliche Arbeiten sind die Themen dieses kleinen Museums.

Wolfach
Städtisches Heimatmuseum (Schloß): Schwerpunkte sind Handwerk und Gewerbe des Kinzigtals, Trachten, Fastnachtsbrauchtum. Außerdem enthält das Museum Zeugnisse zur Stadtgeschichte, Funde aus römischer Zeit und Mineralien.
Glasmuseum (bei der Dorotheenhütte): Zu sehen sind eine Fülle von einfachen, formschönen und kostbaren kunstvollen Gläsern aus der früheren und heutigen Produktion der Dorotheenhütte.

Zell am Harmersbach
Heimatmuseum am Storchenturm: Im Turm befand sich im Mittelalter ein Gefängnis, Schandglocke und Daumenschrauben sind noch zu sehen. Die Sammlungen umfassen Dokumente zur Geschichte der ehemaligen freien Reichsstadt, Gegenstände Schwarzwälder Volkskunst, Steingut der einheimischen Fabrik, Trachten und Fastnachtslarven.
Heimatmuseum Fürstenberger Hof (beim Kurgarten): Dieses für das Harmersbachtal typische Bauernhaus bewahrt Zeugnisse der bäuerlichen Lebens- und Arbeitswelt und der Volkskunst auf.
Josef-Bildstein-Sammlung (Alte Kanzlei): Mehr als 80 alte Stand- und Wanduhren, Münzen und die Werke des Schriftstellers Heinrich Hansjakob, darunter einige kostbare illustrierte Ausgaben, sind hier zusammengetragen.

Zell a. H., Storchenturm

Die halbfett gedruckten Ziffern weisen auf Abbildungen hin. Nicht aufgenommen sind die in alphabetischer Reihenfolge aufgeführten Orte des Museumsführers (S. 172–181).

CIP-Kurztitelaufnahme der Deutschen Bibliothek

Schwarzwald-Romantik: vom Zauber e. dt. Landschaft/ hrsg. von Anita Rolf. – Niedernhausen/Ts.: Falken-Verlag, 1985.
ISBN 3-8068-4232-9
NE: Rolf, Anita (Hrsg.)

ISBN 3 8068 4232 9

Titelbild: Marco Schneiders, Lindau/Bodensee
Fotos:
Archiv für Kunst und Geschichte, Berlin; Bildverlag Merten, Saarburg; Bürgermeisteramt Bernau; B. Bürkle, Stuttgart; H. Dreisigacker, Lörrach; Edition March; M. Faller, Buchenbach; Foto-Fachservice, Stuttgart; Foto-Forstmeyer, Säckingen; Fremdenverkehrsverein Gengenbach; M. Hildenbrand, Hofstetten; Infoto, Karlsruhe; H. Kehl; P. Knecht, Stuttgart; R. Kruse; H. Küster; K. Kugele, Schömberg; Kurdirektion Baden-Baden; Kurverwaltung Badenweiler; Kurverwaltung Bernau; Landesbildstelle Baden, Karlsruhe; H. Ludwig, Freiburg; Markgräfler Wein-und Heimatmuseum, Müllheim; S. Mayer; M. Mögle, Stuttgart; H. Müller Verlag, Freudenstadt; Foto Werner H. Müller, Stuttgart; J. Neumann, Schopfheim; Oberrheinische Narrenschau, Stadtverwaltung Kenzingen; Photo-Kasenbacher, Schramberg; Photo-Löffler, Schramberg; Pressebild Pittner, Baden-Baden; Poguntke; Revellio; roebild; Anita Rolf; Silvestris-Fotoservice, Kastl; Schwammberger; Schwarzwälder Freilichtmuseum, Gutach; Staatl. Kunsthalle, Karlsruhe; Stadt Rastatt, Pressestelle; Stadtarchiv Karlsruhe; Städt. Kultur- und Verkehrsamt St. Georgen; Städt. Kurverwaltung St. Blasien; Städt. Verkehrsamt Schiltach; Verlag Schnell und Steiner, München; H. P. Vieser, Freiburg; Werner-Verlag, Überlingen; Xeniel Dia J. Nittinger, Neuhausen o. d. F.
Autoren:
Petra Knecht (Landwirtschaft, Handwerk und Industrie; Elf Touren durch den Schwarzwald); **Dr. Udo Moll** (Entstehen einer Landschaft); **Anita Rolf** (Feste und Bräuche; Kur- und Badeorte; Elf Touren durch den Schwarzwald; Museen im Schwarzwald); **Marianne Waas-Frey** (Lebendige Geschichte; Städte und Dörfer; Klöster und Kirchen; Burgen und Schlösser).
Grafische Gestaltung: Wolfgang Herlitzius, Silvia Pohlmann, Wiesbaden, Ilse-Agnes Stockmann, Offenbach
Karten: Ilse-Agnes Stockmann, Offenbach
Satz: Studio Oberländer, Wiesbaden
Druck: Appl, Wemding

817 2635 4453 62